基 督 教 经 典 译 丛

主编　何光沪
副主编　章雪富　孙　毅　游冠辉

Institutes of the Christian Religion
(1536 Edition)

敬虔生活原理

《基督教要义》1536年版

［法］约翰·加尔文 著
王志勇 译

Simplified Chinese Copyright © 2012 by SDX Joint Publishing Company All Rights Reserved.
本作品中文版权由生活·读书·新知三联书店所有。
未经许可,不得翻印。

图书在版编目(CIP)数据

敬虔生活原理:《基督教要义》1536 年版/(法)
加尔文著;王志勇译. -- 北京:生活·读书·新知三联书店,2012.4
(2022.1 重印)
(基督教经典译丛)
ISBN 978-7-108-04011-4

Ⅰ. ①敬… Ⅱ. ①加…②王… Ⅲ. ①基督教-教义
-研究 Ⅳ.① B972

中国版本图书馆 CIP 数据核字(2012)第 017267 号

丛书策划 橡树文字工作室
责任编辑 张艳华
装帧设计 罗 洪
责任印制 董 欢
出版发行 生活·讀書·新知 三联书店
(北京市东城区美术馆东街 22 号)
邮 编 100010
网 址 www.sdxjpc.com
经 销 新华书店
印 刷 北京隆昌伟业印刷有限公司
版 次 2012 年 4 月北京第 1 版
       2022 年 1 月北京第 7 次印刷
开 本 635 毫米 × 965 毫米 1/16 印张 21.75
字 数 230 千字
印 数 22,001-25,000 册
定 价 58.00 元
(印装查询:01064002715;邮购查询:01084010542)

基督教经典译丛

总　序

何光沪

在当今的全球时代，"文明的冲突"会造成文明的毁灭，因为由之引起的无限战争，意味着人类、动物、植物和整个地球的浩劫。而"文明的交流"则带来文明的更新，因为由之导向的文明和谐，意味着各文明自身的新陈代谢、各文明之间的取长补短、全世界文明的和平共处以及全人类文化的繁荣新生。

"文明的交流"最为重要的手段之一，乃是对不同文明或文化的经典之翻译。就中西两大文明而言，从17世纪初以利玛窦（Matteo Ricci）为首的传教士开始把儒家经典译为西文，到19世纪末宗教学创始人、英籍德裔学术大师缪勒（F. M. Müller）编辑出版五十卷《东方圣书集》，包括儒教、道教和佛教等宗教经典在内的中华文明成果，被大量翻译介绍到了西方各国；从徐光启到严复等中国学者、从林乐知（Y. J. Allen）到傅兰雅（John Fryer）等西方学者开始把西方自然科学和社会科学著作译为中文，直到20世纪末叶，商务印书馆、生活·读书·新知三联书店和其他有历史眼光的中国出版社组织翻译西方的哲学、历史、文学和其他学科著作，西方的科学技术和人文社科书籍也被大量翻译介绍到了中国。这些翻译出版活动，不但促进了中学西传和西学东渐的双向"文明交流"，而且催化了中华文明的新陈代谢，以及中国社会的现代转型。

清末以来，先进的中国人向西方学习、"取长补短"的历程，经历了两大阶段。第一阶段的主导思想是"师夷长技以制夷"，表现为洋务运动之向往"船坚炮利",追求"富国强兵",最多只求学习西方的工业技术和物质文明,结果是以优势的海军败于日本,以军事的失败表现出制度的失败。第二阶段的主导思想是"民主加科学",表现为五四新文化运动之尊崇"德赛二先生",中国社会在几乎一个世纪中不断从革命走向革命之后,到现在仍然需要进行民主政治的建设和科学精神的培养。大体说来,这两大阶段显示出国人对西方文明的认识由十分肤浅到较为深入,有了第一次深化,从物质层面深入到制度层面。

正如观察一支球队,不能光看其体力、技术,还要研究其组织、战略,更要探究其精神、品格。同样地,观察西方文明,不能光看其工业、技术,还要研究其社会、政治,更要探究其精神、灵性。因为任何文明都包含物质、制度和精神三个不可分割的层面,舍其一则不能得其究竟。正由于自觉或不自觉地认识到了这一点,到了20世纪末叶,中国终于有了一些有历史眼光的学者、译者和出版者,开始翻译出版西方文明精神层面的核心——基督教方面的著作,从而开启了对西方文明的认识由较为深入到更加深入的第二次深化,从制度层面深入到精神层面。

与此相关,第一阶段的翻译是以自然科学和技术书籍为主,第二阶段的翻译是以社会科学和人文书籍为主,而第三阶段的翻译,虽然开始不久,但已深入到西方文明的核心,有了一些基督教方面的著作。

实际上,基督教对世界历史和人类社会的影响,绝不止于西方文明。无数历史学家、文化学家、社会学家、艺术史家、科学史家、伦理学家、政治学家和哲学家已经证明,基督教两千年来,从东方走向西方再走向南方,已经极大地影响,甚至改变了人类社会从上古时代沿袭下来的对生命的价值、两性和妇女、博爱和慈善、保健和教育、劳动和经济、科学和学术、自由和正义、法律和政治、文学和艺术等等几乎所有生活领域的观念，从而塑造了今日世界的面貌。这个诞生于亚洲或"东方"，传入了欧洲或"西方"，再传入亚、非、拉美或"南方"的世界第一大宗教，现在因为信众大部分在发展中国家，被称为"南方宗教"。但是，它本来就不属于任何一"方"——由于今日世界上已经没有一个国家没有其存在，所以它已经不仅仅在宗教意义上，而且是在现实意义上展现了它"普世宗教"的本质。

因此，对基督教经典的翻译，其意义早已不止于"西学"研究或对西方文明研究的需要，而早已在于对世界历史和人类文明了解的需要了。

这里所谓"基督教经典"，同结集为"大藏经"的佛教经典和结集为"道藏"的道教经典相类似，是指基督教历代的重要著作或大师名作，而不是指基督徒视为唯一神圣的上帝启示"圣经"。但是，由于基督教历代的重要著作或大师名作汗牛充栋、浩如烟海，绝不可能也没有必要像佛藏道藏那样结集为一套"大丛书"，所以，在此所谓"经典译丛"，最多只能奢望成为比佛藏道藏的部头小很多很多的一套丛书。

然而，说它的重要性不会"小很多很多"，却并非奢望。远的不说，只看看我们的近邻，被称为"翻译大国"的日本和韩国——这两个曾经拜中国文化为师的国家，由于体现为"即时而大量翻译西方著作"的谦虚好学精神，一先一后地在文化上加强新陈代谢、大力吐故纳新，从而迈进了亚洲甚至世界上最先进国家的行列。众所周知，日本在"脱亚入欧"的口号下，韩国在其人口中基督徒比例迅猛增长的情况下，反而比我国更多更好地保存了东方传统或儒家文化的精粹，而且不是仅仅保存在书本里，而是保存在生活中。这一事实，加上海内外华人基督徒保留优秀传统道德的大量事实，都表明基督教与儒家的优秀传统可以相辅相成，这实在值得我们深长思之!

基督教在唐朝贞观九年（公元635年）传入中国，唐太宗派宰相房玄龄率官廷卫队到京城西郊欢迎传教士阿罗本主教，接到皇帝的书房让其翻译圣经，又接到皇宫内室听其传讲教义，"深知正真，特令传授"。三年之后（公元638年），太宗又发布诏书说："详其教旨，玄妙无为；观其元宗，生成立要……济物利人，宜行天下。"换言之，唐太宗经过研究，肯定基督教对社会具有有益的作用，对人生具有积极的意义，遂下令让其在全国传播（他甚至命令有关部门在京城建造教堂，设立神职，颁赐肖像给教堂以示支持）。这无疑显示出这位大政治家超常的见识、智慧和胸襟。一千多年之后，在这个问题上，一位对中国文化和社会贡献极大的翻译家严复，也显示了同样的见识、智慧和胸襟。他在主张发展科学教育、清除"宗教流毒"的同时，指出宗教随社会进步程度而有高低之别，认为基督教对中国民众教化大有好处："教者，随群演之浅深为高下，而常有以扶民性之偏。今假景教大行于此土，其能取吾人之缺点而补苴之，殆无疑义。且吾国小民之众，往往自有生以来，未受一言之德育。一旦有人焉，临以帝天之神，时为耳提而面命，使知人理之要，存于相爱而不欺，此于教化，岂曰小补！"（孟德斯鸠：《法意》第十九章十八节译者按语。）另外两位新文化运动的领袖即胡适之和陈独秀，都不是基督徒，而且也批判宗教，但他们又都同时认为，耶稣的人格精神和道德改革对中国社会有益，宜于在中国推广（胡适：《基督教与中国》，陈独秀：《致〈新青年〉读者》）。

当然，我们编辑出版这套译丛，首先是想对我国的"西学"研究、人文学术和宗教学术研究提供资料。鉴于上述理由，我们也希望这项工作对于中西文明的交流有所贡献；还希望通过对西方文明精神认识的深化，对于中国文化的更新和中国社会的进步有所贡献；更希望本着中国传统中谦虚好学、从善如流、生生不已的精神,通过对世界历史和人类文明中基督教精神动力的了解,对于当今道德滑坡严重、精神文化堪忧的现状有所补益。

尽管近年来翻译界出版界已有不少有识之士,在这方面艰辛努力,完成了一些极有意义的工作,泽及后人,令人钦佩。但是,对我们这样一个拥有十几亿人口的千年古国和文化大国来说,已经完成的工作与这么巨大的历史性需要相比,真好比杯水车薪,还是远远不够的。例如,即使以最严格的"经典"标准缩小译介规模,这么一个文化大国,竟然连阿奎那(Thomas Aquinas)举世皆知的千年巨著《神学大全》和加尔文(John Calvin)影响历史的世界经典《基督教要义》,都尚未翻译出版,这无论如何是令人汗颜的。总之,在这方面,国人还有漫长的路要走。

本译丛的翻译出版,就是想以我们这微薄的努力,踏上这漫长的旅程,并与诸多同道一起,参与和推动中华文化更新的大业。

最后,我们应向读者交代一下这套译丛的几点设想。

第一,译丛的选书,兼顾学术性、文化性与可读性。即从神学、哲学、史学、伦理学、宗教学等多学科的学术角度出发,考虑有关经典在社会、历史和文化上的影响,顾及不同职业、不同专业、不同层次的读者需要,选择经典作家的经典作品。

第二,译丛的读者,包括全国从中央到地方的社会科学院和各级各类人文社科研究机构的研究人员,高等学校哲学、宗教、人文、社科院系的学者师生,中央到地方各级统战部门的官员和研究人员,各级党校相关教员和有关课程学员,各级政府宗教事务部门官员和研究人员,以及各宗教的教职人员、一般信众和普通读者。

第三,译丛的内容,涵盖公元1世纪基督教产生至今所有的历史时期。包含古代时期(1—6世纪)、中古时期(6—16世纪)和现代时期(16—20世纪)三大部分。三个时期的起讫年代与通常按政治事件划分历史时期的起讫年代略有出入,这是由于思想史自身的某些特征,特别是基督教思想史的发展特征所致。例如,政治史的古代时期与中古时期以西罗马帝国灭亡为界,中古时期与现代时期(或近代时期)以17世纪英国革命为界;但是,基督教教父思想在西罗马帝国灭亡后仍持续了近百年,而英国革命的清教思想渊源则无疑应追溯到16世纪宗教改革。由此而有了本译丛三大部分的时期划分。这种时期划分,也可以从思想史和宗教史的角度,提醒我们注意宗教和思想因素对于世界进程和社会发展的重要作用。

中国人民大学宜园
2008年11月

目 录

加尔文与改革宗思想（中译本导言） ……………………… 1

第一章　律法：十诫释义 ……………………………………… 1
    一　关于上帝的知识 …………………………………… 2
    二　关于人的知识 ……………………………………… 2
    三　上帝的律法 ………………………………………… 4
    四　上帝在基督里的爱 ………………………………… 6
    五　十诫释义 …………………………………………… 7
    六　综述 ………………………………………………… 22
    七　称义 ………………………………………………… 23
    八　律法的功用 ………………………………………… 32
    九　称义续论 …………………………………………… 34

第二章　信心：《使徒信经》释义 …………………………… 43
    一　信心以及对独一的上帝的信心 …………………… 44
    二　《使徒信经》释义 ………………………………… 53
    三　信、望、爱 ………………………………………… 78

第三章　祷告：主祷文释义 …………………………………… 81
    一　祷告通论 …………………………………………… 82

二　主祷文释义 94
　　三　祷告的操练 106

第四章　圣礼 111
　　一　圣礼通论 112
　　二　洗礼 122
　　三　圣餐 134
　　四　圣礼的施行 163

第五章　五大伪圣礼 165
　　概述 166
　　一　坚信礼 167
　　二　补赎礼 175
　　三　临终抹油礼 214
　　四　圣职授任礼 218
　　五　婚礼 236

第六章　基督徒的自由、教权与政权 241
　　一　基督徒的自由 242
　　二　教会的权柄 254
　　三　论公民政府 286

加尔文与改革宗思想
（中译本导言）
王志勇

加尔文是基督教历史上千年难有的大宗师。在为纪念加尔文诞辰五百周年而结集的论文中，麦考米斯甚至称他自己深信加尔文"是自圣保罗以来最伟大的基督教神学家"。① 能够称得上是大宗师的人，不仅自己在灵命和品格上有高深的修养，更是在经学和思想上有卓越的建树，并且其思想和行为对当时和后来的社会都产生了深远的影响。加尔文就是这样的人物。在他诞辰五百周年之际，美国著名杂志《时代》周刊（2009 年 3 月刊）仍然称其思想为目前正在改变全世界最有影响的十大观念之一。这样的大宗师，在基督教世界之内，可能只有奥古斯丁和阿奎那能够与之相媲美；在中国传统文化中，也只有孔子、孟子、王阳明这样的大儒才能够与之等量齐观。

本文向读者介绍加尔文及其思想与《敬虔生活原理》（即 1536 年《基督教要义》第一版）。关于加尔文，当今中国知识分子更多地受文学家茨威格的观点的影响，认为他是"日内瓦的暴君"。这是因

---

① William A. McComish, "Calvin's Children," from David W. Hall, ed., *Tributes to John Calvin: A celebration of His Quincentenary* (Phillipsburg, New Jersey: P&R, 2010), p.2.

为茨威格本身就是西方左翼知识分子,他所赞同的就是法国大革命式的无神论暴力革命。② 目前从正面介绍加尔文的传记性作品中译本至少有七种出版。③ 可惜至今没有中国学者自己撰写的关于加尔文生平和思想的传记。笔者从 1998 年开始研读加尔文的著述,中间先后于 2003 年在牛津大学、2004 年至 2009 年在美国加尔文神学院潜心研究加尔文的思想。值此 1536 年加尔文第一版《敬虔生活原理》中文译本出版之际,承蒙游冠辉博士邀请,转述此文,向读者介绍加尔文及其改革宗思想的一些基本特征。

一 人文主义者加尔文

加尔文首先是一个人文主义的学者。没有文艺复兴在学术上的预备,就没有后来的宗教改革和社会变革。④加尔文是宗教改革的大师,他首先是文艺复兴之子。他之所以成为影响教会和世界历史的大宗师,是与他所接受的严格的人文训练分不开的。语言、逻辑、修辞和哲学这是基本的思维工具。对于思想家而言,缺乏这些基本的工具性装备,就无法返本开新,继往开来。

在宗教和文明史上,有两种先知先觉式的人物。一是直接领受上帝的启示的人,比如圣经中所记载的摩西、以赛亚、保罗等,他们所写的文字成为圣经正典的一部分,他们都是特殊性的先知;二是

---

② 斯·茨威格:《异端的权利》(长春:吉林人民出版社,2000 年)。参考余杰:《谁为神州理旧疆?》(台北:基文社,2010 年),第 64—68 页。
③ 茜亚·凡赫尔斯玛:《加尔文传》,王兆丰译(北京:华夏出版社,2006 年);墨尼尔:《加尔文的生平》,许牧世译(香港:基督教文艺出版社,[1970 年] 2009 年);帕尔克:《加尔文传》,王怡方、林鸿信译(台北:道声,2003 年);山姆·魏乐曼:《加尔文》,董加范译(台北:天恩出版社,2007 年);《改教家加尔文:加尔文 500 周年纪念(1509—2009)》,赵忠辉译,改革宗出版社编辑部编订(台北:改革宗出版有限公司,2008 年);道格拉斯·F·凯利:《自由的崛起:16—18 世纪,加尔文和五个政府的形成》,王怡、李玉臻译(南昌:江西人民出版社,2008 年);阿利斯特·麦格拉思:《加尔文传:现代西方文化的塑造者》,甘霖译(北京:中国社会科学出版社,2009 年)。
④ William R. Estep, *Renaissance and Reformation* (Grand Rapids: Eerdmans, 1986), xi.

一般性的先知，他们没有直接领受上帝的启示，而是针对已经结集成典的圣经进行注释和讲解，这种先知性的人物就是我们常说的神学家或经学家。⑤值得注意的是，要成为真正的经学大师，必须接受长期的、系统的人文训练，这并不是靠忽然之间的顿悟就能够做到的。

加尔文于1509年出生，1523年以14岁的年纪进入巴黎大学深造，先后在马奇学院和孟太古学院学习，长达四年之久，攻读拉丁文，研读包括亚里士多德在内的希腊哲学，并于18岁拿到文学硕士学位。他当时的拉丁文导师考迪尔（Maturin Cordier, 1480—1564）是现代教学法的创始人之一，他编写的有关教材被沿用了长达三个世纪之久。考迪尔把加尔文带进人文主义的世界，赢得了加尔文的友谊和忠诚。1559年，经加尔文邀请，他最终也加盟日内瓦学院。⑥1528年加尔文根据父亲的意愿，转到奥尔良大学法学院攻读法律，1529年转到布吉尔大学，他前后有将近三年的时间研究法律，重点是罗马法，并且获得了法律硕士学位。1531年加尔文转回巴黎大学，继续修读人文学科，研究希腊文、希伯来文和拉丁文经典。⑦他在注释《哥林多前书》14：11说明"言以达意"的时候，直接诉诸亚里士多德《解释学》，这说明他非常熟悉亚里士多德的作品。⑧因此，加尔文在古典语言、哲学和法律上都有高深的造诣。他的第一部著述《论塞内加的宽仁》于1532年发表，这部拉丁文著作是一部考察与耶稣同时代的著名罗马斯多葛哲学家塞内加的作品。在这一著述中，加尔文已经开始旗帜鲜明地强调："君王绝不在律法之上，而是律法在君王之上。"⑨1534年加尔文经历了"突然的归正"。⑩

---

⑤ William Ames, *The Marrow of Theology*, ed., John D. Eusden (Grand Rapids: Baker, 1997), pp. 182–184.
⑥ See Steven Ozment, *The Age of Reform*, p. 352.
⑦ 参考墨尼尔：《加尔文的生平》，第75—78页；帕尔克：《加尔文传》，第37—78页。
⑧ Calvin's Commentary on 1 Corinthian 14：11 with a reference to Aristotle's *De Interpretatione*.
⑨ Harro Hopfl, *The Christian Polity of John Calvin*, p. 16.
⑩ Calvin's Preface on the Commentary of the Psalm.

因此，在归正成为新教徒之前，加尔文就领受了当时西方文化中已经确立的法治与平等思想。加尔文在奥尔良大学学习法律期间非常刻苦，可以说是废寝忘食。在其继承人贝扎为他作的传记中，贝扎说："毫无疑问，他这样长期读书到深夜，为他研究圣经奠定了深厚的学术功底，也帮助他形成了非凡的记忆力，这在他后来的生活中非常明显。但是，长期苦读，挑灯夜战，也极大地损害了他的身体。"⑪

因此，斯金纳认为，追本溯源，不管是路德宗人士还是加尔文宗人士，在政治和道德思想上，都是依赖"源自研究罗马法和经院主义道德哲学所得来的观念体系。"⑫从这一点上，我们可以说，16世纪路德和加尔文所主导的宗教改革并非横空出世，它与中世纪欧洲基督教文明保持了极大的延续性。很显然，没有人文主义的素养，没有对经典文本的研究，要创造性地继承过去的文化遗产是不可能做到的。因此，瓦勒总结说：加尔文"所接触的是当时最优秀的老师。他所受的教育使他一生受益无穷，这些大师的熏陶是无比宝贵的"。⑬加尔文在解释圣经时，不仅参考同时代的经典之作，更是时时直接查考初期教父们的作品，特别是奥古斯丁、金嘴约翰、尤斯乌斯、哲罗姆和奥利金等人的作品。⑭很显然，加尔文所受的严谨的人文训练对他的解经有着至为重要的影响。这种人文训练使他能够运用自如地从希腊和拉丁教父著作、中世纪解经家、犹太解经家中吸取滋养，⑮当然他更是从文法、修辞、逻辑、历史等各个

---

⑪ Theodore Beza, *The Life of John Calvin* (Durham, England: Evangelical Press, [1564] 1997), p. 20.

⑫ Quentin Skinner, *The Foundations of Modern Political Thought* (Cambridge: Cambridge University Press, 1978), Vol. I, Preface, xv.

⑬ Wall, *Calvin and in the Public Square*, p. 49.

⑭ See T. H. L. Parker, *Calvin's New Testament Commentaries* (Grand Rapids: Eerdmans, 1971); and David Steimetz, *Calvin in Context* (Oxford: Oxford University Press, 1995), pp. 122 – 140.

⑮ See Anthony N. S. Lane, *John Calvin: Student of the Church Fathers* (Edinburgh, Scotland: T&T Clark Ltd., 1999).

方面严格地考察圣经文本。当时人文主义运动的口号是"回到本源"（*ad fontes*），注重古典作品。当今著名经院主义神学大师瑞慕乐在谈及加尔文研究的时候甚至强调说："只要还有文本，就还有希望。"⑯加尔文对希腊文和希伯来文的娴熟使得他能够直接回到圣经原本，对圣经进行独立的研究。同时，作为人文主义学者，加尔文在其一生中也非常注重打造经典之作，他对《基督教要义》一书的修订，前后有五次之多，这使其最终成为基督教神学历史上罕有的经典之作。因此，沃菲尔德说加尔文始终是一位"文人"和"学者"（a man of letter）。⑰

二 基督教会经学家和律法师

加尔文是上帝圣言的仆人，他对律法和福音的解释直到今天仍然是巅峰性的经典之作。当然，最常见的是称加尔文是著名的神学家。其实，神学家（theologian）这种称呼本身就是来自希腊哲学，而不是来自圣经。因为上帝在十诫中明确地吩咐"不可妄称耶和华你上帝的名"（出 20：7），所以虔诚的犹太人轻易不直接提及上帝之名。

新约圣经当然也继承了这一传统，因此新约圣经中经常出现的是文士（scribe）和律法师（lawyer），没有在任何一个地方提及神学家。文士也就是中国文化中所说的经学家，这也是目前圣经"新译本"所采纳的翻译（太 5：20）。⑱ 经学家注重研究、注释、讲解圣经的文本；律法师则注重研究对上帝所启示的律法的解释，尤其是律法书在现实生活中的具体应用，因此保罗提醒说：有些人"想要作教法师，却不明白自己所讲说所论定的。我们知道律法原是好

---

⑯ Richard A. Muller, *The Unaccomadated Calvin*, Preface, viii.
⑰ B. B. Warfield, *Calvin and Calvinism* (Grand Rapids: Baker, 2000), p. 5.
⑱ 《圣经新译本》，中文圣经新译会（香港：环球圣经公会有限公司，2002 年），第 1056 页，另外，《新约圣经中文标准译本》（国家霍尔曼圣经协会，2008 年），第 9 页，翻译为"经文士"。笔者认为翻译为"经学家"更合乎圣经原意和中文表达。

的，只要人用得合宜"（提前1：7—8）。要"用得合宜"，关键是要做出合宜的解释。对经文和律法的解释在圣经中具有至关重要的地位。彼得甚至强调说："无学问、不坚固的人强解……就自取沉沦。"（彼后3：16）因此，对于犹太人而言，最重要的不是思辨性的"神学"，而是对圣经，尤其是对律法书的解释，从而使人明白圣经，尤其是明白律法书的含义和应用。[19]

加尔文在1565年去世，1564年4月25日他在向公证人口述自己的遗嘱时，强调自己是"日内瓦教会中上帝圣言的仆人"。他认为自己的使命就是以纯正的形式宣讲上帝的圣言，按照正意分解上帝的真道，方式就是写作和讲道。[20]加尔文强调："如果不成为圣经的学生，任何人都不会明白那真正的使人得救的教义，哪怕是一丁点儿都不能。"[21]因此，加尔文神学的目的不是揭开各种人为的哲学的奥秘，而是让人明白圣经中上帝所启示的"基督的哲学"。[22]当初加尔文撰述《敬虔生活原理》的目的就是为大家提供一本读经指南；在他一生的最后阶段，他把自己一生所理解的圣经中所包含的基本真理囊括在这一巨著中，其目的仍然不是要取代圣经，而是系统、深刻、全面地指导人们明白圣经的内容，为人们扫清各种异端思想的障碍。

加尔文强调圣经的统一性，尤其是强调旧约圣经的重要性。今日很多教会中盛行的是初期教会中出现的马吉安异端的教训，这种教训的特征就是拆毁圣经的连贯性与合一性，把旧约圣经与新约圣经、律法和福音、摩西和耶稣对立起来，其集中体现就是贬低、废

---

[19] See Moses Maimonides, *The Guide for the Perplexed*, trans. M. Friedänder (New York: Barnes & Nobles Books, 2004).

[20] Wulfert de Freef, "Calvin's Understanding and Interpretation of the Bible," from Martin Ernst and Sallmann, ed., *John Calvin's Impact on Church and Society*, p. 67.

[21] 加尔文：《敬虔生活原理》，第一卷第六章第二节。

[22] Wilhelm Niesel, *The Theology of Calvin*, trans. Harold knight (Grand rapids: Baker, 1980), p. 24.

除上帝的律法。㉓这绝不是教会的正传,当然更不是加尔文的教训。相反,加尔文认为,耶稣基督并不是新的赐律者,而是已经领受上帝的律法的解释者,耶稣基督完全认同律法书的权威。㉔与旧约圣经相比,福音书并没有包含任何新的东西。保罗所传讲的福音仍然是上帝通过旧约众先知所应许的福音。因此,新约使徒们的著述不过是对律法书和先知书的正确解释。㉕格里夫强调:"在加尔文对圣经的认识中,旧约圣经绝不从属于新约圣经。相反,事实上,旧约圣经是新约圣经所赖以存在的根基。"㉖在解释旧约圣经的时候,加尔文也不像今日众多肤浅的福音派神学家所高喊的那样——"以基督为中心来看待旧约圣经",或者"以新约圣经为标准来看待旧约圣经"。㉗加尔文按照整个圣经的启示,跟随以《使徒信经》为代表的大公教会的正传,始终是以上帝为中心,而不是片面地高举上帝的一个位格,尤其是把上帝的第二个位格耶稣基督和第三个位格圣灵提升到第一位格之前,这样显然违背上帝三个位格之间内在的本有的次序。因此,在解释旧约圣经的时候,只有在确实有理由参照新约圣经能够更好地理解有关经文的时候,他才会诉诸新约圣经。㉘在新旧约圣经之间的关系上,加尔文不仅强调旧约圣经在圣经成典过程中的优先性、显明福音和基督方面的整全性,并且更多的是强调旧约圣经和新约圣经之间的连贯性、统一性和互补性,而不是中

㉓ 参考林荣洪:《基督教神学发展史·初期教会》(香港:中国神学研究院,1995年),第60—65页。

㉔ See Calvin's Commentary on Matthew 5:17.

㉕ Calvin' Commentary on 2 Timothy 3:17.

㉖ Wulfert de Freef, "Calvin's Understanding and Interpretation of the Bible," from Martin Ernst and Sallmann, ed., *John Calvin's Impact on Church and Society*, p. 71.

㉗ See Dennis E. Johnson, *Him We Preach: Preaching Christ from All the Scripture* (Philipsburg: P&R, 2007); Graeme Goldsworthy, *Preaching the whole Bible as Christian Scripture: The Application of Bible Theology to Expository Preaching* (Grand Rapids: Eerdmans, 2000); and Edmund P. Clowney, *Preaching Christi in All of Scripture* (Wheaton: Crossway, 2003).

㉘ Wulfert de Freef, "Calvin's Understanding and Interpretation of the Bible," from Martin Ernst and Sallmann, ed., *John Calvin's Impact on Church and Society*, p. 80.

断性、差异性和冲突性。㉙ 在加尔文对旧约圣经的注释中，耶稣基督的名字并不是经常性地提到，他虽然始终强调耶稣基督是上帝与人之间的独一中保，但毫无疑问，加尔文的解经是"以上帝为中心"的解经（theocentric），㉚而不是现代福音派所片面强调的"以基督为中心"（Christ-centered）。㉛ 因此，研究加尔文神学的专家一致承认，"唯独'上帝的荣耀'（gloria Dei）这一思想贯彻整个的加尔文神学，也为理解加尔文神学提供了真正的钥匙"。㉜

加尔文在1540年发表《罗马书注释》，1563年发布《摩西律法和参》。他写的最后一部注释书是《约书亚记注释》，在1564年他逝世后出版。关于《以西结书》的讲稿只完成了二十章，于1565年由伯撒代为出版。他没有注释的书卷是：《撒母耳记上下》、《列王纪上下》、《历代志上下》、《以斯拉记》、《尼希米记》、《以斯帖记》、《约伯记》、《箴言》、《传道书》、《雅歌》和《启示录》。另外，加尔文还留下了大量的论文、讲稿、讲章和书信。㉝

从圣经和教会历史的角度来看，真正的经学家也必然是律法师。与走向神秘主义路径的东方神学相比，西方神学一直是法理型的神学。普兰廷格在分析改革宗信条的时候强调："我们大多数的教义和神学都是由受过法学训练的人撰写的。德尔图良和加尔文就是著名的例证。西方神学的思路始终是法理性的思路，本能性地受那些以法理性词汇和概念为框架的宗教理论的吸引。"㉞

加尔文是出类拔萃的经学家，当然也是出类拔萃的律法师，也

㉙ 加尔文:《敬虔生活原理》，第二卷第十至第十一章。
㉚ Wulfert de Freef, "Calvin's Understanding and Interpretation of the Bible," from Martin Ernst and Sallmann, ed., *John Calvin's Impact on Church and Society*, p. 87.
㉛ 柴培尔:《以基督为中心的讲道》，智宗宁译（E. Brunswick, NJ，更新传道会，2010年）。
㉜ See Wilhem Niesel, *The Theology of Calvin*, p. 16.
㉝ See W. de Greef, *The Writings of John Calvin*, pp. 89 - 120.
㉞ Cornelius Plantinga, JR., *A Place to Stand: A Reformed Study of Creeds and Confessions*, p. 81.

就是今日所说的法学家。今日教会强调加尔文是著名的神学家，认为加尔文最具有代表性的作品就是《敬虔生活原理》，其实这是一个巨大的误解。加尔文进入教会侍奉的入门之作就是《敬虔生活原理》。这本书的写作目的是，简略地向研读圣经的人介绍圣经中所启示的基本真理。

其实，在以加尔文为代表的整个改革宗神学传统中，律法与福音的平衡是一个核心性的问题。这种平衡绝不是希腊哲学中的二分法，而是回到圣经中所启示的模式。根据加尔文的理解和综述，这个模式就是"律法—福音—律法"的模式。这个模式最早出现在1536年第一版《基督教要义》中。他在第一章就开始阐释上帝的律法，在第二至第五章则诠释了以上帝为中心，以基督为中保的基督教信仰，在最后一章则重新回到律法，考察基督徒的自由以及教会和国家的治理。在加尔文1537年以法文所转述的第一个教理问答中，他更是明确地强调，上帝首先使用律法来使我们知道他对罪的震怒以及我们在罪中的软弱无能，然后他谈及在基督里因信称义，最后谈及"我们通过信心分别为圣，从而遵行上帝的律法"。[35]毫无疑问，不管是在个人生活，还是在教会治理和政治生活中，加尔文所提倡的都是圣经中所启示的"法治"的原则。[36]

总之，正如哈勒所总结的那样："加尔文主义者并不是律法主义者，但他们确实钦慕上帝的律法所包含的那种完全与智慧，他们信靠上帝的律法甚于信靠他们自己。"[37]

---

[35] I. John Hessenlink, *Calvin's First Catechism*: *A Commentary* (Louisville, Kentucky: Westminster John Knox Press, 1997), pp. 1 – 38.

[36] See John Witte Jr., "Calvin the Lawyer," in *Tribute to John Calvin*, ed., David W. Hall, pp. 53 – 58.

[37] David W. Hall, *The Legacy of John Calvin, His Influence on the Modern World* (Philipsburg: P&R, 2008), p. 20.

三 基督教公共知识分子

加尔文是真正意义上的公共知识分子,他所关注的不仅是圣而公的教会,也包括政治、法律、经济、教育和艺术方面。当然,真正的公共知识分子首先是良知分子,他们必须有自己独立的良心,不为任何政治、经济的利益所驱使,也不受任何当下文化潮流的影响,特立独行,高瞻远瞩,永远以传讲真理为己任。

加尔文在1541年返回日内瓦之后,与日内瓦小议会的领袖协商,鼓励他们对教会和社会做出重大的改革。小议会的领袖们倾力支持,不仅批准了加尔文所提出的改革教会制度的草案,甚至委托他带领一个委员会为日内瓦共和国重新设计宪法。[38]因此,哈勒总结说:"在圣经成典之后的各个神学家中,极少有人,假如说还有的话,在对社会的影响上,比加尔文对公共广场的影响更广泛。"[39]维特总结说:"加尔文主义者所倡导的宗教改革所改变的不仅是基督教神学和教会,也包括了法律和国家。"[40]对于加尔文来说,"教会领袖必须大声宣告暴政是不公义的,必须大声呼求专横的执政官应当为他们滥用权力作出悔改,回归他们当尽的政治职责,恢复信徒公共敬拜的自由。"[41]在与墨兰顿的通信中,加尔文甚至明确主张基督徒"必须勇敢地为自由呐喊"。[42]因此,加尔文所主张的敬虔是行动的敬虔,加尔文所主张的属灵是行动的属灵,绝不是那种利用圣经和信仰来逃避现实、政治和行动的虚无缥缈的假敬虔和假属灵。

---

[38] E. William Monter, *Calvin' Geneva* (New York: John Wiley and Sons, 1967), p. 72.
[39] Hall, *Calvin in the Public Square*, p. 96.
[40] John Witte Jr., "Law, Authority, and Liberty in Early Calvinism," in *Calvin and Culture*, p. 17.
[41] Ibid, p. 22.
[42] John Calvin, Letter to Melanchthon (June 28, 1545), from John Witte Jr., "Law, Authority, and Liberty in Early Calvinism," in *Calvin and Culture*, p. 22.

加尔文强调上帝在圣经中所明确启示的、客观的、绝对的圣言乃是真理的标准，这就使得他的思想从根本上摆脱了宗派主义的局限。加尔文强调信徒当在这个世界上忠于上帝赐给自己的天职，在自己的工作岗位上荣耀上帝，这就使得基督教从根本上摆脱了来自希腊哲学的那种圣俗二分、沉浸在神秘主义之中、从而脱离世界的逃避主义的倾向。因此，卢梭在其《社会契约论》一书中也不得不承认："那些认为加尔文仅仅是神学家的人，并没有认识到他的天才的广度。我们目前各种智慧的法律的编撰，在很大程度上是加尔文完成的，这一工作的贡献正如他的《基督教要义》一样巨大……只要对国家和自由的热爱在我们中间还没有灭绝，我们就会以敬仰之心记念这位宗师巨匠。"[43]

四 《敬虔生活原理》简介

加尔文《敬虔生活原理》一书，原文为拉丁文 *Institutio christianae religions*，首版是在 1536 年，然后分别在 1539 年、1543 年、1550 年和 1559 年出版了拉丁文增订本。（1）1536 年版：第一版是在 1535 年写成，1536 年 3 月在瑞士的巴塞尔出版，共有 6 章，只有拉丁文版本，同年 7 月加尔文在日内瓦开始牧会；（2）1539 年版：1538 年 2 月从日内瓦被逐，1539 年 8 月在施塔斯堡出版拉丁文第二版，扩充到 17 章，针对再洗礼派的错谬增加论旧新约圣经的关系和婴儿洗礼，并由他自己翻译为法文；（3）1543 年版：1541 年加尔文重返日内瓦，1543 年出版拉丁文第三版，扩充到 21 章，扩充的主要部分就是教会论以及圣职论；1545 年出法文版；（4）1550 年版：1550 年春天出版拉丁文第四修订版，增订部分主要是良心论，

---

[43] *Du contrat social* (1762), 2, 7n., in Jean-Jacques Rousseau, *The Social Contract and Discourse on the Origin of Inequality*, ed., Lester G. Crocker (New York: Pocket Books, 1967), 44n.

并开始由加尔文亲自划定章节；1551 年出法文版；(5) 1559 年版：拉丁文最终版，分为四卷，共 80 章；1560 年加尔文亲自翻译的法文版问世。㊹最终版仿照《使徒信经》的次序，第一卷论造物主上帝，第二卷论救赎主上帝，第三卷论圣灵如何带领我们在心中通过信心领受基督的救恩，第四卷则论圣灵所祝福的外在的蒙恩之道，特别是教会和国家。㊺

迄今为止，英文译本共有五个，最早的就是加尔文健在时由托马斯·诺顿 (Thomas Norton) 在 1561 年翻译的版本。19 世纪有两个英文全译本，译者分别是约翰·艾伦 (John Allen, 1813) 和亨利·贝弗里奇 (Henry Beveridge, 1845)。最新的全译本是由福德·刘易斯·巴特尔斯 (Ford Lewis Battles) 翻译、约翰·T·麦克尼尔 (John T. McNeill) 编辑、1960 年出版的版本。这一版本目前虽然比较流行，但笔者导师、美国加尔文神学院著名加尔文神学专家瑞慕勒先生认为，这一译本"从文本批判的心态掩饰了原著本有的精神"。㊻

中文译本习惯翻译为《基督教要义》，其实这一译法有着巨大的误解。拉丁文 *Institutio* 的意思是"安排"、"习惯"、"简介"、"教导"(*arrangement*, *custom*, *introduction*, or *education*)，此处显然是"简介"和"教导"的意思。加尔文之所以用 "*Institutio*" 一词，是和他所受的罗马法训练有关。在加尔文所处的时代，介绍人学习法律的标准的入门书籍就是罗马法教材《法学阶梯》，又译为《查士丁尼法学总论》(*Institutes of Justinian*)。㊼另外，尤其值得注意的是，此处的 "*religions*" 其含义绝不是现代意义上的"宗教"，因为 16 世纪的

㊹ See W. de Greef. *The Writings of John Calvin*, pp. 195 – 202.
㊺ See Ford Lewis Battles, *Interpreting John Calvin*, ed., Robert Benedetto (Grand Rapids: Baker, 1996), pp. 176 – 214; and David W. Hall and Peter A. Liliback, *A Theological Guide to Calvin's Institutes: Essays and Analysis* (Philipsburg: P&R, 2008).
㊻ Richard A. Muller, *The Unaccomadated Calvin*, Preface, ix.
㊼ John Witte Jr., "Calvin the lawyer," in *Tribute to John Calvin*, ed., David W. Hall, p. 34.

欧洲既不存在现代意义上的宗派，也不存在与基督教不同的其他宗教。加尔文自己对“*religio*”的界定就是：“对上帝热切的惧怕之情与信心联合在一起，这种惧怕之情既包括甘心乐意的敬畏，也包括根据上帝的律法对上帝进行合法的敬拜。”㊽很显然，这种界定有四大要素：(1) 对象就是上帝；(2) 心态乃是惧怕与信心；(3) 内容就是敬拜上帝；(4) 标准就是上帝所启示的律法。显然，此处的“*religions*”在本质上就是“敬虔”的意思。另外，1536 年拉丁版的副标题中就有“*pietatis summam*”，㊾意思就是“敬虔大全”。加尔文研究专家瑞慕勒先生强调此书所呈现的不是一个“神学性的体系，而是关乎敬虔的神学”。㊿巴特也强调此处的“institutes”是“教训”的意思(instruction)。(51)因此，根据笔者一得之见，加尔文此书英文最好的译名就是 *An Instruction of Christian Piety*，中文则是《敬虔生活原理》。

《敬虔生活原理》1559 年版本目前已经有两个中文译本。一是由徐庆誉、谢秉德翻译，章文新编辑的香港基督教文艺出版社 1955 年译本。这一译本是删节本。任以撒先生认为这一译本“删除原著者的主要论点，似乎是超出编译者权利之范围”。(52) 比如关于婴儿洗礼以及律法的第三大功用，这两个主题在加尔文所处的时代以及他所阐释的神学体系中都非常重要，然而基督教文艺出版社这一译本竟然都删除未译，其任意性令人感到不可思议。另外一个译本就是钱曜诚牧师审订的译本。(53) 这个译本的好处是原

㊽ John Calvin, quoted from Ford Lewis Battles, *Interpreting John Calvin*, p. 289.

㊾ Walter G. Hards, *A Collation of the Latin Texts of the First Edition of Calvin's Institutes* (Potchefstroom, 1982).

㊿ Richard A. Muller, *The Unaccomadated Calvin*, p. 3.

(51) Karl Barth, *The Theology of John Calvin*, trans. Geoffrey W. Bromiley (Grand rapids: Eerdmans, 1995), p. 158.

(52) 任以撒：《系统神学》(台北：改革宗出版有限公司，2003 年)，第 216—217 页。

(53) 加尔文：《基督教要义》，加尔文基督教要义翻译小组译，钱曜诚审订（台北：加尔文出版社，2007 年）。

文全译，未做任何删节，但在理解的精准和表达的通畅上需要进一步的修正。香港基督教文艺出版社的译本和台北加尔文出版社的中译本，都是主要根据福德·刘易斯·巴特尔斯翻译、约翰·T·麦克尼尔编辑的英文译本译出。

与1559年最终版相比，1536年《敬虔生活原理》第一版虽然仅仅只有简短的六章，但它具有以下特征：（1）从内容上讲，1536年版包含了加尔文1559年《敬虔生活原理》的基本内容，也就是对《使徒信经》、十诫和主祷文这三大基督教教义标志的解释。加尔文以《使徒信经》为框架，阐明基督徒信仰的对象就是圣父、圣子、圣灵三位一体的上帝；以十诫为基本框架，阐明基督徒爱主、爱人的基本责任；以主祷文为基本框架、阐明基督徒当如何通过祷告来更多地认识上帝，寻求上帝的旨意。1559年版本在很大程度上具有"辩驳性"（polemic），就是多方揭露、驳斥异端思想的悖谬，比如针对重洗派对旧新约圣经的割裂，加尔文在第一、第二卷中增加了至少八章的内容，讲解旧新约圣经之间的连续性和一致性（第一卷第六至第十章，第二卷第十至第十一章）；[54]针对重洗派反对婴儿施洗的问题，加尔文在第四卷专门用了一章的篇幅考察婴儿施洗这一做法的依据和意义；[55]针对当时在救恩上盛行的自由意志论，加尔文和路德一样，强调堕落之后人的意志已经受到罪的捆绑，既不能行上帝所悦纳的善，也不能甘心乐意地归向上帝，这就是后来改革宗神学所特别强调的全然败坏的教义。[56] 1536年版除了第五章驳斥天主教五大伪圣礼之外，基本上都是从正面角度简明扼要地阐明基本要道；（2）从形式上讲，1536年更加简洁明了，就像一个教理问答一样，直接阐

---

[54] 加尔文：《敬虔生活原理》，第一卷第六至第十章，第二卷第十至第十一章。
[55] 同上，第四卷第十五章。
[56] 同上，第三卷第一至第五章。

明了基督徒信仰和生活的基本要道。事实上，加尔文在 1537 年以法文所撰写的第一本教理问答就是 1536 年版《敬虔生活原理》的简本，因此加尔文从来没有把 1536 年拉丁文版本的《敬虔生活原理》翻译为法文，大概原因是因为这本教理问答本身就是缩略的法文译本。

因此，1536 年译本已经具备了 1559 年最终版的基本框架和要素，1559 年版不过是加尔文根据教会实际需要在一些细节性的问题上做出了进一步的增补性的阐释和驳异。今日我们阅读 1536 年版，不仅能够帮助研究加尔文神学的学者们更多地了解加尔文神学发展的轨迹，在学术上更加清楚地掌握当时欧洲改教家为之争辩的基督教基本原理，也能够帮助基督徒以简洁的形式掌握基督教基本要道，并且明白 16 世纪宗教改革之后的基督教与此前基督教之间的连续性和中断性，知道"基督教"并不是 16 世纪才出现的截然不同的"新教"，而是同一基督教对当时教义混乱和实践腐败所做出的回应和改良。

此处译本主要参照福德·刘易斯·巴特尔斯的英文译本，[57]本书中的引文主要根据约翰·艾伦（1813）译本校正。[58]拉丁文原本可在网站参阅。[59]

五 加尔文与改革宗神学的特色

加尔文以及受其影响的改革宗神学的主要特色就是程度上的深刻和内容上的全面。此处我们把加尔文及其思想放在一个宏观性的历史过程中，加尔文既继承了以奥古斯丁和阿奎那为代表的教父和

---

[57] John Calvin, *Institutes of the Christian Religion*, 1536 edition, trans. Ford Lewis Battles (Grand rapids: Eerdmans, 1975).

[58] John Calvin, *Institutes of Christian religion*, trans. John Allen (Philadelphia: Presbyterian Board of Publication, 1843).

[59] http://www.archive.org/stream/christianaerelig00calv#page/n5/mode/2up.

中世纪神学家的思想，同时加尔文之后认同他的思路的人也继续把他的思想加以继承并发挥。

1. 深刻的哲学洞见。在基督教阵营中，只有天主教和基督教改革宗发展出了自己的哲学体系，有自己明确、独特的认识论体系。在《敬虔生活原理》中，加尔文在提及"哲学"的时候似乎总是消极的，因为此处他所指的"哲学"乃是以"自法性的理性"为标准，偏离上帝的启示和律法的思辨性哲学。[60]对于加尔文而言，"基督教哲学"必须降服在圣灵的引导之下，并且谦卑地放弃自己的一切成见，接受上帝在自然和圣经中的启示。[61]加尔文的哲学思想在杜伊维尔、[62]范泰尔、[63]路斯德尼、[64]邦森、[65]弗雷姆[66]等人的著述中发扬光大，成为巍然可观的哲学体系。这一哲学体系的核

---

[60] See Charles Partee, *Calvin and Classical Philosophy* (Louisville, Kentucky: Westminster John Knox Press, 2005).

[61] 参考加尔文：《敬虔生活原理》，第三卷第七章第一至第三节，以及 Herman Bavinck, *The Philosophy of Revelation* (Whitefish, MT: Kessinger Publishing, 2008)。

[62] Herman Dooyeweerd, *A new Critique of Theological Thought*, trans. David H. Freeman and William S. Young (Philipsburg: The Presbyterian and reformed Publishing Company, 1953), 4 vols.; and *In the Twilight of Western Thought: Studies in the Pretended Autonomy of Philosophical Thought* (Nutley, new jersey: The Craige press, 1968).

[63] Cornelius Van Til, *The Defense of the Faith* (Philipsburg, new jersey: Presbyterian and Reformed Publishing Co., 1955); *Common Grace and Gospel* (Philipsburg, new jersey: Presbyterian and reformed Publishing Co., 1977); and *A Christian Theory of Knowledge* (Philipsburg, new jersey: Presbyterian and reformed Publishing Co., 1969).

[64] Rousas John Rushdoony, *By What Standard? An Analysis of the Philosophy of Cornelius Van Til* (Vallecito, CA: Ross House Books, 1995); *The One And The Many: Studies in The Philosophy of Order and Ultimacy* (Vallecito, CA: Ross House Books, 1983); *This Independent Republic: Studies in the Nature and Meaning of American History* (Nutley, N. J.: Craig Press, 1964); *Intellectual Schizophrenia: Culture, Crisis, and Education* (Vallecito, CA: Ross House Books, 1961); *Politics of Guilt & Pity*; *The Biblical Philosophy of History* (Vallecito, CA: Ross House Books, 1995); *The Word of Flux: Modern Man and the problem of Knowledge* (Vallecito, CA: Ross House Books, 1965); and *Revolt Against maturity: A Biblical Psychology of Man* (Vallecito, CA: Ross House Books, 1987).

[65] Creg L. Bahnsen, *Theonomy in Christian Ethics* (Nacogdoches, TX: Covenant Media Press, 2002); and *By This Standard: The Authority of God's Today* (Powder Springs, Georgia: American Vision, 2008); *Pushing the Antithesis* (Powder Spring, GA: American Vision, 2007).

[66] John Frame, *The Doctrine of the Knowledge of God* (Philipsburg: P&R, 1987); and *The Doctrine of Christian Life* (Philipsburg: P&R, 2008).

心可以从四个方面概括：(1) 前提论：任何人的思维都是从不证自明的前提出发的；基督徒必须自觉地以上帝所启示的无谬的圣经为自己认知性的前提和标准，以圣经中所启示的三位一体的上帝为本体性的中心和权威。(2) 圣约论：上帝是无限伟大的上帝，人在上帝面前是无限渺小的受造物，因此人靠自己的理性根本不能认识上帝。我们之所以能够认识上帝，是因为上帝俯就我们，向我们显明他的属性和旨意，这种显明的方式乃是通过立约的方式实现的。圣经就是上帝与我们立约的文本和历史记载。我们或是守约者，或是违约者。我们在亚当里都违背了上帝的圣约，只有通过耶稣基督这圣约的中保（也就是保证人）代替我们履行上帝的圣约，我们才能与上帝和好。因此，上帝与个人之间是圣约性的关系，同时婚姻、教会和国家的成立与参加也当通过立约的形式由双方自愿结合。(3) 神法论：从本体的角度而言，任何受造物都处于上帝的律法之下；从伦理的角度而言，我们作为受造物遵守上帝的律法是理所当然的；人的最大的悖逆就是试图以自己的理性为终极性的立法者和审判者；基督徒当自觉地以上帝所启示的律法为治理的工具和顺服的标准。(4) 世界观：终极而言，任何人都是宗教性的，都有自己的人生意义和终极关怀；同时，任何人也都有根据自己的宗教信仰所建立的涵盖生活各个方面的世界观；基督徒应当自觉地以上帝所启示的圣经为终极标准建立整全的世界观，并积极地根据这种世界观来影响周围的世界。

2. 对上帝的深刻认识。加尔文所强调的是"上帝的主权"(the sovereignty of God)。"上帝的绝对主权"乃是贯穿加尔文思想的"基本原则"。[67]正如奥古斯丁所强调的那样："罪人恨恶所有人在上帝之下的平等，仿佛他自己就是上帝一样，他所热衷的就是把自

---

[67] H. Henry Meeter, *The Fundamental Principles of Calvinism*, p. 75.

己的主权强加在自己的同胞身上。”(68)当然，这种强调并不是强调抽象的概念，而是强调上帝在这个世界上，在具体的历史过程中掌权。强调上帝的主权，主要集中在强调上帝在世界中所设立的次序，这一次序“涵盖各种各样的社会关系的框架性原则，确保社会各个领域在内的本性”。(69)在政治领域中，这就意味着“上帝是至高无上的统治者，不管是政府，还是被统治的，都当毫不动摇地顺服上帝，而上帝的律法就是规范性的标准”。(70)历史学家帕勒姆承认，加尔文“强调上帝的主权和个人对其他权威的抵抗权，确实在极大程度上抑制了君王的权力，增加了民选代表的权威”。(71)这个世界是上帝创造的，也是上帝维系的，并且最终的方向就是上帝的旨意的成全。正是因为强调上帝的主权，地上任何个人和组织，包括国家在内，都不能声称自己具有至高无上的主权。加尔文对上帝主权的强调，使得世界上一切由有限且有罪的人所组成的组织，包括家庭、教会和国家在内，都不得肆无忌惮地声称自己具有不受限制、不可干预的绝对主权。(72)世上一切权力都必须处于上帝及其律法之下（*sub Deo et sub lege*），(73)这从根本上瓦解了世上各种各样的专制和暴政的理论根基。(74)

3. 对人性的深刻洞察。加尔文不仅强调人的有限性，也强调人的有罪性，也就是人的堕落。这种堕落所导致的败坏即使在已经得

---

(68) Augustine, *The City of God* (New York: Doubleday, 1958), p. 454.

(69) Herman Dooyeweerd, *A Critique of Theoretical Thought*, Vol. III, p. 283.

(70) H. Henry Meeter, *The Fundamental Principles of Calvinism*, p. 91.

(71) Palm, *Calvinism and the Religious War*, p. 32.

(72) See R. J. Rushdoony, *Sovereignty* (Vallecito, CA: Ross Book House, 2007).

(73) Hopfl, *The Christian Polity of John Calvin*, pp. 164 – 166; and Gottfried Dietze, *American's Political Dilemma: From Limited to Unlimited Democracy* (Lanham, Maryland: University Press of America, 1985), p. 172. “在上帝及其律法之下”，这是美国传统的宪政主义的首要原则，现代美国越来越多地向民主主义发展，其主要原则就是“人民的声音就是上帝的声音”(*vox homine vox dei*)。

(74) See Paul Marshall, “Calvin, Politics, and Political Science,” in *Calvin and Culture*, pp. 148 – 151.

救的人身上仍然有着残余的影响。凯利指出："政府的统治必须得到被统治者的同意，国家各种权力需要分离和制衡，这些政治原则都是圣经中所启示的人的堕落这一真理的逻辑推论。人的堕落这一极其严肃的教义恰恰是加尔文所强调的。"[75]通过强调人的堕落这一教义，就使每个人都谦卑在上帝的面前；同时，既然人是堕落的，在家庭、教会和国家生活中，我们就必须通过有效的制度和法律来约束人的败坏。加尔文主义主张，没有人能够在今生达到完全的境界，完美的世界只有在耶稣基督最终二次降临审判这个世界的时候才能临到。在此之前，任何试图通过宗教、政治、法律、科学等手段使个人和社会达到完美境界的主张和努力都不过是乌托邦式的幻想，只能给人带来更大的幻灭和危害。因此，个人必须始终不移地依靠上帝的恩典来赦罪，从而得享良心的自由；家庭、教会和国家等由有限且有罪的人组成的任何组织，都必须接受圣约和律法在制度上的约束和规范，才能使人最大程度地享受自由。

4. 对世界的平衡看待。加尔文认为这个世界在本质上是好的，因为这个世界不仅是上帝所创造的世界，也是上帝所掌管的世界，更是上帝通过耶稣基督已经拯救的世界、通过圣灵不断更新乃至最后完全更新的世界。[76]其实，圣经中所启示的世界历史发展的框架就是创造、救赎与更新，这也是以奥古斯丁和阿奎那为代表的教会正统神学一致的看见。[77]加尔文强调上帝的主权，这并不等于他就忽略人的重要性。他甚至强调："我们知道上帝创立世界是为了人的缘故。"[78]在加尔文神学思想看来，我们既不能对这个世界顶礼膜拜，陷入物质主义、拜金主义、消费主义的泥潭中，也不能对这个

---

[75] Kelly, *The Emergence of Liberty in the Modern World*, p. 18.
[76] See Calvin's Commentary on Isah 30：19，25；32：5－6；32：7，9；61：5；65：13－14.
[77] See Andrew S. Kulikovsky, *Creation, Fall, Restoration：A Biblical Theology of Creation* (Ross-shire, Scotland：Christian Focus Publications Ltd., 2009).
[78] 加尔文：《敬虔生活原理》，第一卷第十六章第六节。

世界漠然置之，甚至消极避世，陷入神秘主义、虚无主义、修道主义的网罗中。我们应当积极地在这个世界上做上帝百般恩赐的好管家，按照上帝赐给我们的恩赐、带领我们所到的地步，各就各位，各尽其职，各得其所，并且合乎中道地享受上帝在今生今世赐给我们的各样美物，并且充满平安和喜乐地等待上帝所命定的我们要离开这个世界的时候的到来。

5. 对国家的清醒认识。现代人倾向于认为政治是肮脏的，就任凭那些肮脏的人搞政治，甚至自己也随波逐流，狼狈为奸。但是，加尔文认为，就像教会一样，[79]国家是上帝所设立的神圣的制度性的蒙恩之道。在公民政府中担任公职，"在必朽之人的一生中，乃是所有呼召中最神圣、最崇高的"。[80] 当然，加尔文对暴君深恶痛绝，他甚至毫不客气地说："地上的君王若是站起来反对上帝，就丧失了他们的权柄，甚至不配算在人类之中。我们不仅不当顺服他们，甚至应当把唾沫吐在他们的头上。"[81]在政府体制上，毫无疑问，加尔文所赞同的是圣经中所启示的"共和制"（Republicanism）。[82]在注释《申命记》1：14—16 的时候，加尔文强调说："此处很显然，那些主持审判的人并不是单单根据摩西的意愿来任命的，而是由人民投票来选举的。这当然是最值得追求的自由：任何人不可强制我们顺服专横地强加在我们头上的人；除非得到我们的批准，任何人都不得统治我们。这在下一节经文中得到了进一步的证

---

[79] 关于加尔文主义论基督教与国家的关系，请参考 Rousas John Rushdoony, *Christianity and the State* (Vallecito, CA: Ross House Books, 1986); James M. Willson, *The Establishment and Limits of Civil Government: An Exposition of Romans 13：1－7* (Powder Springs, Georgia: American Vision press, 2009); and Gary DeMar, *God and Government: A Biblical and Historical Study* (Atlanta, Georgia: American Vision, 2001), 3 vols。

[80] 加尔文：《敬虔生活原理》，第四卷第二十章第六节。

[81] John Calvin's Commentary on Daniel, Lecture XXX, on Daniel 6：22.

[82] See Daniel Elazar, *Covenant and Polity in Biblical Israel: Biblical Foundations & Jewish Expressions* (New Brunswick, NJ: Transaction Publishers, 1998), Vol. I, pp. 227－447.

实，摩西回忆说他等候人民同意之后才设立他们为审判官，他没有试图做任何他们所不喜悦的事。"在注释《弥迦书》5：5 的时候，加尔文认为此处希伯来文中的"牧者"与"统治者"是同义词，他指出："当人民通过共同的同意来选择他们的牧者的时候，就是他们处境最好的时候，因为任何人若是通过暴力取得最高权力，都是暴政。如果有人通过继承权而成为君王，就与自由不合。因此，我们应当自己为自己设立君王，这就是先知的说法：上帝不仅要把喘气的时间赐给他的教会，也会使她设立稳固的次序井然的政府，就是通过所有人的共同同意而设立的政府。"[83]加尔文旗帜鲜明地提倡通过人民的自由选举来设立政府，他甚至强调说："任何人随心所欲地任命或设立牧者，都是专横的暴政。"[84]要在专横的暴政和混乱的自由之间取得平衡，关键就是要由成员进行选举。[85]但是，需要指出的是加尔文主义者所主张的选举绝不是不讲任何资格和责任的"大民主"制度。17 世纪在美洲的马萨诸塞殖民地首先把选举权局限在完全具有教会成员资格的人中间，后来扩大到具有一定的财产资格的人身上。[86]如今那种没有任何道德资格和财产资格限制的普选制，正在使欧洲和北美选举越来越多地被那些从不纳税、依赖国家福利生存的懒惰、诡诈之人的影响和操纵，西方文明的衰落就在于违背圣经和圣约的所谓的自由化和多元化。[87]

6. 对法治的高度强调。圣经以及受圣经所影响的文明都一致强

---

[83] John Calvin, *Calvin's Commentary on Micah* (Grand Rapids：Baker, 1979), Vol. 14, pp. 309 – 310.

[84] John Calvin, *Calvin's Commentary on Acts* (Grand Rapids：Baker, 1979), Vol. 18, p. 233.

[85] Ibid, p. 178.

[86] James D. Bratt, "Calvinism in North America," in Martin Ernst and Sallmann, ed., *John Calvin's Impact on Church and Society*, p. 49.

[87] See Gary North, *Political Polytheism：The Myth of Pluralism* (Tyler, Texas：Institutes for Christian Economics, 1989)；David Chilton, *Productive Christians in An Age of Guilt-Manipulators：A Biblical Response to Ronald J. Sider* (Tyler, Texas：Institute for Christian Economics, 1987).

调法治的重要性。《申命记》中甚至明确规定：国王"登了国位，就要将祭司利未人面前的这律法书，为自己抄录一本，存在他那里，要平生诵读，好学习敬畏耶和华他的上帝，谨守遵行这律法书上的一切言语和这些律例，免得他向弟兄心高气傲，偏左偏右，离了这诫命。这样，他和他的子孙便可在以色列中，在国位上年常日久"（申17：18—20）。因此，法治是上帝的旨意，并且上帝也启示了所有人和组织都当顺服的完整的律法体系。这种法治观在西方也经历了上千年的斗争才在13世纪时明确地奠定下来。奥古斯丁强调公义的核心就是顺服上帝及其律法；不顺服上帝的律法，丧失基本的公义的国家不过是结合在一起的"巨大的匪帮"。⑱12世纪萨利斯普利的约翰（1115—1176）继续强调："任何法律的定罪，若不合乎上帝的律法，就是无效的。"⑲西方法治确立的里程碑式事件，就是1215年英国贵族与国王签署《权利大宪章》，它明确规定，任何人，无论其地位和状态如何，"未经受到正当的法律程序的审理（due Process of Law），不可被逮捕、监禁、剥夺产业，更不可被处死。"这一规定在后来1641年美国殖民地马萨杜塞的《自由法案》、当今美国宪法第五条修正案以及20世纪中期通过的《世界人权宣言》中都有重申。⑳这一宪章被称为"自由政府的一大支柱"。㉑

最后，笔者以当代加尔文主义神学大师弗雷姆的话来勉励读者："加尔文的世界观，是出于圣经的世界观，必然激励上帝的子民通过他们的呼召来侍奉上帝，从而改变史上的一切。得蒙救赎的人更新万有，使人生的一切都得以升华，变得高贵。当然，罪仍在试

---

⑱ Augustine, *The City of God*, ed. and trans. T. W. Dyson (Cambridge: Cambridge University Press, 1998), Book 4.4. p. 147.

⑲ John of Salisbury, *Policraticus: Of the Frivolities of the Courtiers and the Footprints of Philosophy*, ed. and trans. Cary J. Nederman (Cambridge: Cambridge University Press, 1990), p. 41.

⑳ See Sir Ivor Jennings, *Magna Carta and Its Influence in the World Today* (Prepared for British Information Services by the Central Office of Information, 1965).

㉑ Hall, *Calvin in the Public Square*, p. 13.

探他们，并且他们也会堕落。但是，从长远的历史性角度来看，我们可以看到，通过他们在圣灵的感动下所做出的各样努力，文化确确实实变得更好。福音确实激励上帝的子民们关心寡妇和孤儿，建立医院，绘画雕刻，反对暴政，把上帝的圣言带到世界各地。"⑨²古老的日内瓦的格言就是："黑暗之后，必是光明！"（*Post Tenebras Lux*）愿这震撼整个世界的世界观再次震撼世界，震撼中国，使世界各国人民都能得享真正的自由和兴盛。

---

⑨² John Frame, "Foreword," in *Calvin and Culture*, xi.

第一章 律法：十诫释义

一　关于上帝的知识

1.1.1　　1. 基督教所有教训几乎都涵盖在这两大部分之中：关于上帝的
1.2.1　知识和关于我们自身的知识。当然，目前我们接下来应当学习的就是关于上帝的事。首先，要坚信不疑的就是：上帝的智慧、公义、良善、慈爱、信实、权能和生命都是无限的（巴录书3：12—14；雅1：17）。这一切，在各处可见，都是出自上帝（箴16：4）。第二，天上地上的一切都是为上帝的荣耀而造的（诗148：1—14；但3：59—63）。唯独因着他属性的缘故侍奉他，遵守他的法度，接受他的威严，以顺服之心承认他是主和王（罗1：20）——这一切对于他都是理所当然的。第三，上帝自身就是公义的审判者，因此，他必要严严地报应那些转身离弃他法度的人，他们在万事之中并不顺服上帝的旨意，他们的所思、所言、所行都是那些不荣耀上帝的事（诗7：9—11；罗2：1—16）。第四，上帝是仁慈的、温柔的，时刻愿意接纳那些逃向他并信靠他的痛苦、穷乏之人；若是有人向他求助，他愿意为人解除痛苦，给予帮助；他愿意帮助任何信靠他、亲近他的人（诗103：3—4，8—11；赛55：6；诗25：6—11；85：5—7，10）。

二　关于人的知识

1.15.3　　2. 我们要对自身有明确的认识，就必须抓住这一事实：亚当，也就是我们所有人的始祖,是按照上帝的形象和样式受造的(创 1:26—27)。这就是说,他被赋予智慧、公义和圣洁,并且借着这些恩典的赐予与上帝联结。他若是在上帝所赐给他的正直状态中坚定不移,就会永远与上帝同在。但是,亚当陷入罪中,他身上所具有的上帝的形象和样式也被抹除,也就是说,他丧失了当初上帝因着恩典所赐给他的一切恩赐。本来他可以借着这些恩赐得蒙引领,重返生命之道(创3),但如今这些恩赐都已经完全丧失。另外,他也被驱逐出去,远离上帝,完全成为一个陌生人。由此而言,人丧失了所有的智慧、公义、权能、生命。如前所述,这一切只有靠着上帝才能延续。这样所造成的结果就是,人一无所有,剩下的只是愚昧、罪恶、无能、死亡和审判(罗5:12—21)。这一切确实都是"罪的果子"(加5:19—21)。这种灾难不仅落在亚当一个人身上,而且也延续到我们身上,因为我们都是他的种子和后裔。因此,我们一切人都是出自亚当,都愚昧无知,失去了上帝,弯曲悖逆,败坏无常,缺乏各样的美善。此处需要强调的是,人的心灵特别倾向于各种邪恶,充满各种败坏的欲望,并且会对此上瘾,而对上帝则是顽梗不化(耶17:9)。即使我们在表面上表现出一些美善,我们的心思意念仍然停留在内在的污秽之中,充满各样的邪情私欲。对于所有人来说,最重要的事,或者说最当关心的事,就是上帝的审判。上帝施行审判既不按着人的外表,也不高看外在的光鲜,而是鉴察心灵深处的隐秘(撒上16:7;耶17:10)。所以,人不管在外表上有多么令人眩目的圣洁,最终不过是假冒为善而已,甚至在上帝的眼中这一切都是可憎的,因为潜伏在背后的仍然是人败坏的心思意念。

3. 我们都是这样出生的,我们所行的一切都不能得蒙上帝的悦纳,我们也没有能力使上帝喜悦。但是,我们仍然有责任行事为人得蒙上帝的悦纳。因为我们是上帝的造物,所以我们理当为上帝的美誉和荣耀效力,顺服他的诸般诫命。我们不能声称自己缺乏能力,就像陷入极端贫穷的债务人一样付不起债,以此解脱自己的责任。因为所欠的罪债仍然是属于我们自己的,是我们自己的罪导致的,是我们自己的罪使得我们既没有意愿,也没有能力行善(约8:34—38;罗7:15—25)。既然上帝公义地报应罪恶,我们就必须承认我们当受咒诅,当得永死这样的判决。确实,在履行自己的本分方面,我们中间任何人都是既没有意愿,也没有能力。

三 上帝的律法

4. 因此,圣经称我们为"上帝的震怒之子",宣布我们正在走向死亡和毁灭(弗2:1—3;罗3:9—20)。对于人而言,他没有任何理由在自身之中寻求自己的公义、权能、生命、救恩;因为这一切都唯独在上帝那里。人与上帝隔绝、分离(何13:4—9),在自身之中所能找到的只有不幸、软弱、邪恶、死亡;简言之,就是地

2.8.1 狱。为了使人摆脱这种无知,主在所有人的心中都刻上了,也就是印上了他的律法(罗2:1—16)。但这不是别的,不过是良知而已。我们的良知在心中见证我们对上帝的亏欠。良知也把善与恶摆在我们的面前,从而责备我们,将我们定罪,使我们心中晓得自己并没有照所当行的尽本分。但是,人仍然沉浸在无知和野心之中,被自私之爱蒙蔽。因此,我不能认识自身,归回自我,承认自己的痛

2.8.5 苦。鉴于这种处境,主就为我们提供成文的律法,目的在于教导我们何谓完美的公义,如何持守完美的公义:就是坚定地仰望上帝,

2.8.4 把我们的眼目专注于他,以他为我们每一意念、渴慕、行为和言语的目标。这一公义的教训清楚地显明我们已经远离正道。为了实现这 目的,律法也向我们陈明了各种应许和咒诅。因为上帝应许,任何人若是依靠自己的努力去完美、精确地成全上帝的一切诫命,就必得到永生为赏赐(利18:5)。由此他毫不含糊地向我们指明,

律法中所教训的完美生活是真正的公义，是人所当行的。假如任何人能够达到这样的完美，就配得永生的赏赐。但是，上帝同时也宣布一项咒诅，向一切没有完全遵行律法中所规定的完美之公义的人宣告永死的判决（申27：26；加3：10）。

当然，上帝是用这样的惩罚来约束过去、现在和将来的一切人。在这些人中，找不到一个没有触犯上帝律法的。上帝的律法所教导的是他的旨意，这是我们都有责任遵行的，也是我们都有亏欠的。上帝的律法向我们指明，我们并不能够准确地遵行他所吩咐我们的任何诫命（罗3：19，7：7—25）。因此，上帝的律法显然是一面镜子，让我们从中分辨、省察自己的罪恶和当受的咒诅，正如我们平常对镜自照，看出我们脸上的疤痕和污点一样。准确地说，这一成文的律法不过是自然法的见证，也见证这法则在我们的记忆中常常回想起来。同时，即使有自然法在我们心中教导我们，但它却仍有不足，而上帝的成文法则以我们在自然法中没有充分掌握的东西来教训我们。现在我们已经做好准备，要领悟从上帝的律法中学习的东西。上帝是创造者，是我们的主和父。因此，我们当荣耀他，赞美他，爱慕他。但是，我们当中却没有人履行这些本分。所以，我们都当受到咒诅和审判。简言之，我们都当受永死。所以，我们当在靠自己的行为称义之外寻求救赎之道。这一救赎之道就是罪得赦免。这样看来，既然我们没有能力履行我们按照上帝的律法当尽的本分，我们就必须对自身感到绝望，寻求、等待来自其他方面的帮助。当我们降卑、顺服后，主就会光照我们，向我们显明他的宽大仁慈、温柔、饶恕。因为圣经上记着说："上帝阻挡骄傲的人，赐恩给谦卑的人。"（雅4：6；彼前5：5）首先，如果我们祈求他移走他的震怒，请求他的饶恕，毫无疑问，他必把饶恕赐给我们。我们的罪所当得的一切，他都会饶恕，并且把我们接到恩典之中。

2.7.7

2.8.2

2.8.3

四　上帝在基督里的爱

5. 然后，如果我们恳求他施行帮助，我们也必会确信，在他的保护之下，我们就没有难成的事。上帝按照他自己的美意赐给我们一颗新心，目的就在于使我们愿意遵行他的诫命；同时，上帝也赐给我们新的力量，使我们可以由此能够遵行他的诫命（结36：26）。上帝之所以把这些祝福浇灌到我们身上，都是因为我们的主耶稣基督的缘故。耶稣基督虽然也是上帝，与父同在（约1：1—14），却披戴肉身，与我们立约，使我们这些因着自己的罪与上帝远远隔绝的人得以与上帝亲密联结（赛53：4—11）。他也通过自己的受死所立的功德为我们偿付罪债，满足上帝的公义，平息上帝的愤怒（弗2：3—5）。他救赎我们脱离捆绑我们的咒诅和审判，以自己的身体担负我们犯罪当受的刑罚，从而解除我们当受的罪责（西1：21—22）。耶稣基督降临世间，带来丰富的属天祝福，并慷慨地倾洒在我们身上（约1：14—16，7：38；罗8：14—17）。这些就是圣灵的各种恩赐。通过耶稣基督，我们得以重生，脱离撒旦的权势和捆绑，白白地被收纳为上帝的孩子，并被分别为圣，从事各样的善工。通过耶稣基督，我们可以使各种败坏的欲望、肉体的冲动以及我们本性所带来的各种邪情私欲都在我们身上不断死亡，尽管我们还停留在这血肉之躯中。通过耶稣基督，我们天天更新（林后4：16），使我们行事为人有新生的样式（罗6：4），为公义而活。

6. 通过我们的主耶稣基督，上帝赐给我们所有这些恩赐，既包括罪得赦免，与上帝和好，也包括圣灵的各样恩赐。只要我们以坚定的信心拥抱、接受，完全信靠这一切就是我们的。既然这一切都有赖于上帝的慈爱，都是他在圣经中所应许我们的，我们就不要怀疑上帝的圣言是否为上帝的大能和真理（罗3：21—26，5：1—11）。总之,如果我们与基督有分,通过他,我们就会拥有一切属天的财富和圣灵的恩赐,引导我们得享生命和救恩。没有真正的活泼的信心,我们绝不能得到这一切。有了这种信心,我们就会承认我们的一切美善都在他里面,在他之外我们一无所有,一无是处;我们就会坚信,在他里面,我们便成为上帝的孩子和天国的后裔(约1:12;罗8:14—17)。相反,那些与基督无分的人,不管他们品性如何,不管他们从事什么工作或承担什么责任,最终都必进入毁灭和混乱,遭受永死的判决;被驱逐远离上帝,彻底断绝任何得救的盼望(约3:18—20;约一5:12)。这种对我们自身以及对我们的贫穷和灭亡的知识教训我们要谦卑自己,完全降服在上帝的面前,寻求他的怜悯(耶31:18—20)。上帝在基督里以仁爱和怜悯对待我们。而信心装备我们,使我们得享上帝的仁爱和怜悯,但这种信心并不是出于我们自己。毋宁说,我们应当真诚地悔改,祈求上帝引导我们认识自己,带领我们通过坚定的信心认识他的温柔和甜美。基督是带领我们通向天父的唯一道路。上帝通过基督将这种温柔和甜美显明出来,目的就在于使基督带领我们得享永远的福分(腓1:6;约14:6;罗5:1—11)。

3.14.4

五 十诫释义

7. 在上帝所赐给我们的律法中有十条诫命,也就是十诫。这十诫分为两块法版(出32:15,34:1;申10:1)。第一块法版包括前四条诫命,教训我们对上帝当尽的本分:承认并宣告他是独一的上帝;在其余的一切面前,以超越其余的一切的心情爱慕他,尊崇他,敬畏他,把我们的一切盼望和需要唯独交托给他,总是寻求他的帮助。第二块法版包括其余的六条诫命,向我们解明如何为了上帝的缘故来爱我们的邻舍,并且向他们尽当尽的爱的本分。正如福音书的作者所陈明的那样,我们的主把上帝的律法置于两大纲目之

2.8.11

2.8.12　下：我们当尽心、尽意、尽力爱我们的上帝，并且爱我们的邻舍如同自己（太22：37，39；路10：27）。尽管整个律法都囊括在这两大纲目之中，为了使我们无可推诿，我们的主仍然定意通过十诫的形式把他的律法更加深刻、详尽地宣告出来。这十条诫命包含了与爱慕、尊崇、敬畏上帝有关的一切，也包含了上帝吩咐我们为了他的缘故当以爱心向我们邻舍所行的一切。在颁布诫命之前，上帝赐给我们以下的序言（出20：2；申5：6）：

2.8.13　　　　　我是耶和华你的上帝，曾将你从埃及地为奴之家领出来。

2.8.14　8. 通过这些话语，上帝告诉我们，他是主，有权力颁布诫命，有权力要求人服从。同时，他也提醒以色列人注意，当初他帮助他们脱离法老和埃及人的捆绑，他是何等恩惠地彰显了他的力量和权能。另

2.8.15　外，上帝救拔他的选民，也就是真以色列人，脱离罪的捆绑（以"埃及"之名象征），将他们从魔鬼的桎梏下释放出来。从属灵的意义来讲，法老所象征的就是魔鬼，而埃及人则是那些行事为人都追随自己的邪情私欲的人。然后，上帝用以下形式颁布了第一条诫命：

第一条诫命

2.8.13　"除了我以外，你不可有别的神。"（出20：3）

9. 这条诫命禁止我们信靠其他任何第三者，我们的信靠应当完完全全地以上帝为依归；不管有什么美善或美德，都不可把功劳归于任何第三者（赛30：1—5，31：1，耶2：13，32），因为唯独上帝配得。上帝当受我们的敬畏和爱慕，超过其余的一切，我们当承认唯独他是我们的上帝，把我们的盼望和信靠都集中在他身上（提前1：17；申6：4—14，10：12—13）。同时，我们应当深思，每个临到我们的美善之事都是出自上帝，不要任凭任何不荣耀上帝的事情发生（林前10：23—31）。我们不仅要用舌头、姿态和各种外在的表示

来宣告我们没有其他神,也要用我们的思想、整个心灵和所有热情来表明我们自己确实如此。因为对于上帝而言,不仅我们的言辞和外在的作为是敞开的,就是我们的心灵深处,我们最隐秘的意念,对他来说也是完全显明的,甚至超过我们对自身的认识(代上28:9)。

第二条诫命

"不可为自己雕刻偶像;也不可作什么形象,仿佛上天、下地和地底下、水中的百物。不可跪拜那些像;也不可侍奉它。"(出20:4—5)

2.8.17f

10. 这就是说:所有的敬拜和尊崇都当归于独一的上帝。上帝是人所无法测透的,他没有任何形体,是无形的。他容纳万物,因此,没有任何一个地方能够容纳他。因此,让我们恳切地祷告,不要随意想象能用任何形象来表达上帝,或者用任何偶像来代表上帝,仿佛那就是上帝的样式。上帝是灵,我们当用心灵和诚实尊崇他(申6:13—16,10:12—13;王上8:22—27;提前1:17;约1:9—14,4:24)。所以,第一条诫命教导说,只有一位上帝,在他之外不当思想或投靠其他任何神灵。这一诫命教导我们上帝是这样的上帝,我们当用这样的形式来尊崇他,不要把任何物质性的东西硬加给他,也不要把他置于我们的感官之下,仿佛我们能用自己迟钝的大脑完全认识他,能够用任何形式来代表他。

有人试图用某种可怜的借口来维护一种当咒诅的偶像崇拜。这种偶像崇拜在许多世代以前就已经四处横行,使真宗教陷于沉沦之中。这些人当注意第二条诫命。他们主张不要把圣像视为神灵。当初那些犹太人造出金牛犊之前,并不是毫无头脑,竟然忘记是上帝用臂膀带领他们出了埃及。我们也不要不动脑筋,认为外邦人不明白上帝远非木头、石头之类的东西。他们常常随意改变他们的偶像,但在心中始终明白自己所拜的仍然是同一位神灵。尽管他们为许多偶像祝圣开光,将它们归于同一位神灵,但他们并没有造出许多神灵,就像他们造出许多偶像一样。另外,他们每天都为新的偶像祝圣开光,但并不认为自己正在制造新的神灵。这到底是怎么回事呢?不管是犹太人,还是外邦人,他们都一致确信上帝正如他们虚妄的头脑所想象的那样。他们不仅有这种虚妄,还加上败坏:他们心中怎样想入非非,就怎样表达出来。因此,他们心中所思想的是偶像,就用手制造出来。但是,当初那些犹太人仍然认为他们是在这种偶像的形式下崇拜永生的上帝,即天地万物独一的真正主宰。另外,他们不相信上帝在他们面前,除非上帝是以物质的形式出现在他们的面前。出于顺服这种盲目的渴慕,他们就举起各种标志(signs),在这种情形之下,相信上帝就摆在他们的肉眼面前了。因为他们认为上帝也是在这些标志中看到自己,所以他们就运用这些标志来崇拜上帝。最后,因为他们的心思和眼目都集中在这些标志上,他们就变得越来越愚钝,沉浸在对这些偶像的尊崇中,执迷不悟,仿佛上帝确确实实就在这些东西里面。那些声称此前并没有如此行,在我们的记忆中现在也没有这样做的人,不过是毫不羞耻地撒谎而已。若是如此,他们为什么还在这些东西之前顶礼膜拜呢?为什么当他们祷告的时候要转向这些东西,仿佛是转向上帝的耳目呢?为什么他们拿起刀剑来保护这些偶像,仿佛它们就是祭坛和炉火一样,甚至对他人大肆屠杀?他们更容易丧失的当然不是独一的上帝,而是他们的偶像。当然,我在此处不会详细列举许多粗俗的谬误,这些谬误无穷无尽,几乎充斥所有人的心灵。我只是说明当他们试图证明自己没有犯拜偶像之罪的时候,他们到底是在说什么。他们说:我们没有称它们为"我们的上帝"。当初,不管是犹太人,还是外邦人,都没有说他们所拜的偶像就是上帝,他们说这些不过是上帝的标志和样式,但先知和圣经中所有经卷都毫不犹豫地指责他们与木头、石头犯奸淫(耶2:27;结6:4;参见赛40:19—20;来2:18—19;

但32：37）。目前，那些希望别人称自己为基督徒的人每天所做的正是以前先知和圣经中所指责的，就是他们用木头、石头这些物体来尊崇上帝。

11. 他们最终的托辞就是称这些偶像为"教育没有受过教育之人的书"。即使我们认同他们这种说法（尽管这种说法完全是虚妄的，因为很显然，他们俯伏在这些偶像面前的唯一目的就是敬拜），我仍然看不出此类偶像能为那些没有受过教育的人提供什么益处（尤其是为那些希望描绘出上帝的人），不过是把他们引到了将上帝人格化。他们奉献给圣徒的东西到底是什么呢？不过是极其放纵、污秽的东西。假如有人想效法他们，就当受到责打。其实，他们本来希望人们把这些图像视为童贞女的典型，但妓院里妓女的打扮都比教堂里陈设的那些图像更端庄、贤淑。还是让他们把这些偶像包装得更端庄一些吧，这样，当他们伪称这些都是教育人们圣洁的图书时，可以多一点端庄。

1.11.7

因此，我们的答复是，主所定意教导上帝子民的方法与这种倒垃圾式的方法完全不同。他所强调的是讲道，这对所有人都是适用的。事实上，基督已经因着我们的罪而被献上，使他可以承担我们的咒诅，洁净我们的过犯。如果充分且忠心地讲明这一事实，何必再树立那许许多多木头的、石头的甚至金银的十字架呢？他们从这一道理所能学到的远远超过一千个木头或石头的十字架所能教导的。相比于上帝的圣言来说，也许那些贪婪之人更容易把他们的心思和眼目集中在金银上。

他们称谁为"没有受过教育的人"呢？就是那些上帝称之为"蒙他的教训"的人（约6：45）。偶像给人带来无可比拟的好处，而这种好处是无法衡量的！但上帝清楚地指明他是何等地厌恶不忠不信和偶像崇拜，他在这两条诫命之外又加上以下的话语：

1.11.13

2.8.18

> 他是耶和华,我们的上帝,是大能的上帝,也是忌邪的上帝。恨他的名的人,他要追讨他们的罪,自父及子,直到三四代;爱他、守他诫命的人,他必向他们显明他的慈爱,直到千代(出20:5—6,按英文直译)。

他仿佛是在说,我们应当唯独信靠他,他不能容忍任何人分享他当受的信靠。另外,对于任何把这种唯独当归给他的信靠转向雕刻的偶像或其他东西的人,上帝也必显明他的威严和荣耀。上帝的报应不仅是一次性的,他还要报应他们的父辈,也要报应他们的子孙后代。也就是说,上帝的报应会随时临到。同时,向那些爱慕他、遵守他律法的人,他则显明他永不改变的怜悯和慈爱。

第三条诫命

2.8.22 "不可妄称耶和华你上帝的名。"(出20:7)

12. 这条诫命的含义是:我们确实应当如此敬畏和爱慕上帝——不管出于什么原因,我们都不应当滥用上帝至圣之名。我们应当因着上帝圣洁的缘故高举他的名超越其他万有之上。不管是遭遇顺境还是逆境,在一切事情上,我们都当归荣耀于他。同时,不管上帝要赐给我们什么,我们都当一心向他祈求,并向他谢恩。总之,我们要小心谨守,不要对上帝有任何侮辱和亵渎,既不要用其他名字来称呼上帝,也不要说任何与上帝的崇高威严不相称的话。唯愿我们不把上帝的圣名用于上帝所定意使用的范围之外,因为那样做就是亵渎、玷污上帝的圣名,那些把上帝的圣名用于行巫术、肆意咒诅、非法的赶鬼以及其他邪恶的交鬼之举的人就是这样行的(利20:6,申18:10—12)。在发誓和许愿时,我们不得以任何诡诈的方式呼求上帝的名。因为再没有比求告上帝的名来见证虚谎之事更严重地羞

2.8.15 辱永恒真理的事了。总之,即使是真诚的发誓,也不要仓促地使用

上帝的圣名，除非是为了上帝的荣耀和弟兄的需要才有必要这样行。除了这种必要性之外，任何种类的发誓都在禁止之列。正如基督所教导我们的那样，他在解释发誓这方面的律法时说，我们所说的话是就说是，不是就说不是；若再多说，就是出于那恶者（太5：37）。此处需要注意的是，任何人都不得出于自己的草率而仓促发誓。但是，若是执政官要求我们发誓，我们这么做就不违背这条诫命，因为在另外一段经文中上帝授权执政官，在查验见证人的证言是否属实的时候，他们可以要求见证人发誓（出22：11；来6：13—18）。因此，公共性的发誓是不在禁止之列的。比如保罗曾经发誓证明他所宣讲的福音的真实性（罗1：9，9：1）。因为使徒们履行他们的职分时不再是以私人性的身份，而是上帝所任命的具有公共职分的仆人。君主签署国际条约时进行宣誓，人民奉君主之命宣誓，还有其他人宣誓，只要不是出于个人的贪欲，而是为了公众的利益，这些宣誓都是可行的。因此，关于宣誓，我们当牢记的第一个要点就是不可出于个人的私欲而宣誓，必须出于必需才宣誓。所以，如上所言，为了证实我们所说的话语的真实性，在确有必要的时候，我们可以奉上帝的圣名宣誓，除此之外不可奉上帝的圣名宣誓。在确有必要的情况下宣誓，直接关乎上帝的名誉和荣耀，唯独他是真理的最终见证者，因为他就是独一的永恒的真理（申6：13，10：20；赛45：23，48：15以下）。最后，为了更加有效地阐明他的圣名的庄严性，上帝为这条诫命附加了以下的话：

2.8.26
2.8.27

2.8.25

2.8.23

> 因为妄称耶和华名的，耶和华必不以他为无罪。

2.8.25

通过这些话，上帝对那些违背这一诫命的人宣告了一项特定的咒诅。

第四条诫命

2.8.28　　　　　"当记念安息日，守为圣日。六日要劳碌作你一切的工，但第七日是向耶和华你神当守的安息日。这一日你和你的儿女、仆婢、牲畜，并你城里寄居的客旅，无论何工都不可作，因为六日之内，耶和华造天、地、海和其中的万物，第七日便安息，所以耶和华赐福与安息日，定为圣日。"（出20：8—11）

13. 守安息日既关乎敬虔，也关乎敬拜上帝，因为这条诫命是在第一块法版中，并且被称为"圣日"。所以，在严格遵守诫命方

2.8.29　面，上帝最强调的就是这一条（出31：13—17）。在先知书中，当上帝要说明敬虔已经丧失的时候，就说他的安息日被亵渎，被玷污，被违背，没有被尊为圣，仿佛忽略这个方面对上帝的敬重，对上帝的敬重就荡然无存（结20：12—12，22：8，23：38；耶17：21、

2.8.28　22、27；赛56：2；民15：32—35）。当然，毫无疑问，这条诫命具有一定的预表性，教训处于仪式时期（era of ceremonies）的犹太

2.8.31　人，用外在的行为上的遵守来表明当用心灵来敬拜上帝。基督就是影子之后的大光，是预表所表征的真理。因此，当基督到来的时候，这条诫命就被废除了，正如摩西律法中其他发挥影子作用的律法一样，这是保罗所清楚地见证的（加4：8—11，西2：16—17）。当时的犹太人在信心方面处于律法的训蒙之下。当耶稣到来的时候，礼仪和外在的仪式就都废止了。尽管如此，我们仍然要保留这条诫命中所蕴含的真理，这也是上帝定意让犹太人和我们一同永远遵守的。其中所蕴含的真理就是：我们当敬畏上帝，爱慕上帝，寻求在他里面得享安息。假如我们彻底摒除各种搅扰、困惑良心的恶欲，停止源自我们人性肉欲的一切秽行，也就是消除不是出于上帝之灵的一切行为，不管它们是以何种形式的人类智慧出现（来3：7—19，4：9，赛35：5—8，58：13—14），这一真理也会无所用处。此类性质的作为都是安息日当禁止的。守安息日的诫命盼咐我们停止此类行为，好使上帝住在我们中间，成就好事，通过他的圣灵的带

领来统治我们。上帝的国度把平安和安静赐给人的良心。这就是真正的安息日，而犹太人的安息日不过是预表和影子。安息日一直排在第七日，因为"七"这个数目在圣经中象征完全。通过安息日我们所领受的教训就是：上帝已经赐给我们一个永恒的安息，这一安息是没有任何局限的；其次，只有到第七日的时候，这一安息的分别为圣才会成全（来4：1—11）。因此，第七日确实是终极性和永恒性的。作为信徒，我们都已经部分地进入了这一安息，但还没有完全达到。因为我们现在是通过信心安息在上帝里面，每天都在进步，当上帝借着以赛亚所应许给他的教会的安息日的预言成全的时候，我们现在所进入的安息就会达于成全。也就是说，那时候上帝就显明为他在万有之上（林前15：28）。这也是上帝在创造世界的时候所显明的，他用六日的时间完成了创造之工，只是在第七日的时候就歇了一切的工（创2：1—3）。通过这个鉴戒，我们得到的教训就是，也当歇了我们一切的工，在上帝里面寻求我们的安息，渴盼第七日的安息。

2.8.30

14. 这对主日也同样适用。我们当注意：上帝设立主日并不是让我们尊崇主日胜过其他日子，把主日视为更加神圣。唯独上帝有这样的特权，他同样尊重每一日（罗14：5）。上帝之所以设立主日，目的就是让教会聚集在一起赞美上帝，向上帝祷告，聆听上帝的圣言，施行圣礼（加4：8—11；西3：16）。要更好地集中我们的注意力，一心一意做好这些事情，我们就要停止一切机械和手工的工作，停止一切日常生活中所进行的各样追求。在其他圣日也是如此，这些圣日都是让我们一同记念救恩的奥秘的。如果我们尽心畅饮上帝的圣言，并且借着上帝的圣言来治死自己的老我，不仅是在节日的时候这样行，在每一天都这样做，那么我们就是确实尊安息日为圣了。既然上帝这样吩咐我们，我们就当继续不断地欢庆安

2.8.33
2.8.32
2.8.33

息。总之，我们把这一日和其他日分别开来，不是为了敬虔的缘故，而是为了通常的管理上的缘故。因此，我们有些特定的日子并不仅仅是为了庆祝，仿佛我们停止工作，上帝就会得到尊崇，我们就会得蒙上帝悦纳，事实上并非如此。这样做的真正原因就是教会需要在特定的日子聚会。另外，非常重要的是，我们设定特定的日子聚会，这样凡事就可以规规矩矩地按着次序行（林前14：40）。这样我们就排除了那些诡辩家的谬论，他们用犹太教的观点来毒化世界，主张这一诫命的礼仪部分已经废止（用他们的话来说，他们称安息日为"命定"第七日），但道德部分仍然存留，也就是说一周仍然要守一日为安息日。这样改变日期不是为了别的，而是为了羞辱犹太人，同时又保留对安息日的遵守。我们确实见到他们通过这样的教导谋取了不少好处。因为那些遵守他们的规定的人就胜过犹太人三倍，他们认为犹太人对安息日的遵守是愚顽的、属血气的迷信。因此，我们在《以赛亚书》中所读到的先知对当时那些人的责备，在今天对这些人也同样适用（赛1：13—15, 58：13）。

2.8.32
2.8.34

15. 在守安息日方面，犹太人还注意到另外一件事，这和敬拜上帝没有直接的关系，而是关涉到保持人与人之间的公正。这就是说，要让仆人和牲畜也停止做工，免得那些不人道的主人无休止地督促他们额外工作。其实，摩西在这些方面有益的教导并不是始于他自己，而是此前早就已经存在（出23：11；申5：14）。今天我们仍然需要关注社会性的公正，并不是因为不得不，而是出于爱心的吩咐。这就是前四条诫命，关系到我们对于上帝当如何行。这乃是第一块法版的内容。

16. 当然，我把前四条诫命放在第一块法版中，这与目前几乎各处通行的做法有所不同。我这样划分不仅有理由，并且有很重要

2.8.12

的理由。因为有些人把我们在此处所划分出来的第二条诫命完全抹掉，但是上帝显然把第二条诫命作为一个独立的诫命划分出来。这些人的做法很荒唐，他们把第十条诫命一分为二，把"勿贪他人财物"作为一个单独的诫命分出来。这种划分在教义比较纯正的时代并不存在，毫无疑问，奥利金就是按照我们这种方式划分的。当然，他们这种划分在奥古斯丁时代也存在，但是在当时也没有普遍被人接受。奥古斯丁之所以喜欢这种划分，理由微不足道，他认为第一版由"三"条诫命组成，而"三"这个数字则更加清楚地把三位一体这一奥秘彰显出来。在其他方面，我们这种划分更合乎奥古斯丁的心意。毫无疑问，正是因为魔鬼的诡诈，第二条诫命才逐渐被人淡忘，因为这条诫命最突出的就是禁止偶像崇拜。这点我在前面也有提及，请大家不要怀疑、嘲笑我的划分，仿佛这种划分是我个人最新的独创。剩下的就是十诫第二块法版。

第五条诫命

"当孝敬父母。"（出20：12） 2.8.35

17. 既然我们当爱慕、敬畏上帝，就不要忽略我们的父母，更不要在任何方面冒犯他们。我们应当向父母表示敬意，敬重他们，并按照主的旨意顺服他们。我们当努力在自己当行的各样事情上使他们满足、开心（弗6：1—3；太15：4—6）。这条诫命附加的祝福就是："那些顺服、敬重父母的人，会在世长寿。"这一祝福显明上 2.8.37
帝何等喜悦那些遵行这条诫命的人，也提醒我们在孝敬父母方面不要懈怠。这一祝福也劝告我们，对父母没有感恩之心，不报答父母的恩情，这样的子女肯定会受到上帝的咒诅。

第六条诫命

"不可杀人。"（出20：13） 2.8.39

18. 既然我们应当敬畏、爱慕上帝，就不当用任何犯罪的方式来伤害任何人，不当不公平地对待任何人，也不要攻击任何人，更不要以暴力手段对待任何人。如果我们确实对上帝存有敬畏和爱慕之心，就当善待所有的人。不管是敌是友，我们都当努力使他们高兴。如果他们处于危险之中，我们就当尽我们所能，向他们伸出援手，以慷慨之心对待他们（太5：27—30）。

第七条诫命

2.8.41 "不可奸淫。"（出20：14）

19. 这条诫命的大意如下：既然我们应当敬畏、爱慕上帝，就当一生一世有规有节，不管是说话还是行事，都当保持贞洁和节制。既然贞洁是上帝赐给的一个特殊恩赐，那么我们每个人都当省察上帝是否把这个恩赐赐给了我们（太5：43—48；弗5：3—4；林前6：13—20，太19：11—12；林前7：1—40）。上帝也为那些因为自己的肉体不洁而不能忍受这一诫命的人提供补救性的办法。如果我们不使用上帝设定的补救办法，就是抵挡上帝，反对上帝所设立

2.8.42 的制度。他们也不能说，在上帝的帮助下，他们什么都能做，正如今天很多人所做的那样。因为上帝的帮助只会临到那些按照他所设定的方式而行的人（诗91：1—14）。这些人在自己的呼召上试图偏

4.13.3 离上帝的旨意。既然他们这样冥顽不化，就不要期望上帝帮助他们。他们应当牢记上帝的警诫："不可试探主你的上帝。"（申6：16；太4：7）试探上帝就是试图拒绝他现在的恩赐，伪造他生来就有的人性。这些人所做的还不止于此。婚姻本来是上帝所设定的制度，并且上帝宣告婚姻本身是当受尊敬的，我们的主耶稣基督施行的第一个神迹就是在一次婚礼上，他通过亲自参加婚礼而使婚姻制度神圣化（创2：18—24；来13：4；约2：1—11）。但这些人竟然称上帝分别为圣的婚姻为"玷污"。他们之所以这样行，就是为了突出

强调某种形式的独身。仿佛独身是一回事,而贞洁是另外一回事!他们把独身称为"天使一般的生活",这样他们就把上帝的天使与那些污秽、淫乱的人相比,这显然对天使不公。他们还行其他更加邪恶和污秽的事。显然,事情不证自明,此处我们不需要提出其他任何证明。因为我们的上帝常常用可怕的惩罚报应这种轻慢他的恩赐的人。当然,在婚姻伴侣之间也不是说什么都可以做,每个男人都当有礼有节地对待自己的妻子,每个妻子也当如此对待丈夫。这样行,他们就不会遭遇与婚姻的诚实和节制不相称的事。总之,他们应当认为自己是在主内结婚的。 2.8.44

第八条诫命

"不可偷窃。"(出 20:15) 2.8.45

20. 这条诫命的意思是:既然我们应当敬畏、爱慕上帝,就不当使用欺诈的方式偷取,或用暴力的方法夺取他人的财产。不管是在讨价还价的过程中,还是在订立合同的时候,我们都不能在不知不觉中攫取别人的财物,这包括卖价太贵,也包括对于那些不知道商品真实价值的人用太低的价格买进;我们也不可使用任何诡计来占有别人的财产。如果我们真正有敬畏、爱慕上帝之心,就当竭力帮助别人保持自己的财产,不管是我们的朋友,还是我们的敌人。或者给对方提供建议,或者提供其他帮助。无论如何,我们宁肯放弃自己的财产,也不要用任何不当的手段夺取他人的财产。不仅如此,如果他们一时在物质方面有压力,我们就当分担他们的需要,用我们的东西来减轻他们的缺乏(赛 58:7—9;罗 12:20;林后 8:14;弗 4:28,等)。 2.8.46

第九条诫命

"不可作假见证。"(出 20:16) 2.8.47

2.8.48　　21. 这就是说：既然我们应当敬畏、爱慕上帝，就不当用虚假的指控来伤害任何人；我们也不当损害任何人的声誉：不能任凭我们的舌头恶意中伤，也不能任凭我们的耳朵随意听闻闲言碎语；既不要猜疑别人，也不要对任何人积蓄恶毒的想法。如果我们心中对上帝真有敬畏和爱慕之心，就当竭尽所能，发自内心地思考、讲说别人的好处，对于他人的话语和行为要尽量往好处解释（太7：1—5，罗13：8—10，14：10）。这条诫命的范围还包括：我们不应当喜欢任何谎言，也不要对别人奉承讨好，更不要轻贱自己，说些虚浮无聊的话（诗5：6；太12：36—37；弗4：25—28，5：6—11）。

第十条诫命

2.8.49　　"不可贪恋人的房屋，也不可贪恋人的妻子、仆婢、牛驴，并他一切所有的。"（出20：17）

　　22. 我们应当敬畏、爱慕上帝。上帝在此处禁止我们对他人的妻子、家庭、财产或其他任何好东西有贪欲。不宁唯是，上帝还禁止我们图谋任何计策、欺诈和各种手段，使妻子离开自己的丈夫，使仆人逃离自己的主人，使财产离开主人的手；即使披上诚实的外衣也不行。我们不可用花言巧语使妻子离开她的丈夫，使仆人逃离他的主人。我们不可使丈夫离开自己的妻子，以至于使他撇下自己的妻子流落在外或者成为我们的。我们也不可使主人离弃他的仆人，从而使那被离弃的仆人成为我们的仆人。总之，我们不可运用任何此类的诡计来占有别人的财产，此类诡计都是那些贪婪之人常用的。不仅此种行为在禁止之列，就是此类的意愿、欲望和想法也都是上帝所禁止的。如果我们真的敬畏并爱慕上帝，我们就当不仅期望别人的妻子和一切财产都平平安安，还要努力促进他人夫妻之间的爱。让我们劝告奴仆忠于他们的职守。总之，我们要尽自己所能，让每个人都能够各守其分。

23. 禁止贪恋他人财产这条诫命还适用于以下方面，就是每个人都当根据自己的呼召，完成自己的工作，向人履行与其职分有关的一切责任（弗4）。那些没有按照自己的呼召把当结的果子带给当得之人的，不仅是贪恋，也是剥夺别人的财产。因此，民众应当尊重君王、执政官以及其他有权柄的人，耐心地承受他们的管理，顺服他们的法律和命令，不拒绝任何根据上帝的旨意能够完成的事（罗13：1；彼前2：13；多3：1）。同样，统治者也要眷顾自己的百姓，秉公行义，确保公共安全，惩恶扬善（弗4：1、7、16、28）。唯愿他们在管理一切事务的时候唯慎唯危，晓得他们将来要为自己的侍奉向上帝交账，唯独上帝是至高的君王和审判者（申17：19；代下19：6—7；来13：17）。唯愿教会的监督和牧者们忠心地传扬上帝的圣言，不要谬讲救赎之道（林后2：17），而是纯正无瑕地传递给上帝的子民。唯愿他们不仅通过教导来指导上帝的子民，更通过他们自己的生活来以身作则。总之，唯愿他们作为好牧人来发挥权威，牧养他们的羊群（提前3：1—5；提后2：15，4：2、5；多1：6；彼前5：2）。当然，也唯愿人们把他们视为上帝的使者和使徒来接待，按照上帝所命定他们当得的尊容来尊重他们，供给他们养身所必需的东西（太10：10；罗10：15，15：15；林前9：6—14；加6：6；帖前5：12；提前5：17）。唯愿父母养育、教导、管教上帝托付给他们的孩子，不要用不人道、残酷的方式来伤害他们的志气，使得他们转而反对自己的父母（弗6：4；西3：21）；父母当以温柔和良善为怀，疼爱、接纳自己的孩子。我们已经说过，孩子应当顺服父母。唯愿年轻人尊重老人，因为上帝吩咐我们当敬重年老之人。当然，也希望老年人用他们超出年轻人的智慧和经验来弥补后者的不足，不要严苛、大声地责骂他们，而是要用温柔来调和他们的怒气。唯愿仆人殷勤顺服自己的主人，不要只是在人面前侍奉，而是发自内心，正

2.8.46

如他们顺服上帝一样。唯愿主人不要对仆人吹毛求疵，过分苛刻，甚至加以虐待。唯愿做主人的待仆人如同自己的弟兄，视作一同侍奉同一位在天上的上帝的仆人，因此他们应当彼此相爱，互相善待（弗6：5—9，西3：22—25，多2：9—10，彼前2：18—20，西4：1，门16）。

唯愿每个人都考虑根据自己的地位和身份当向邻舍尽什么责任，各就各位，各尽其职。

六 综 述

24. 上帝的整个律法都包含在十条诫命之中。上帝吩咐我们做什么，禁止我们做什么，不管是对于上帝自己，还是对于他人，我们在上帝的律法中都得到充分的教训。要明白这些教训的方向并不困难，就是教导我们去爱。第一块法版的精义就是特别教训我们何谓敬虔，这包括：敬畏、爱慕、尊崇上帝；承认他；呼求他；向他求告，并等待他赐给我们一切；向他寻求保护；在他里面安心（太7：12）。第二块法版的精义就是培养我们如何因为上帝的缘故而爱他人，我们希望别人怎样对待我们，我们也当首先怎样对待别人，但是上帝的诫命并没有吩咐我们爱自己。

2.8.54　　在整个律法书中，我们找不到一个字符规定人可以为自己做或不做什么。很显然，人就出生在这样的状态中，他们完全倾向于爱自己，所以没有必要制定任何法律进一步强调这种本来就已经过度的自爱。因此，非常清楚的是，我们遵守上帝的诫命不是靠爱自己，而是靠爱上帝和邻舍；越是尽其所能地少爱自己，我们的生活就越是佳美、圣洁；最邪恶的就是那些唯独为自己而活的人，他们所求所想的不过是自己的好处而已。

2.8.6　　25. 但是，切切不可忽略的事实是，上帝的律法不仅吩咐或禁止外在的行为，也关涉到心中的意念和内在的情感，免得有人认为只要禁戒自己的手不做什么就满足了上帝的律法的要求。

有些人调整自己的眼目、手脚以及身体的各个部分来遵行上帝的一些律法。同时，他们却使自己的心灵远离对上帝的律法的遵守，认为他们只要向人彻底隐藏自己在上帝面前的心思意念，就可以免罪。他们听说："不可杀人；不可奸淫；不可偷窃。"（出20：13—15）所以，他们就不用刀剑杀人，也不嫖娼，不偷别人的东西。这样行当然也很好。但是，他们的心中却充满杀气，欲火中烧，对别人的兴盛充满嫉妒、贪婪之情。他们现在所缺乏的就是律法的精髓。保罗大声抗议的就是他们，他证实说："律法是属灵的。"（罗7：14）保罗这样说，是指上帝的律法要求我们尽心、尽性、尽意去遵行。 2.8.6

我们说这是律法的精义，这并不是推出我们自己杜撰的新的解释，而是跟随基督的教训，他是上帝律法的最好解释者。法利赛人主张只要在外部行为上没有违背上帝的律法，就是成全了上帝的律法。他们用这种谬论来污染人们，而基督所谴责的正是这种非常危险的谬论。他宣布即使见了妇女就动淫念也是犯奸淫（太5：28）。他宣布所有恨弟兄的都是杀人的（约一3：5），因为他强调那些心中动怒的人"难免受审判"；那些用怨言冒犯弟兄的人也"难免公会的审判"；那些公然发怒，咒骂弟兄的"难免地狱的火"（太5：21—22；参见太5：43）。那些不明白这些教训的人幻想耶稣基督是另外一位摩西，把福音的律法赐给人，为人提供摩西律法中所缺少的部分。这种观点是极其错误的。因为耶稣基督并没有为古老的律法增添什么，只是重新宣告并且洁净被法利赛人用谎言和毒酵所玷污的律法。 2.8.7

七　称　义

26. 这些诫命包括"不可私下报仇；当爱你的仇敌"，是从前上帝一次性地赐给所有犹太人的，然后又赐给了所有基督徒。但是， 2.8.56

因为无知和恶意，我们的对手却把这些诫命变成了"建议"，我们有个人的自由可以选择是否顺服。他们把顺服这些"建议"的要求强加在修道士身上，让他们可以在这个方面比一般基督徒更义，也就是他们自愿约束自己，遵守这些"建议"。他们之所以不把这些诫命视为律法，是因为他们认为这些诫命太烦琐，太沉重，无法遵行，尤其是对于那些处于恩典的律法之下的基督徒而言更是如此。他们

2.8.55 难道竟敢如此废弃上帝赐下的吩咐"当爱我们的邻舍"的永恒律法吗？基督在一个很清楚的寓言中明确地宣告，我们的邻舍就是我们

2.8.56 能够帮助的人，哪怕是远方之人（路10：29—37）。难道不是这样吗？难道上帝的诫命不是处处吩咐我们当爱我们的仇敌吗？比如上

2.8.57 帝吩咐我们给饥饿的仇敌饭吃（箴25：21；罗12：30），将他们迷途的牛、驴牵回正途，在其负载过重的时候提供帮助（出23：4—5）。上帝说："申冤在我，我必报应。"（来10：30；参见申32：35）难道主所说的这句话不是永恒有效的吗？我问你们，这些话到底是什么意思呢？"要爱你们的仇敌，为那逼迫你们的祷告。这样就可以作你们天父的儿子"（太5：44—45）。到底谁是天父的儿子呢？是修道士吗？假如只有修道士才敢称上帝为"父"，我们当然不会赞同！因此，那些随随便便把上帝的儿女同负的轭废弃掉的人，实在显明他们不过是撒旦的儿子而已。但他们竟然还愚蠢地辩解！这轭太重，基督徒负担不了！仿佛还有什么比尽心、尽性、尽力爱上帝更难的！如果与这条诫命相比，一切都可以说是容易的，不管是让我们爱我们的仇敌，还是发自内心地放弃一切复仇的欲望。其实，对于软弱的我们而言，这一切都是很难实行的，即使最小的诫命也是如此（参见太5：18；路16：17）。我们行动所依靠的是上帝。"愿他赐给我们他所吩咐的，吩咐我们他所愿意的"。基督徒处于恩典的律法之下并不是说毫无羁绊，不受任何律法的约束，而是说我们与基督联结，靠着基督的恩典我们摆脱了来自律法的咒诅，并且靠着基督的灵，上

帝的律法刻在我们心上（耶31：33）。保罗称这种恩典为"律"，并不是在严格意义上，但确实是暗指上帝的律法，并予以对比（罗8：2）。这些人在"律法"这一名词之下大做文章，却言之无物。

27. 我们此前已经知道，对于那些在任何部分违背这一律法没有完全遵守的人，上帝已经宣告了可怕的重判，其实，要完全遵守上帝的律法，并不在我们能力的范围之内。因此，我们都是被依法判刑的违法犯罪分子。律法中所判给罪人的咒诅不是我们中间的一部分人才当承受，而是我们中间每个人都有分，这些咒诅悬挂在我们所有人的颈项上。 2.7.3

因此，如果我们仅仅盯着上帝的律法，我们只能灰心、迷惑、绝望，因为我们所有人都被律法定罪，处于律法的咒诅之下（加3：10）。正如保罗所言，那些处于律法之下的人都是被咒诅的。对于一个人来说，律法只能发挥控告、责备、定罪、逮捕的作用。总之，律法要按照上帝的判决将他们定罪，这样唯独上帝可以称义，所有血气之人都在他面前无可推诿（罗3：19）。但是，我们不要像今日许多人惯常所做的那样自吹自擂。他们不得不承认自己不可能通过善功而获得完全的义，因为他们不可能完全实现律法，他们确实承认这一点。但是，如果将荣耀完全归于上帝，自己就会乏善可陈；为了避免这样，他们就声称自己至少一部分遵守了上帝的律法，所以就在这部分上为义。他们争辩说，他们所缺乏的已经通过多余的工作和补足而得到了整全和救赎。他们把这视为对他们的缺乏的补偿。他们忘记了自己的本性，藐视上帝的公义，不知道自己的罪，就使自己深陷在这种错谬之中。当然，那些认为自己并不像圣经中所描述的亚当的子孙那样的人已经丧失了对自我的认识。关于他们所谓的卓越，圣经是这样描述的：他们的心都是邪恶的、刚硬的（耶17：9）；他们从小时起心中所思想的尽都是恶（创8：21）； 2.7.4
3.14.13

"人的意念是虚妄的"（诗94：11）；他们"即使有光也像黑暗"（伯10：22）；所有人都如羊走迷，人人都偏离正路（太6：23）；没有一个人行善（赛53：6）；没有一个人认识上帝，寻求上帝（诗14：2）；他们眼中不惧怕上帝（参见出20：20）；总之，人都属乎血气（创6：3）。人所行的一切事，正如保罗所列举的那样，无非就是"奸淫、污秽、邪荡、拜偶像、邪术、仇恨、争竞、忌恨、恼怒、结党、纷争、异端、嫉妒、醉酒、荒宴等类"，也就是人所能够想象到的一切污秽、可憎之事（加5：19—21）。这些就是我们引以为自豪、抵挡上帝的事！我们必须坚持的一个普遍性原则就是：无论是谁，只要以自己为荣耀，就是在抵挡上帝。实际上，人完全没有任何可以夸口的地方，所以保罗宣称人都处于上帝的律法之下（参见罗3：19）。人既然这样臭名昭彰，被上帝定罪，又怎敢把任何荣耀归给自己呢？难道他还认为自己有什么了不起吗？难道他还没有学会谦虚下来，把一切荣耀都归给上帝吗？难道他还没有学会以谦卑之心来高举上帝吗？任何人若是觉得自己仍然有所凭依，就不能称为谦卑。有人认为我们在上帝面前必须觉得自己是卑微的，同时我们一定晓得自己也有某些功德，这两者可以结合在一起。这样的教导乃是危险的，所导致的就是假冒为善。因为如果我们在上帝面前公开承认的东西违背我们自己的感觉，我们就是在向上帝撒谎。如果我们真切地承认这一点，不仅我们对功德的确信一扫而光，就是这种关于功德的观念本身也会不复存在。所以，如果根据天赋的恩赐来判断人，人从头到脚都没有任何善的火花。人身上值得称赞的一切都是来自上帝的恩典。但是，我们身上的邪恶倾向却总是为我们自身的污秽寻找种种借口，同时又窃夺上帝的恩赐，归为自己的功劳。

28. 任何东西若非完全，不受任何污秽的污染，就不被上帝悦纳。若非如此完全承认上帝的义，上帝的义也就受到了藐视。既然如此，我们一切的行为就其自身的价值而言，无非是败坏和污秽。因此，我们的义不过是过犯，我们的正直无非是污染，我们的荣耀无非是羞辱。因为即使我们身上最好的东西也始终是有瑕疵的，始终受到我们自身的不洁所败坏，也就是说总是有些渣滓混杂其中。 3.14.9

另外，即使我们真有可能有一些完全纯洁、正直的作为，但是，正如先知所说的那样，一个罪就足以抹煞以前义行的一切记忆（结18：24）。雅各也赞同先知以西结的话，说："凡遵守全律法的，只在一条上跌倒，他就是犯了众条。"（雅2：10）既然这必死的人总是不洁净，总是有罪，不管我们有什么义（箴24：16；约一1：8），都被后来的罪败坏、压抑、毁坏，就无法来到上帝的面前，使我们算为义。 3.14.10

总之，在上帝的律法中，我们必须敬重的并不是行为，而是上帝的诫命。因此，如果义是从律法而来的，那么使人称义的就不可能是一两个行为，而是不间断地对上帝的律法的顺服。更重要的是，在上帝的眼中，罪是极其严重的事，以至于人全部的义合在一起也不能补偿单个的罪。因为我们见到，因为一次性的犯罪，人就被上帝弃绝，并且同时也丧失了领受、重得救赎的能力（创3：17）。所以，做出补赎的能力已经被废除了。 3.14.13

29. 那些对自己仍然沾沾自喜的人绝不能满足上帝的公义，来自上帝的仇敌的东西绝不能得蒙上帝的悦纳，而上帝的仇敌就是那些上帝把罪归算在他们身上的人。因此，在上帝承认我们的任何行为之前，我们的罪必须在上帝面前得蒙遮盖和赦免（诗31：1；罗4：1）。由此看来，罪得赦免乃是白白的，那些信靠自己补赎的人使之模糊不清，并且也亵渎了这一教义。因此，唯愿我们效法使徒保罗的榜样，"忘记背后，努力面前，向着标竿直跑，要得上帝在基督耶稣里从上面召我来得的奖赏"（腓3：13—14）。

3.14.14 若是夸耀自己有分外的善行,这如何与圣经中对我们的教训一致呢?即使我们做了上帝吩咐我们当做的一切,我们也当称自己是"无用的仆人",说我们"所做的本是我们应分做的"(路17:10)。我们在上帝面前说话,既不要伪装,也不要说谎,而是应当诚恳地面对我们自己的想法和感觉。因此,主吩咐我们在心中要诚恳地判定、思考我们并没有为主履行分外的责任,不过是向他尽我们当尽的本分。所以,我们即使做了上帝所吩咐我们的一切,也就是说我们一切思想和肢体都用于遵行上帝的律法中所吩咐我们的职责,甚至把所有人的义行都加在一个人的身上,我们也不过是尽自己的本分。他们

3.14.15 远远没有去行上帝所吩咐的,竟然还敢夸口自己有分外的善行。但是,总有些人就此类事情议论纷纷。当至高无上的审判者在审判座上施行审判的时候,人人都会闭嘴,所有的夸耀都必消失。我们应当寻求的就是我们能够信靠,能够带到这审判座前为自己辩护的东西,并不是我们在各个学校和各个角落里所妄论的闲言碎语。另外,此类人希望在上帝面前兜售的是什么样的分外的善行呢?这些零碎琐事若是呈现在上帝的面前,既不是上帝所吩咐的,也不是上帝所赞同的,更不是上帝所悦纳的!只有在这种意义上,我们才能赞同存在所谓的分外的善行,也就是先知以赛亚所说的:"谁向你们讨要这些呢?"(赛1:12)

3.17.1 30. 事实上,正是通过上帝的律法才显明整个人类都处于上帝的咒诅和震怒之下,要脱离上帝的咒诅和震怒,必须离开律法的权势,从律法的捆绑中释放出来得自由。这并不是属血气的自由。属血气的自由使我们不遵守上帝的律法,怂恿我们在各种事情上都放荡不羁,使我们放纵邪情私欲,仿佛铁锁已打开,铁链已解脱一样。这种自由是属灵的自由。这种属灵的自由使破碎的良心得到安慰和坚固,证明良心已经摆脱上帝的律法向人所施加的咒诅和定

罪，不再处于捆绑之下。当我们通过信心抓住在基督里的上帝的怜悯时，我们就得到这种释放，也就是从律法的辖制下解放出来，因为正是通过信心，我们确信罪得赦免，律法已经刺透我们的良心，使我们知道自己的罪（林前15：56）。许多愚人相信，上帝一次性地把这种罪得赦免赐给我们，目的就在于使我们以前的罪得蒙赦免，此后我们就可以寻求律法中的义。这种想法只能导致我们产生虚假的盼望，使我们受到嘲弄。因为只要我们仍在肉身之中，就不会达到完全，而对于一切没有在行为上达到完全的义的人，律法所宣告的就是死亡和审判。律法总是能够找到控告我们并将我们定罪的根据，除非主的怜悯来抵消，除非上帝用不断的赦罪来免除我们的罪。因此，我在一开始的时候所主张的始终站立得住：如果上帝按照我们自身的价值来审判我们，不管我们的计划和作为是什么，不管我们如何努力，我们所配得的仍然是死亡和混乱。

3. 14. 10

这样说来，上帝在其律法中向我们所提供的应许仍然是有效的。因此，我们仍然应当遵行上帝的律法，律法中的应许的成全就是要靠行律法，唯独行律法才能得到这些应许。可惜，我们永远不能通过自己行律法来满足这样的条件。

3. 17. 2

31. 使徒保罗进一步说明这一道理，"若是属乎律法的人才得为后嗣，信就归于虚空，应许也就废弃了"（罗4：14）。他推断两个方面：首先，如果应许看的是我们的善功，也就是依靠我们遵行律法，信心就没有力量了，就被废弃了。没有人能够确信自己的善功，或在自己的善功中得安息，因为没有任何人真的发自内心地确信自己满足了律法的要求。同样明确的是，没有任何人能通过行为完全满足过律法的要求。无须走太远去寻求证据，每一个愿意用诚实的眼光省察自己的人都是自己的见证人。当人想到自己的罪债是何等严重，自己如何远离律法所要求的条件的时候，首先疑虑就会

3. 13. 3

进入人心，随后就是绝望。这样信心就受到了压抑，就被灭绝了！因为信心绝不是摇摆、改变、上下起伏、犹豫彷徨、悬而不定，更不是绝望！有信心就是心意坚定，常有确信，大有自信，有安息和立足之地（林前 2：5；林后 13：4）。由此出现另外一个方面：应许本身也被废弃了。实际上，除非对于那些确信应许必要为他们成全的人，换言之，也就是那些有信心的人，否则对谁都不会成全。所以，倘若没有信心，应许就不会有任何效力。因此，要持有得救的盼望，就必须有新的能为我们保留的应许。这就是福音的应许模式，是我们仁慈的主白白地向我们提供的，并不是因为我们自身的价值，也不是因为我们所行的善行，而是出于他父亲般的慈爱（罗 10：20）。这些应许加在我们的身上，唯一的条件就是我们全心接受上帝出于他自己的美意所赐给我们的这个非常伟大的恩赐，除此之外别无其他。这就是保罗所增加的：因此，正是通过信心，我们才承受救恩，叫应许确定不移（罗 4：16）。非常明确的是这种信心唯独依靠上帝的慈爱，知道上帝的慈爱和信实彼此相遇（诗 85：10）。也就是说，上帝按照他的慈爱所应许的一切，也必信实地成就。确实的应许所跟随的是这种确实的信心，这样的信心只能成就在信徒身上。

32. 所以，现在我们必须承认，我们的救恩唯独在于上帝的慈爱，并不是因为我们人自身和外加给我们的价值。因此，我们必须以上帝的慈爱为根基，把我们的一切盼望深深地建立在上帝的慈爱的基础上，既不要顾虑我们自身的行为，也不要试图从我们自身的行为上得帮助。实际上，信心的本质就是让我们闭上眼睛，打开耳朵，来等候上帝的应许，把我们的心思意念转离任何人的价值或功德。除非我们对自己深深地不信，否则我们绝不会对上帝有充分的信靠。除非我们的心灵首先对自己感到绝望，否则我们绝不会用我们的心灵完全仰望上帝。除非我们已经经历到自身的荒凉，否则我们绝不会完全依靠上帝得安慰。除非我们完全放弃自己的荣耀，否则我们绝不会完全归荣耀给上帝。因此，当我们彻底抛弃我们的自信的时候，我们就依赖上帝的美善，我们所获得的是上帝的恩典。正如奥古斯丁所言，我们忘记的是自己的功德，接受的是上帝的恩赐。这就是真信心的精义。但是，若非通过基督，任何人都不会得到这样的确信，唯独通过他的赐福，我们才能脱离律法的咒诅。这咒诅已经确定，已经向我们所有人发出，因为我们承受了我们祖先亚当的软弱，没有能力通过我们自身的行为来成全上帝的律法。那些想为自己获得义的人必须自己成全上帝的律法。通过基督的义，我们得以成义，成为成全律法的人。这种义成为我们自己的义，并且上帝也明确地接纳为我们的义，算我们为圣洁、纯洁、无罪的人。这就成全了保罗所说的话："上帝使他成为我们的智慧、公义、圣洁、救赎。"（林前1：30）因为我们仁慈的主首先根据他自己的慈爱和自由意志把我们接纳到恩典之中，赦免我们当受震怒和永死的罪（罗5：11，6：22）。然后，通过圣灵的恩赐，上帝住在我们的心中，在我们的心中做王，并且通过圣灵天天治死我们的邪情私欲。我们确实被分别为圣，也就是以完全的生命的纯洁归于主，我们的心也被改变，得以顺服上帝的律法。为了使我们全心侍奉上帝的旨意，用各样的方式唯独推进上帝的荣耀，我们恨恶心中各样属血气的污秽。

3.16.1

3.14.9

最后，即使我们在圣灵的引导下走在主的道路上，为了使我们不至于忘记自己的本相而自高自大，仍然有些不完美的东西存留在我们身上，使我们不得不谦卑，使人无法在上帝面前夸口，也叫我们始终把我们的信靠从自身转向上帝（罗7：23）。因此，我们总是需要罪得赦免。我们走在主的道路上所行的那些善事，虽然是通过信心做成的，所以得蒙上帝的悦纳，但这些善行本身仍然不能使我们得蒙上帝的悦纳。

3.14.12　　唯独基督的义能够站立在上帝的面前，因为唯独基督的义是完全的。基督的义必须代替我们出现在上帝的法庭上，在我们接受审判的时候作我们的保证（来11：6；罗8：34）。我们从上帝领受基督的义，这义归给我们，算为我们的义。这样我们就不断地通过信心而领受罪得赦免。我们是不完全的，但我们身上的污秽和不洁并没有归算在我们的身上，而是得蒙基督的纯洁和完美的遮盖，仿佛已经被埋葬，不会来到上帝的面前受审，直等到我们生命中的老我完全被治死，上帝就按照他的慈爱接纳我们与新亚当——基督一起进入蒙福的平安之中。唯愿我们等候主的日子，主在那时必会赐给我们永不朽坏的身体，带领我们进入天国的荣耀。

八　律法的功用

2.7.6　　33. 这些方面合在一起，就能发现律法的功用。律法的功用分为三个方面。(1) 首先，律法显明上帝的义，也就是上帝对我们的要求，从而劝告每个人明白自己的不义，使人确知自己的罪。毫无例外，如果不是上帝显明我们的虚妄，所有人都是自高自大，对于

2.7.8　自己的能力拥有一种疯狂的自信。当人放下对自己的能力的种种愚见之后，他们必须知道的就是他们的存续唯独在于上帝的膀臂。另外，既然他们的行为之义使得他们抵挡上帝的恩典，那么这种傲慢必须破除，然后他们才会以赤露之身、穷乏之手去寻求上帝的怜悯，在上帝的怜悯中得安息，在上帝的怜悯中得隐身，并且唯独以上帝的怜悯为自己的义和功劳。因为上帝的怜悯在基督里显明给一切以真信心寻求和等候他的人。(2) 其次，既然律法宣告上帝是报

2.7.10　应者，惩罚犯罪的人，并且以死亡和审判来威吓，那么律法至少能够通过惧怕刑罚之心约束某些若非受到强迫，就对公义毫不关心的人。但是，他们之所以受到约束，并不是因为任何内心的感动，而是因为受到缰绳的抑制，所以他们就脱离外在的恶行，但内心仍然

充满败坏。如果没有律法的约束,他们就会毫无止境地沉浸在各种罪恶之中。因此,他们在上帝面前既没有变得更好,也没有更多的义。在惧怕或羞耻感的拦阻下,他们既不敢将内心的意图付诸实行,也不敢按照自己的邪情私欲放纵自己。但是,他们心中仍然不敬畏上帝,也不顺服上帝。实际上,他们越是约束自己,就越是欲火中烧,随时随地想要爆发、宣泄,只是因为害怕律法的惩罚才不得不收敛。不仅如此,他们甚至邪恶地恨恶律法本身,咒骂作为赐律法者的上帝。假如他们能够做到的话,他们肯定会废除上帝,因为他们无法忍受上帝吩咐他们行善,也无法忍受上帝报应那些藐视他的威严的人。但是,对于人的公共生活而言,这种律法约束、强迫之下的义乃是必不可少的。正是为了社会的安宁,上帝才为人提供律法,目的在于彻底消除充满暴力的混乱。假如所有的事情允许,就会出现这样的混乱。(3)最后,对于信徒而言也是如此。信 2.7.12
徒的心中已经有上帝的灵掌权,但是,上帝的律法对他们而言仍然极其重要,这种重要性就在于警告他们,使他们更加迫切地知道在上帝的眼光中何谓正确的,何谓可喜悦的。因为尽管上帝用他自己的手指把律法刻在他们心中(耶31:33;来10:16),也就是说,他们在上帝的感动下愿意顺服上帝的旨意,但他们仍然能够从律法中得益,因为他们能够天天更加彻底地从上帝的律法中学习何谓上帝的旨意。这正如一个仆人,他虽然已经做好准备,要尽心听从主人的吩咐,但他仍然必须思考、观察主人的行事为人,目的就在于使自己适应。更进一步来说,不管他们怎样在圣灵的感动下,怎样渴慕顺服上帝,他们在肉体上仍然是软弱的,更倾向于为自己的罪服务,而不是侍奉上帝。对于这样的肉体而言,上帝的律法就像抽打懒惰、倔强的驴子的鞭子,鞭策、激励他们做工。

总之,上帝的律法为信徒提供劝勉。上帝的律法并不是用咒诅 2.7.14
来捆绑他们的良心,而是通过反复的鞭策,消除他们的怠惰,促使他们醒悟到自己的不完全。因此，许多人希望表达这种脱离律法的咒诅的自由，他们说对于信徒而言，上帝的律法已经废除了。事实上，上帝的律法仍然吩咐信徒去做正经事业，只是对于信徒而言不再像以前那样：律法不再定他们的罪，不再用死亡的信息，通过恐吓的方式摧毁他们的良心。恰恰相反，正如善行排除在称义之外一样，这并不是说我们不要善行，也不是说否定善行之善，而是不让我们的信心建立在善行的基础上，免得我们以善行夸口，把我们所得到的救恩归于我们自己的善行。因为我们所确信的就是：上帝之子基督是我们的，已经赐给我们，好使我们在他里面成为上帝的儿子、天国的后嗣（赛9：6；帖前4：14—18）。我们之所以蒙召得享永生的盼望，并不是因为我们自己的技巧，而是因为上帝的慈爱。更重要的是，我们蒙召不是要我们继续沉浸在不洁和罪恶之中，而是要我们在爱中，在上帝的面前成为洁净，无有瑕疵（弗1：4）。

九　称义续论

3.15.5　　34. 假如这些事项在以往时代里能够正确对待，很多的混乱和纷争就不会产生了。保罗说，在建立基督教教义的过程中，我们必须始终坚持上帝所设立的根基（参见林前3：10），"因为那已经立好的根基就是耶稣基督，此外没有人能立别的根基"（林前3：11）。这根基到底是什么样的根基呢？耶稣基督是我们救恩的开端吗？他为我们赢得了立功的机会，为我们打开了道路吗？当然不是。事实上，保罗所教导的是，上帝"从创立世界以前，在基督里拣选了我们"，并不是按照我们的功德，而是"按照自己的意旨所喜悦的"（弗1：4—5）。正是因着他的死，我们才被救赎，脱离死刑和毁灭（参见林前1：14、20）。正是因为他，我们才被父收纳为儿女和后嗣（参见罗8：17；加4：5—7）。正是因着他的宝血，我们才得以与父和好（罗5：9—10，9：11）。正是因为父所赐给他的保护，我们才会永不灭亡（约

10∶28，17∶12）。正是因为与他联结（参见罗 1∶19），我们才得享永远的生命，通过盼望进入上帝的国度（约 1∶12；弗 3∶6—11，1∶7，1∶4；提后 1∶9）。另外，尽管我们自身仍然是愚顽之人，我们借着基督经历这样的享受，他就是我们在上帝面前的智慧；尽管我们仍然是罪人，他就是我们的公义；尽管我们仍然是不洁的，他就是我们的纯洁；尽管我们仍然是软弱的，没有装备，暴露在撒旦面前，但我们拥有的却是赐给基督的天上地下的权柄（太 28∶18），他为我们打碎撒旦和地狱的大门；尽管我们仍然居住在这取死的身体之中，他就是我们的生命（罗 8∶34；弗 4∶24，2∶1—5；林前 1∶30；西 3∶4）。简言之，因为他所有的一切都是我们的，我们就在他里面拥有一切，但就自身而言，我们却是一无所有。如果我们还要成为上帝的圣殿，就必须在这一根基上生根建造（参见弗 2∶21）。

一旦立定根基，聪明的工头就会在根基上建造。如果有教导和劝勉的需要，他们就会告诉我们："上帝的儿子显现出来，为要除灭魔鬼的作为"；那从上帝生的，就不会持续犯罪（约一 3∶8—9）；往日随从外邦人的心意的时候已经够了（彼前 4∶3）；上帝的选民是蒙爱的器皿，是蒙拣选得尊荣的，就当除掉一切的不洁（提后 2∶20—21）。 3.15.8

35. 最重要的就是基督要他的门徒舍己，背起他们的十字架，跟随他（太 16∶24；路 9∶23）。舍己之人已经斩断了万恶之根，不再寻求自己的事。背起自己的十字架的人已经预备好凡事忍耐，温柔待人。但是，基督的榜样不仅包括忍耐和温柔，也包括其他各种敬虔和圣洁的责任。他把自己献给父，顺服至死（腓 2∶8）。他一心一意完成上帝所托付的工作（参见约 4∶34；路 2∶49；约 17∶4）。他完全为了荣耀父而活（参见约 8∶50，7∶16—18）。他为自己的弟兄舍弃自己的生命（约 10∶15，参见约 15∶13）。他善待自己的敌人，并且为他们祷告（参见路6：27、35，23：34）。

如果需要安慰，以下的经文会大有帮助。"我们四面受敌，却不被困住；心里作难，却不至失望；遭逼迫，却不被丢弃；打倒了，却不至死亡。身上常带着耶稣的死，使耶稣的生也显明在我们身上"（林后4：8—10；腓2：5—8）。"我们若与基督同死，也必与他同活；我们若能忍耐，也必和他一同作王"（提后2：11—12）。我们这样效法基督的受苦（腓3：10—11），因为"他预先所知道的人，就预先定下效法他儿子的模样，使他儿子在许多弟兄中作长子"（罗8：29）。所以，"无论是死，是生……是现在的事，是将来的事，是高处的，是低处的，是别的受造之物，都不能叫我们与上帝的爱隔绝；这爱是在我们的主基督耶稣里的"（罗8：38—39）。请注意，我们并没有在上帝面前用行为来使人称义，我们所强调的是那些"重生"之人是出于上帝（参见彼前1：3），他们成为"新造的人"（林后5：17），从而由罪入义；我们也强调，通过善行的见证，他们使自己所蒙的恩召坚定不移（彼后1：10），并且就像树一样，凭着自己的果子接受审判（太7：20，12：33；路6：44）。

3.16.1　36. 一言以蔽之，以上的教导足以驳斥那些不敬虔之人无耻的诽谤。他们指控我们把人对善行的追求都定为有罪，从而废弃了一切善行；我们传讲白白称义，使得赦罪变得过于廉价；这样就蛊惑本来就倾向于犯罪的人更加容易犯罪；我们教导人不是因为善行称义或通过功德得救，就使人不再有行善的热情。我说，以上的教导足以驳斥这些虚妄的指控。我们并没有否定善行，我们所强调的是，真正的善行出自上帝，当归功于上帝，因为保罗称这样的行为

3.15.3　是"圣灵所结的果子"（加5：22），因此夸口的当在主里夸口。而且我们也没有把善行之功一部分归了上帝，一部分归于人，正如他们所做的那样，而是把善行完全无损地归于上帝。我们所归于人的就是：他因着自己的不洁玷污了善行。因此出自人的一切，不管怎样

完美，都有某种瑕疵的玷污。让上帝来审判人的行为中最美好的，他不会从中发现任何他自己那样的义，他发现的只不过是人的混乱而已！

因此，我们把人的各种努力定为有罪，这就是说，人靠着自己，不论做什么，我们都宣告是受咒诅的。正是通过我们的这种教导，信徒的心灵高兴欢喜，得到极大的安慰。通过这种教导，他们明白这些善行是上帝赐给他们的，他们之所以有这些善行是因为上帝把它们赐给了他们。同时，他们也明白这些善行得蒙上帝的悦纳，信徒本身在这些善行中也是上帝所喜悦的，这并不是因为他们本身配得，而是因为上帝的恩慈确立了他们的善行有价值。所以，我们要求任何人都不要试图在信心之外有任何作为，除非他心中坚定不移地确信自己的行为是上帝所悦纳的。 3.15.7

确实，他们口中总是说善行；同时，他们又教导自己的良心绝不要相信上帝向他们的行为显明恩慈和悦纳。我们强调白白赦罪，并不是要怂恿人犯罪，而是说赦罪是如此地宝贵，我们的任何善行都不能赔付。因此，除非是白白的恩赐，我们就永远不会罪得赦免。对于我们来说赦罪是白白的，但是对于基督而言却并非如此，他为了使我们罪得赦免，付出了他的宝血为代价，此外没有任何赎价足以满足上帝的公义。当人领受这样的教训的时候，他们就晓得每当他们犯罪的时候，就是在流基督的宝血。另外，我们也强调，我们的污秽是如此之大，除非是通过基督所流出的这极其纯净的宝血的源泉，就无法得以洁净。那些领受这些教训的人，如果他们对上帝有任何意识，怎能不害怕自己重新回到泥里打滚，竭力污秽这泉源的洁净呢？所罗门所说的就是信徒所说的："我洗了脚，怎能再玷污呢？"（歌5：3） 3.16.4

37. 很显然，到底是谁把赦罪视为廉价。他们使人相信靠自己那可怜的补赎就能平息上帝的震怒,虽然他们的善行不过是粪土而已(腓3:8)。我们强调,人的罪债太重,人那些鸡毛蒜皮的功夫根本不能对这样沉重的罪债做出补赎。人的罪是对上帝极大的冒犯,这些毫无价值的补赎根本不能消除人的罪债,唯独基督的宝血才能做到这样。

3.16.2 　我们除掉人建立功德的机会,并不是要诱惑人心,使他们不再渴慕行善。有人说,人若非有得奖赏的盼望,就不会用心调整自己的生活,这种说法乃是完全错误的。因为如果他们在侍奉上帝的时候只是期望得到奖赏,这就是在向上帝出卖自己的劳动,是没有任何益处的。上帝所希望的就是白白地敬拜他,白白地爱他。我要说的是,即使没有得到任何奖赏的盼望,仍然继续侍奉上帝,这样敬拜上帝的人,才是上帝所喜悦的。

其实,要激发人行善,保罗的劝勉就是最好的激励。他说:"所以,我们借着洗礼归入死,和他一同埋葬,原是叫我们一举一动有新生的样式,像基督借着父的荣耀从死里复活一样。"(罗6:4;彼前2:24)他劝告我们当把我们的身体献上,当作活祭,是圣洁的,是上帝所喜悦的(罗12:1;弗4:15)。他劝告我们说,既然我们属于基督的同一个身体,就当互相造就,一同见证基督(林前12:25),因为我们是同一身体的肢体(林前6:15、17,12:12)。他告诉我们说,我们的身体就是圣灵的殿堂(参见林后6:16),基督和巴力之间没有任何相交之处(林后6:15),光明和黑暗之间也没有任何共同之处(林后6:14)。他向我们说明,上帝的旨意就是让我们成为圣洁(帖前4:3),目的就在于使我们可以禁戒非法的欲望。他证明我们已经脱离了罪的捆绑,使我们可以顺服义(罗6:18)。约翰也劝告我们说:"上帝既这样爱我们,我们也当彼此相爱。"(约一4:11;参见约13:34)上帝的子女之不同于魔鬼的儿女,正如光明之子不同于黑暗之子一样,关键就在于他们彼此相爱(约一3:

10，2：10—11）。还有比约翰的教训更能激发我们的爱心的说法吗？约翰还教训我们，"凡向他有这指望的，就洁净自己"，因为他们的上帝是圣洁的（约一3：3）。难道还有比约翰在此处的教训更强有力地激励我们分别为圣的话语吗？

另外，基督本身也成为我们的榜样，目的就在于让我们效法他的脚踪（彼前2：21；参见约15：1—10，13：15）。还有比这更好的激发我们行善的动机吗？

我把这几节圣经经文列举出来，只是为了激发大家的兴趣。因为假如我想把有关的经文都一一罗列出来，就需要鸿篇巨制。众使徒在圣经中提出了各样的劝勉、激励、责备和安慰，目的在于教导属上帝的人去行各样的善行（提后3：16—17），但他们却没有在任何地方提及功德。其实，一个原因就应当足够了：我们应当荣耀的是上帝（太5：16）。当然，假如有人对于荣耀上帝并没有特别强的感触，只要他记住上帝的恩惠，也就足以使这样的人行善了。这些人强调功德，他们所导出的就是像奴隶一样不得不遵守上帝的律法。因为我们和他们的道路不同，他们就虚妄地指控我们，说我们没有劝人行善的根基。仿佛他们那种顺服极其得蒙上帝的悦纳，其实并非如此，因为上帝宣称"捐得乐意的人是上帝所喜爱的"，上帝也禁止我们在奉献上作难，勉勉强强（林后9：7）。

3.16.3

38. 当然，圣经并没有忽略任何劝勉，时常提醒我们"上帝必照各人的行为报应各人"（罗2：6—7；太16：27；林前3：8，14—15；林后5：10）。但是，任何人都不要因此认为我们的行为乃是我们所得到的这种报应的唯一原因。事实上，天国并不是仆人所得到的工价，而是儿子所承受的产业（弗1：18）。只有那些被上帝收纳为儿子的人才会得到，除了这种收养之外，没有其他任何理由。

3.18.2

因此，不要认为圣经中此类的应许是表明圣灵赞同我们行为的

3.18.4

价值，仿佛这些行为能够赢得奖赏一样，其实并非如此。因为圣经没有给我们留下任何让我们在上帝眼中高举自己的理由。准确地说，整个圣经的目的就是让我们不要骄傲，使我们谦卑下来，完全破碎自己。但是，圣经这样应许所顾念的乃是我们的软弱。因为假如圣经没有让我们通过这种期望来得维系和安慰，我们自身的软弱就会使我们自己立即崩溃。首先，大家设身处地地想一想，我们不仅要离弃一切财产，还要离弃自己，这是多么难以做到啊！耶稣当初开启他的门徒的就是这样的教训（太 16：24—26），所有敬虔之人都当如此。然后，耶稣教训他们一生一世都要接受十字架的教训，不要依恋现世的任何好处。总之，耶稣通常都是这样带领门徒的，不管他们的眼目转向何方，只要还在这个世界之内，他们所遇见的都是令人绝望的东西。所以，保罗说："我们若靠基督，只在今生有指望，就算比众人更可怜。"（林前 15：19）为了使他们不至于在这百般的大患难中失败，主与他们同在，警告他们要高高地抬起头来，提醒他们要举目远望，这样就能在他里面看到他们在这个世界上见不到的福分。他称这种福分为"赏赐"、"奖赏"、"补偿"（参见太 5：12，6：1），这不是衡量行为的功德，而是表明这是对他们所受到的痛苦、灾难、诽谤等等的补偿。因此，既然圣经上有前例（参见林后 6：13；来 10：35，11：26），我们就可以称永生为一种"补偿"，因为正是在永生中，主接纳他自己的子民从劳苦进入安息，从痛苦进入安慰，从忧伤进入喜乐，从羞辱进入荣耀。简言之，主把他们在这个世界上所遭受的一切苦处都转换为更美好的东西。因此，我们也可以说，圣洁生活虽然本身并不是引导我们进入天国荣耀的唯一道路，但确实是上帝带领他的选民进入天国荣耀的唯一道路。因为上帝按照他自己的美意要荣耀那些他所分别为圣的人（罗 8：30）。因此，遵守上帝的诫命有时被称为主的"义"：并不是因此而称义，也就是被上帝视为是义的；而是上帝由此训练他的子民行

参见3.8

3.17.7

义，就是那些他已经通过他的恩典使之称义的人。但是，如果有人把人一丝一毫的行为归到称义方面，就颠覆、败坏了整部圣经，圣经把罪人的称义完全归功于上帝的恩慈。那些运用"功德"一词亵渎上帝的人，是无法站立在他面前的。这无非是骄傲自大，虚妄地与上帝争战。我同意，上帝确实应许了奖赏和赔付。但是，我们的任务就是为上帝莫大的慈爱感谢他，正是因为他莫大的慈爱，他才把并不亏欠我们的赐给了我们，不是为了让我们得意忘形，也不是为了让我们攫取赐予之外的东西。如果有人从别人那里得到财产的用益权却不感恩，那么，难道他丧失他所拥有的用益权不是应该的吗？同样，如果我们对上帝丰盛的恩典不感恩，上帝会任凭我们不受惩罚吗？

第二章　信心:《使徒信经》释义

一 信心以及对独一的上帝的信心

3.2.1　　1. 从以上的探讨中我们能够知道，上帝通过律法向我们规定了当做什么。在遵守律法方面，如果我们有任何部分失败了，律法所发出的就是震怒和可怕的永死的刑罚。另外，律法也向我们显明，要完成律法所要求的一切，不仅是困难的，而且完全超出我们的能力。因此，如果我们只是盯着自己，只是思想我们自身有什么价值，就没有任何希望可言，剩下的只是死亡和混乱，我们只能被上帝抛弃。同时，我们也已经解释，有一个途径能够使我们避免这种灾难，把我们恢复到更好的境况，这就是上帝的怜悯。如果我们完全以信心来领受上帝的怜悯，并在上帝的怜悯中得安息，我们就一定会经历上帝的怜悯。

2.16.18　　现在我们所需要的就是知道这种信心的本质是什么，我们可以从《信经》中学习，这一《信经》也被称为《使徒信经》，其中所包含的乃是大公教会一致赞同的对信心的精要界定。

3.2.9　　2. 但在进一步考察信心之前，我们应当知道信心有两种形式。一种形式就是：相信上帝是什么样的上帝，认为与基督相关的历史都是真实可靠的。对于我们听到的别人讲述的已经发生的事，或是我们自己亲眼见到的事，我们都会做出这种判断。但是，

3.2.10 这种信心并不重要，因此也不值得称为"信心"。如果有人以这种信

心自夸，就让他明白他所具有的信心和魔鬼具有的一样（雅2：19），因为这种信心并不成就什么，只不过使人更加惧怕、战兢、卑下。

另外一种形式的信心则使我们不仅相信上帝和基督是谁，并且信靠上帝和基督，真心地承认上帝是我们的上帝，承认基督是我们的救主。这种信心不仅认为关于上帝和基督所写、所说的一切都是真实的，并且把一切的盼望和信靠都寄托在这一位上帝和基督身上，因为这种认识而使内心得坚固，以至于我们对于上帝对我们的慈爱毫不怀疑。这样，我们就深信不管我们需要什么，不管是用于灵魂，还是用于身体，上帝必赐给我们；我们满有确信地等候圣经中关于上帝所应许的一切；我们毫不怀疑耶稣就是我们的基督，也就是说他是我们的救主。我们已经借着基督而罪得赦免，分别为圣，得蒙救恩，其结果就在于使我们最终蒙受引领，进入上帝在末日必会显明出来的国度。这就是上帝在他的圣言中为我们提供，向我们所应许的诸般真理的精义。这就是上帝在其圣经中为我们所设定的目的，也是他设定的目标。

3.2.16

3. 因此，上帝的圣言就是人当追求的信心的对象和目标，这也是支撑信心的根基，没有上帝的圣言，信心就无法站立得住。这就是真正的信心，我们之所以最终被称为"基督徒"，就是因为这种坚定不移的确信。借着这种确信，我们认定上帝的真道都是真实可靠的，上帝在他的圣言中所应许的一切都是能够成就的（罗10：11）。这是保罗在他的定义中所教导的，他称信心为"所望之事的实底，是未见之事的确据"（来11：1）。此处的"实底"在希腊文中是 *hypostasis*。保罗认为信心就是我们所依靠的支柱。保罗所说的就是：信心本身就是对上帝所应许给我们的那些东西的明确的得着。

3.2.6

3.2.41

另一方面，保罗也表明，那些与末日有关的事（当书卷最终打开的时候）（但7：10），都超出我们的感知，是我们的眼睛无法看见，双手无法触摸到的。同时，只有当我们竭尽全力，热切渴慕超出此世万物的异象，也就是超越我们自身的时候，我们才会拥有这一切。他补充说，这是所望之事的实底，所以是我们现在所看不见的。因为正如他在别处所写的那样，所见的盼望不是盼望，人也不会盼望他所见到的东西（罗8：24）。保罗称信心是未见之事的确据（在希腊文中是 *elenchus*，证明），他所说的未见之事的确据就是对看不见之事的看见，对模糊不清之事的感知，对还未到来之物的拥有，对隐藏之事的确据。因为上帝那些与我们的救恩有关的奥秘就其本身和本质而言，都是人所无法测透的，我们只是借着他的圣言才有所看见。我们当对圣经的真实性大有确信，把圣经中所说的一切都视为既成的事实。

4. 这种信心与第一种信心截然不同。谁拥有这样的信心，就必得蒙上帝的悦纳。相反，没有这种信心，任何人都不能得蒙上帝的喜悦（来11：6）。只有借着这种信心，我们向上帝所欲所求的一切才会得到，只要上帝视为对我们有更大的好处。但是，这种信心是不可能在那种弯曲、悖谬、虚妄的心灵中落户的。另外，也唯独借着上帝的恩典，这种信心才会开始，并且继续存在。这就是上帝在他律法的第一条诫命中向我们所要求的。他首先阐明他是独一的主，是我们的上帝，然后再吩咐我们在他面前不可有别的神灵。这显然意味着我们必须唯独以他为我们的盼望和依赖，因为也唯独他配得我们的盼望和依赖。他也暗示说，如果我们的盼望和依赖转向他者，我们就是拥有另外的神灵。

我们现在根据《使徒信经》所概括的内容来探讨信心的教义。《使徒信经》分为四个部分，前三个部分指向三一上帝的三个位格——圣父、圣子和圣灵，他是我们所信的独一的永恒的大能的上帝。第四个部分所解释的就是我们这样信靠上帝所得到的是什么，我们可以盼望什么。

5. 有些不敬虔的人试图从根基上撕毁我们的信仰，就攻击这些基本性的原则，嘲笑我们认信独一上帝的三个位格，这段告白要求我们清除他们的亵渎之言。但是，因为我在此处的本意是手把手地带领那些有受教之心的人，并不想与这些吵吵闹闹的悖逆之徒争论，所以我现在也不会列队和他们在战场上刀兵相见。我只是简短地说明在这些方面当跟随什么，当避免什么，这样，那些已经预备好耳朵领受真理的人可以找到一个坚固的地方站立。圣经教训我们说只有一个上帝，而不是很多上帝。上帝对以色列人说："耶和华你的上帝是独一的上帝。"（申6：4）同样，圣经也清楚地说，圣父是上帝，圣子是上帝，圣灵也是上帝。 1.13.21

6. 我们在此虽然只是提出一个证明，但这个证明以一顶万。保罗把上帝、信心和洗礼三者结合在一起（弗4：5），这三者可以由此及彼。因为只有一信，所以他证明只有一个上帝；因为只有一洗，所以他证明只有一信。信心不是摇摆不定地去寻求各种对象，而是仰望独一的上帝，与他联合，专心靠他。由此来看，很显然，如果有多种信心，就必定有多个上帝。另外一个方面，因为洗礼是信心的圣礼，借着只有一个洗礼使我们坚信信心的合一性。然而除非只有一个上帝，就没有人能说是一信。因此，我们受洗进入的是一信，所以我们的信心所信的也是一个上帝。之所以一信一洗，就是因为信心和洗礼都属于独一的上帝。 1.13.16

由此来看，圣经让我们受洗于一个上帝，是因为我们受洗进入对一个上帝的信心，我们正是奉一个上帝的名受洗的。既然圣经盼咐我们奉父、子和圣灵的名受洗（太28：19），同时也让所有人以同一信心信靠圣父、圣子和圣灵，难道这不是清楚地表明圣父、圣子和圣灵是独一的上帝吗？因为既然我们是奉他们的名受洗，我们就 1.13.16

是受洗信靠他们。既然他们都由同一信心而受敬拜，他们就是一个上帝。还有其他一些清楚的见证，有的指明三个位格各自的神性，

1.13.9 有的指明他们彼此之间的不同。犹太人在《耶利米书》中称"耶和华我们的义"（耶23：6，33：16），这名字也对圣子适用。

7. 因此，他必定是独一的永恒的上帝，他在别处否定他会把自己的荣耀给与别人（赛48：11）。圣经上说："太初有道，道与上帝

1.13.17 同在"（约1：1），"万物是借着他造的。凡被造的，没有一样不是借着他造的"（约1：3），并且证实说："他在世界受造之前就有他自己的光，是与父同有的。"（来1：3、10）这些经文显明了圣父与圣子之间的不同。更清楚的是以下的事实：不是圣父降临并且取了我们的肉身，而是圣子从圣父而来，降临到我们，并且成为人（约17：5、16：28，15：3、5、7、10、15、17、25—28）。另外一位先知则同时提及父与子，父称子为"我的同伴"（撒13：7）。但是，假如他不是上帝，他就不是上帝的同伴。另外，既然他是同伴，那他必定有所不同，因为只有在两者之间才会有同伴关系。在《使徒行传》中，彼得宣告说圣灵也是上帝（徒5：3—9）。在《约翰福音》中，有十多处段落宣告圣灵与基督不同（约14：16、25，15：26）。但保

1.13.18 罗极其清楚地解释了这整个奥秘（罗8：9—11），他不加分别地称

1.13.19 基督的灵与那使耶稣从死里复活的灵。因为如果父与子的灵是同一个灵，那么父与子也必然是同一个上帝。因此，圣灵本身与父和子乃是同一位上帝，因为任何位格都不会不同于自己的灵。

有些人对于他们所听到的上帝是灵（约4：24）这句话吹毛求疵，他们认为"灵"就是父和子，此外无他。但是，既然他们听说上帝是灵，他们也当听说圣灵是上帝的灵。因此，上帝在本质上是

1.13.20 属灵的，而在本质上则有父、子和圣灵，这两者之间并没有任何不谐和之处。

也有人说，上帝有时候被称为父，有时候被称为子，有时候被称为灵，没有别的原因，只是因为上帝强大、良善、荣耀、仁慈。要驳倒这些人也不困难，因为很显然，这些词语只是说明上帝是什么样的上帝，只有那些名字才宣告到底上帝是谁。那些不好争辩，也不愚顽的人，都认识到圣父、圣子和圣灵乃是同一上帝。因为圣父是上帝，圣子是上帝，圣灵也是上帝，而且只有一个上帝。 1.13.2

另一方面，三个位格各有自己的名称，各有不同的表述，也各不相同。因此，有一也有三：一个上帝，一个本质。为什么也有三呢？并不是三个上帝，也不是三个本质。为了同时说明这两点，古代那些正统信仰之父就说有一个 *ousia*，三个 *hypostaseis*，也就是一个本质，在一个本质中又有三个位格。在拉丁文中，意思是在各个方面都和希腊文相同，也是用两个名称来称呼它，表明每个名称中都有所不同。因为他们说有一个本质（与希腊文一致），三个位格，而位格所指明的则是一定的关系。

8. 有异端分子攻击说，本质和位格这些名称都是人杜撰的，在圣经中找不到。但是，我们确信圣经中确实谈及只有一个上帝，三个位格，我们用这些词语不过是解释圣经中证实的真理。他们既然不能动摇我们的这种确信，那么，反对我们用这些词来表达，不过是吹毛求疵而已！ 1.13.3

他们声称，不仅我们的思想要以圣经为界限，我们所用的词语也当如此。如果随便引进圣经中没有的词语，那么这些词语就会成为滋生纷争的温床。因为这样一来我们就会疲于为这些词语争论，不仅会丧失真理，还会摧毁我们的爱心。

如果他们所说的外来的词语是指任何不与圣经中的词语在音节上完全一致的词语，那么他们实际上就是把一条不公正的法则硬加在我们身上。按照这个法则，一切不是完全按照圣经本身的词语而进行的争辩就都是有罪的了。既然这种"外来词"只是出于人的好奇心而杜撰的，一切有关的辩护也都是迷信，最终所造成的就是纷争，而不是造就，既不合理，也无果效，而且其尖锐程度也伤害了敬虔之人的耳朵，使他们偏离上帝的圣言的纯朴，所以，我宁愿全心赞同他们的节制。因为我认为在谈及上帝的时候，我们确实应当更加谨慎，因为我们自己对于上帝所设想的一切都是愚昧的，我们所说的一切也都是荒谬的。确实，我们应当有所保留：我们应当明确地从圣经中寻求思想和谈论的标准。我们心中所有的意念、我们口中所有的话语，都必须合乎这样的标准。

但是，如果圣经中确实有比较复杂难解的地方，为什么我们就不能用更清楚的词语来加以解释呢？只要忠心地服务于圣经中所启示的真理，并且有力有节地使用，这都是好的。日常生活中常常这样。人常常争论信心与称义之事，但是很少有人真正理解我们到底是如何因信称义的。我们补充说，这种义是基督的义，不是我们的义；是在基督里面的义，而不是在我们里面的义；但是，通过归算，基督的义成为我们的义，因为圣经中说我们领受了这种义。因此，事实上并不是我们本身真正有义，而是算我们为义。或者说，我们是不义的，但通过这种归算被算为义，我们是通过信心而享有基督的义，这样因信称义的道理就变得简单易懂，而不是那么复杂了。

2.4.1–5　　圣经上说，上帝也在那些被弃绝之人身上做工，而他们的工作则是被定罪的，这是一个令人难解的问题。难道上帝是罪的作者吗？能把恶算在上帝身上吗？能把不义算为上帝的作为吗？值得我们注意的是，在同一行动中，我们既要分辨哪是悖逆之人的作为，也要明白哪是公义的上帝的作为。我们要明白败坏之人的恶根就在他的心中，他自己所思想的是恶，所欲求的是恶，所争取的是恶，最终施行出来的也是恶。因此，在他的作为中有任何邪恶和罪债，我们都要归算在他的身上。因为他在心思意念、言语行为上都在抵挡上帝。但是，上帝根据他自己的美意对于人的意志和恶行或是扭转，或是迫使，或是控制；有时又把好事和力量赐给他们。但上帝行做万事都是公义的。

因此，法老、尼布甲尼撒、西拿基立向永生的上帝挑战，他们 1.18.1
嘲笑上帝的大能，他们尽其所能地迫害当受迫害的人；他们主要是通过暴力，没有任何权利，就夺取了别人的财产。但是，这却是上帝兴起他们这样行事的（出9：16；耶5：15）。他扭转他们，使他们所思所想尽都是恶，甚至把他们的恶意转向以色列，并且使他们得胜，有时就是为了报复他的子民的邪恶，有时则是为了促使他们尽快得救。因此，约伯的受苦来自上帝，也来自撒旦，但我们必须分清魔鬼的不义和上帝的公义：魔鬼试图摧毁上帝所要管教的人（伯1：12，2：6）。因此，亚述是上帝施行愤怒的杖（赛10：5），是上帝手中的斧头（赛10：15）；他们都是被上帝召来，处于上帝的驱使之下，简言之，他们都是上帝的仆人。为什么呢？虽然他们是在顺服自己无法无天的恶欲，但他们却不知不觉地施行上帝的公义（耶27：4—8）。看哪！其中确实有上帝的作为，但他们也是同样的行为的作者！但是，同样的行为显明的是上帝的公义和他们的罪恶。

通过这种区分，我们就解开了其中的死结。如果有人打断，嘟囔说这些话对他而言都是没有证实的，因为诡辩家总是吹毛求疵，争辩说：谁不恨恶这样的无耻之谈呢？如果有人因为我们用的是新词汇 1.13.3
就故意找茬，难道他的这种贬低真理亮光的做法不该受到上帝的审判吗？因为我们使用这些词语不过是要把真理解释得更清楚易懂。

因此，这种性质的新词（如果我们必须这样说的话）在申明真 1.13.4
理、抵挡虚妄的指控者的时候特别有用，他们用各种诡计来侵蚀真理。我们今天用百般努力击溃那些真理的仇敌，对此更是有丰富的经历。如果我们不是勇敢地追击、捕获、剿灭这些狡猾的毒蛇，他们就会利用此类的诡计悄悄地溜走。因此，古时敬虔之人因为曾经以各种方式与败坏的教义争战，不得不用最清晰的方式阐明他们所感受到的真理，免得自己给那些不敬虔的人留下扭曲使用，因为这些人惯于以一层层冗赘的措辞来掩饰他们的谬论。

9. 因为他无法抵挡圣经中明显的教训，阿里乌就承认基督是上帝，是上帝的儿子，假装自己在很多方面与其他人相同，仿佛他所主张的是正确的。但是，他继续瞎扯，说基督是被造的，像其他受造物一样有开始。古人为了把此类人的狡诈从其隐藏之地拉出来，就更进一步，宣布基督是父的永世之子，并且与父同质。此时阿里乌派的不敬虔就沸腾起来，他们开始极其恶毒地攻击"同质"（*hommusios*）这个词。但是，假如一开始的时候他们确实真心实意地承认基督就是上帝，他们就不会否认基督与父同质了。那些正直的人为了这么一个小小的单词奋起争战，搅乱了教会的和平，难道我们因此就指责他们争吵不休吗？正是因为这一个单词，就表明了具有纯正信仰的人和亵渎上帝的阿里乌派人士之间的不同。

此后撒伯里乌（Sabellius）兴起，他争辩说圣父、圣子和圣灵之名无关紧要，他们之所以出现并不是因为三者之间有何不同，无非是表明上帝具有不同的属性，三者只是上帝众多属性中的三种。有人辩论，他常常宣告说他承认圣父是上帝，圣子是上帝，圣灵也是上帝；但此后他就回避说，他所说的不是别的，无非就是说上帝是大能的、公义的、智慧的。因此，他的说法是老调重弹，说圣父就是圣子，圣灵就是圣父，他们之间没有地位的不同，也没有其他任何分别。为了粉碎这人的邪恶，那些内心敬虔的人就大声疾呼，必须承认独一上帝有三个位格。他们为了兼顾自己，用朴素的真理来抵挡此类的狡诈，就明确地强调：独一上帝有三个位格，也就是说，在上帝的统一性中具有三个位格。

1.13.5　因此，虽然这些术语并不是仓促杜撰的，却受到了仓促的责备。其实，即使把这些属性都埋葬也不要紧，关键是人们都要在真理上达成一致：圣父、圣子和圣灵是独一的上帝，然而圣子不是圣父，圣灵也不是圣子，他们各不相同，各有自己的特质。这些说法一方面是抵挡阿里乌派，一方面是抵挡撒伯里乌派。有人愤愤然要消除这两个方面，却让人怀疑他们或者是阿里乌的门徒，或者是撒伯里乌的学生。

阿里乌说基督是上帝，却又嘀咕说基督是被造的，有开始。他说基督与父为一，又悄悄地对那些跟随他的人说：基督和其他信徒一样与父联合，只不过是享有一个特权。如果你说基督与父"同质"，你就会撕掉阿里乌派的这种伪装，同时又没有给圣经加添什么。撒伯里乌说圣父、圣子和圣灵是独一上帝，没有任何分别。如果你说上帝具有同一本质，但具有三个位格，你就用一句话阐明了圣经中的教训，并且把撒伯里乌派人士的喋喋不休一刀斩断。

如果他们无法忍受这些词语，就请他们至少向我们承认他们不会否认的是：当我们谈及上帝的"一"时，是指上帝在本质上的统一性，当我们听到"三"时，是指上帝虽然具有同一本质，但他具有三个位格。其实，圣经上也是这样区分的。圣经中把行动的开始和万有的本原归于圣父，把智慧和计划归于圣子，把权能和有效的作为归于圣灵。因此，我们说圣子是圣父的圣言，不是像人所说所想，乃是永恒、不变的圣言，以不可磨灭的方式从父而来，正如圣灵被称为"大能"、"手指"、"能力"一样。接下来我们所要考察的就是《使徒信经》，这是对真道最简洁的告白。

二 《使徒信经》释义

第一部分

我信上帝，全能的父，创造天地的主。　　　　　　　3.2.1

10. 由此我们告白我们全心信靠圣父上帝，我们承认他是我们　1.16.1
的创造者，也绝对是一切受造之物的创造者。万有都是因着他的圣言、永恒的智慧（就是圣子）和他的大能而确立的（就是圣灵；参见诗33：6，104：24，徒17：24；来1：2—10）。他建立这一切之后，又借着他的慈爱和大能维系、滋养、发动、保守这一切。离开他的这种护理，万有就会立即崩溃，归于虚无。

1.16.3　但是，当我们称上帝为全能的，并称他是万有的创造者的时候，我们必须思考他这种在万有之中做工的无所不能，以及他规范万有的护理之工（参林前12：6；哀3：37—38）。此处所说的无所不能并不是哲学家所幻想的那种空虚混沌、无知无觉和无所事事。我们所要相信的真道就是：发生在我们身上的一切，不管是幸福还是悲伤，不管是顺境还是逆境，不管是发生在身体上还是关涉到灵魂，都是来自上帝（唯一需要排除的就是罪，罪要归于我们自己的邪恶）；同时，更是因为他的保护，我们才有安全，又有保障，免受许多不友善的伤害（参见何13：14）。总之，既然我们所领受的一切都是出自他的手，那么我们从他所领受的一切就都与我们有益，不管是顺境还是逆境，都是如此（参见罗8：28）。

实际上，所有这一切都是他向我们行的，并不是因为我们自身有什么价值，也不是因为他欠我们什么功德才施恩，也不是因为我们能运用交流的形式来强迫他给我们好处，而是因为他父亲一般的慈爱和怜悯，他才向我们这样行。独一的原因就是他的慈爱。为了

1.17.2　这一原因，我们必须留意感谢上帝这种伟大的慈爱，用心思考，用口宣告，并且尽我们的能力来赞美上帝的慈爱。我们当以感恩的心、燃烧的爱来敬畏这样一位慈父，并把我们自己全然献上来侍奉他，在各样的事情上尊荣他。我们也当以平静的心安然接受一切不如意的事情，仿佛这一切都是出自他的手，认为即使上帝的护理给我们带来痛苦和压迫（参见伯2：10），仍然在眷顾我们和我们的救赎。因此，不管最后会发生什么，我们绝不要怀疑，更不要丧失信心，我们所拥有的确实是一位慈爱的父亲，我们要继续等待他的救

恩。非常明确和可靠的就是,在《使徒信经》第一部分中教训我们当持有的信心乃是正确的信心。

第二部分

我信耶稣基督,上帝独生的子,由圣灵感孕,由童真女马利亚所生,在本丢·彼拉多手下受难,被钉于十字架,受死,埋葬,降到阴间;   2.16.1   2.16.5–12

第三天从死人中复活,升天,坐在父上帝的右边;   2.16.13

他必降临,审判活人和死人。   2.16.17

11. 由此我们承认我们信耶稣基督,我们确信他是圣父上帝独一的子。他是子,不是和信徒一样,信徒是上帝之子,乃是唯独通过上帝的收养和恩典;而耶稣基督是上帝之子乃是出于本然,是在永世从圣父上帝受生。我们之所以称他为"独一"的子,就是为了和其他所有人分开。当谈及他是上帝的时候,他与圣父为同一上帝,具有同一本质。至于他自己所具有的位格,他又与圣父不同(参见诗100:3)。此处人的智慧都当降服。不管是孩童般的好奇之心,还是犹豫之心,都不会推进对此类奥秘的敬拜,这本是远远超出人的理解力的。在这个方面,为了免得我们在圣经教训之外胡思乱想,胡乱经历或随便乱说,让我们以那些异端分子为鉴戒,充满敬畏之心。那些异端分子过分发挥自己的理解力,就把自己置于非常危险的境地。既然圣子上帝与圣父上帝为同一上帝,我们就认定他是真正的上帝,是天地万物的创造者。正如我们全心信靠圣父一样,我们也必须全心信靠圣子,因为上帝是独一的上帝。   2.14.6

另外,圣父之所以被称为是天地的创造者(参见来1:2、10),乃是因为正如我们在前面所探讨的那样,上帝有三个位格之分,行动的始源归于圣父,他靠自己而行动,但他是借着圣言和他的智慧行动,这仍在他自己的能力之内。但是,圣经中也说"我们要照着   1.13.24

我们的形像造人"(创1：26)，这节经文说明世界的受造是来自三个位格共同的行动。在这节经文中，圣父商议的对象不是天使，他也不是自言自语，而是与他的智慧和大能说话。

12. 我们还要认信的是我们相信基督，他由父出于慈爱和怜悯而差派，他降临到我们中间，为要把我们从魔鬼的辖制下释放出来，我们一直处于魔鬼的捆绑之下；为要把我们从罪的捆绑下释放出来，我们一直处于罪的捆绑之下；为要把我们从死亡的捆绑下释放出来，不仅是肉体的捆绑，也包括灵魂的捆绑，我们就是一直被弃置在死亡的捆绑之下；为要把我们从永刑的捆绑下释放出来，因为我们没有能力使自身摆脱这样的捆绑，所以就一直处于这样的捆绑之下。我们认信父出于他自己的慈爱和怜悯差派基督来，降临到我们中间，取了我们的肉身，与他的神性联合在一起。他成为我们的中

2.12.1 保，既是真正的上帝，也是真正的人，是为了使我们得益处。当我们的罪如密云横亘在我们和上帝中间的时候，一切都支离破碎，谁还能够接近上帝呢（赛59：2）？人？但是，在上帝的眼中，所有人都与他们的先祖亚当一起充满恐惧。天使（创3：10—12）？但是，即使天使也需要一个元首，使他可以靠近他们的上帝（西1：16—20；弗1：21—23）。还有谁呢？既然我们自身不能就近上帝，如果上帝的威严不俯就我们，剩下的就是绝望而已。因此，上帝之子为我们成为以马内利，就是上帝与我们同在（赛7：14）。

另外，既然我们的卑微在各个方面都与上帝的威严如此不同，谁敢信靠上帝与他相近，与他同住，与他同在呢？除非是他把他的神性与我们的人性联合，同时也把我们的人性与他的神性联合，否则，就不存在充分接近的密切，也不存在允分兼顾的亲近。因此，保罗不仅把基督作为中保呈现在我们的面前，还明确地称他为"人"，"因为只有一位上帝，在上帝和人中间，只有一位中保，乃是降世为

人的耶稣"(提前2：5)。他本来可以说"上帝"，或至少把这个词省掉，正如他省掉"上帝"这个词一样，但他知道我们的软弱，所以就明确地说耶稣降世为"人"。因此，为了免得有人因为不知道何处寻找中保、如何就近他而感到困惑，保罗就补充说："他是人。"他仿佛是在说："他离你很近，是的，他触摸到你，他所有的就是你的肉身。"很显然，保罗在此处所表达的含义在另外一处经文中表达得更加清楚："因为我们的大祭司并非不能体恤我们的软弱。他也曾凡事受过试探，与我们一样，只是没有犯罪。"(来4：15)

这位中保为我们所成就的并不是普普通通的事，而是要使我们从人子成为上帝之子，从地狱的后嗣成为天国的后嗣。假如上帝之子没有成为人子，没有取我们的肉身而使他的成为我们的，使他因其本性而有的东西借着恩典成为我们的，谁能成就这样的大事呢？因此，这就是我们的盼望，我们是上帝的儿子，因为上帝本来的儿子为他自己取了我们的肉身，是我们肉中的肉，骨中的骨，目的就在于使上帝与我们同在（创2：23—25；弗5：29—31）。本来属于我们的，他愿意使之成为他的，如此就是本来属于他的，也成为我们的，这样他就与我们同为上帝之子和人子。这就是我们的盼望，我们称为天国的后嗣，因为上帝的独一的儿子已经把我们收纳为他的兄弟，天国完全是他的产业："便是兄弟，就是和基督同作后嗣。"(罗8：17)

2.12.2

另外，那要成为我们救赎主的既是真正的上帝，也是真正的人，这是为了我们的益处。他的任务就是吞灭死亡。但是，除了生命本身，谁能吞灭死亡呢？他的任务就是征服罪恶。但是，除了公义本身，谁能征服罪恶呢？实际上，除了上帝之外，又有谁是生命和公义呢？因此，我们极为仁慈的上帝，当他要救赎我们的时候，就是他自己成为我们的救赎主（罗5：8）。

2.12.3

关于我们的救赎，另一个信条就是：人既然是通过不顺服而失丧，就当通过顺服而除去他的混乱，满足上帝的公义，并承受犯罪当受的刑罚。因此，我们的主作为真正的人来到世界。他取了亚当的人身，领受了他的名字，目的就在于代表人向父表明自己的顺服，用我们的肉身满足上帝的公义，在我们的肉身中为罪承受刑罚。

那些夺去基督的神性或人性的人，不仅亵渎了上帝的威严，也使上帝的慈爱隐晦不彰。同时，他们也削弱、推翻了我们的信心，这信心唯独在这一根基上才能站稳。

因此，道成了肉身（约1：14）；那本来就是上帝的称为人，使他同时既是人，也是上帝，并不是因为本体性的混合，乃是因为位格上的合一。

2.14.1　13. 这也可以用人为例证来理解，我们明白人是由两个部分组成的，但这两个部分都各自保持自己的独特性，并没有与另一部分混淆。因为灵魂并不是身体，而身体也不是灵魂。所以，有些事所说的仅仅是灵魂，完全不能用于身体上；同样，仅仅是说身体的，也完全不能用于人的灵魂。整个人，除非用词不当，既不是单指灵魂，也不是单指身体。最后，有时灵魂的特征被转到身体上，有时身体的特征也被转到灵魂上。但是，灵魂和身体这两大部分所组成的还是一个人，并不是多余的另一个人。这些说法表明在人身上本质只有一个，但却有两种成分联合组成，也就是两种不同属性的成分组成这一个人。同样，圣经中也是这样描述基督的，有些对基督的描述只可归于基督的人性，有些则是特指他的神性；有时是指神人二性，对任何一个属性都不适宜。最后，通过"属性的转换"，圣经中有时把属于他的人性的东西归于他的神性，有时则把属于他的神性的东西归于人性。

2.14.2　假如圣经中没有清楚的例证，我就不会这样坚持。基督这样说到自己："还没有亚伯拉罕，就有了我。"（约8：58）此处所谈及的与他的人性大不相同。因为他是在亚伯拉罕之后的许多世纪之后才成为人。因此，此处是特指他的神性。他被称为"父的仆人"（赛42：1，以及其他段落），他的"智慧和身量，并上帝和众人喜爱他的心，都一同增长"（路2：52），他"不寻求自己的荣耀"（约8：50），这些经文所指的都是基督的人性。实际上，作为上帝，他是与父同等的，是绝不会有任何增长的，并且他是为自身的缘故而成就万事（腓2：9—11）。他从父领受了赦罪和使死人复活的权能，并被指定为死人与活人的审判者（路5：20—24；约5：21，6：40—45；徒10：42），这一事实既不是特指他的神性，也不是特指他的人性，乃是同时与两者相关。

上帝的独一之子在肉身显现的时候，就被赋予这些特权。这些 2.14.3
特权是他在创世之前（弗1：4）就与父一同享有的（彼前1：20），并且这些特权也不可能赐给仅仅是人的人。

在《约翰福音》中有很多这样的经文，既不适用于基督的神性，也不适用于基督的人性，但最适用的就是基督的位格，正是在基督的位格中，上帝与人都显现出来。我们也正是在这种意义上来理解保罗以下的说法："基督既将一切执政的、掌权的、有能的，都毁灭了，就把国交与父上帝。"（林前15：24）因为上帝独一之子的国度是无始无终的。但是，正如他在降卑之后就被加上荣耀的冠冕；同样，在他倒空自己，把自己交托给父，顺服至死的时候，他就被高举，得了万膝都当跪拜的尊名（腓2：8—10），那时他就把他所得到的尊名和他从父所领受的一切都交给父，使上帝处于万有之上（林前15：28）。

这属性的转换就在于保罗所说的："上帝的教会，就是他用自 2.14.2
己血所买来的"（徒20：28），"把荣耀的主钉在十字架上"（林前2：8）。正确说来，上帝既没有肉也没有血，也没有痛苦。但是，既然基督既是真正的上帝，也是真正的人，他为我们被钉死在十字架上，流出了鲜血，他在人性中所成就的事就转换到他的神性上。另外，基督说"除了从天降下仍旧在天的人子，没有人升过天"（约3：13），此处所指的在天的身体显然不是指他刚刚取了的人身。但是，因为基督既属上帝，也是人，为了二性统一的缘故，就把属于一个属性的东西也归于另外一个属性。我之所以这样更加详尽地说明，是因为有些人说什么也不相信在基督的一个位格中有两样属性。他们确实认信基督是上帝，是人，是上帝独一的子。

2.14.7　　但是，如果你进一步深究，就会注意到他们之所以说"上帝"和"上帝独一的子"，并不是为了别的原因，而是因为基督在童贞女的子宫中由圣灵感孕。古时的摩尼教徒也这样想入非非：人的灵魂是从上帝而来，因为他们读到"耶和华将生气吹在亚当鼻孔里"（创2：7）。

2.14.7　　他们吵吵嚷嚷，为他们的谬论辩护说：圣经中说上帝不爱惜自己的儿子，为我们众人舍了（罗8：32），天使也说那由童贞女所生的是"至高者的儿子"（路1：32）。很显然，我们并不是说有两个基督，而是认信基督是上帝的永世之子，他取了我们的肉身。因此，他是同一位基督，他既是上帝，也是人，但两性合而为一，却没有混合。他们反对我们的主张，争辩说，基督之所以是上帝之子是唯独根据他的人性，因为是他，并不是别的，是由童贞女诞生的人，并且受苦，被称为上帝的儿子。为了不使他们为自己虚妄的异议而自高自大，就让他们学习圣经中一个先知是怎样说的。在这段经文中，上帝借着先知说："犹大地的伯利恒啊，你在犹大诸城中并不是最小的，因为将来有一位君王要从你那里出来，牧养我以色列民。他发自太初，源于亘古。"（弥5：2；太2：6；与武加大译本合并）难道他们没有听说这位生于伯利恒的基督是"源于亘古"吗？当然，在亘古的时候基督还不存在，那时有的是上帝的儿子，此后上帝的儿子成为基督。《希伯来书》的作者就是这样说的："就在这末世藉着他儿子晓谕我们；又早已立他为承受万有的，也曾藉着他创造诸世界。"（来1：2）既然诸世界是借着他创造的，他肯定在他成为人之前就已经是上帝的儿子。既然那时我们还不存在，当然我们可以由此引申说上帝之道就是上帝的儿子，因为约翰说"万物都是藉着他造的"（约1：3），使徒说"藉着他儿子"（来1：2）。保罗清楚地区分"上帝的儿子"和"人的儿子"这两个称呼，反对他的这种区分不仅是冥顽不化，也是眼瞎的标记。

首先，保罗说，他是"奉召为使徒，特派传上帝的福音。这福音是上帝从前藉着众先知在圣经上所应许的，论到他儿子——我主耶稣基督。按肉体说，是从大卫后裔生的；按圣善的灵说，因从死里复活，以大能显明是上帝的儿子"（罗1：1—4）。假如保罗不是要暗示说，不按照肉体说，他是上帝的儿子，为什么保罗清楚地称他按照肉体而言是大卫的儿子呢？保罗还说："基督也是从他们出来的。"（罗9：5）基督被称为"按照肉体，是亚伯拉罕的后裔"，但在肉体之外，他则是"永远可称颂的上帝"，他们还想要比这更清楚的说法吗？另外，我也希望证实我们也不否定独一的基督是真正的上帝，也是真正的人，这不是要把基督的神性与人性分裂，而是加以区别。有一位更有智慧的解经家，他以当有的敬虔之心来对待这样伟大的奥秘，优美地阐明了这些教义的和谐。但是，这些狂热分子极尽搅扰之能事！他们利用基督人性的特征来剥夺他的神性，又利用他神性的特征来剥夺他的人性，并且利用涉及基督神人两性的经文剥夺这两者，妄称这些经文既不适用于基督的神性，也不适用于他的人性。这种说法无非就是争辩说：基督不是人，因为他是上帝；基督不是上帝，因为他是人；基督既不是上帝，也不是人，因为他既是上帝，也同时是人？因此，基督除了是上帝之外，当他取了真正的肉身的时候，还成为人。

2.14.6

2.14.4

2.16.1

14. 基督得蒙父的声音和天谕的呼召（路1：30—35，2：21），因此我们相信耶稣确实就是耶稣，我们相信他的名，而不是相信别的名："在天下人间，没有赐下别的名，我们可以靠着得救。"（徒4：12）我们也深信基督自己满有来自圣灵的各样恩赐的膏抹。这些恩赐被称为"膏油"（诗45：7，89：20），因为没有这些膏油，我们就会荒废、枯干、贫瘠。圣灵落在他的身上，完全倾注在他的身上，目的就在于使我们也从他的丰盛有所领受（我们是借着信心与他有分）（赛11：1—5，61：1—3；约1：16），我们总之也相信，借着这受膏，父立他为君主，将天上地下一切的权柄赐给他（诗2：1—6），使我们在他里面也可以成为君王，胜过魔鬼、罪恶、死亡和地狱（彼前2：9，徒10：36）。然后，我们也相信他是上帝所命定的祭司，通过他把自己献上为祭物平息了父的震怒，使他与我们和好，使我们借着他也可以成为祭司，有他做我们的代祷者和中保，为我们向父献上祈祷、感恩、我们自身以及我们的一切（启1：6；诗110：1—4，来5：1—10，13：15—16）。因此，父已经把他置于我们之上，所以我们就承认他是我们独一的主。我们相信他是为我们而通过圣灵的无法言说的奇妙大能，在童贞女的子宫中感孕（路1：26—38，2：17）。他从马利亚而生，成为可朽坏的人，目的就在于成就我们的救赎，因为他就是为我们而来的。他把自己的身体交付于极其痛苦的死亡，倾洒出他的鲜血为赎价（太26：28，弗1：7）。

他作为罪人在本丢·彼拉多手下受难，被审判官判处死刑，目的就在于使我们通过他被定罪而在至高审判者的审判台前罪得赦免。他被钉死在十字架上，在十字架上本身，就是上帝的律法所咒诅的，目的就在于使他担当我们当受的咒诅（申21：22—23；加3：10）。他死了，目的就在于借着他的死使他可以征服威胁我们的死亡，吞灭这一直吞灭我们的死亡（何13：14；林前15：54）。他被埋葬，目的就在于使我们通过他的恩典，使我们向罪埋葬，脱离魔鬼和死亡的牢笼（来2：14—15；罗6：4）。

15. 他降在阴间，这就是说他承受了来自上帝所施加的痛苦，感受到了上帝的审判的可怕和严厉（诗21：9），目的就在于以我们的名义平息上帝的震怒，满足上帝的公义（赛53：4，11），从而偿付我们的罪债，担当我们的刑罚，并不是因为他自身从未存在的罪恶，乃是为我们的缘故。 2.16.10

我们不要认为父在向他发怒。因为父怎能向他的爱子发怒呢？"这是我的爱子，我所喜悦的"（太3：17）。同时，假如父把他视为仇敌，他又怎能通过代祷平息上帝的震怒呢？因为"他为我们的过犯受害，为我们的罪孽压伤"（赛53：5），经历了震怒与报应的上帝的所有标记，以至于不得不发出痛苦的呼喊，"父啊，父啊，为什么离弃我"（诗22：1；太27：46），所以正是在这种意义上，圣经上说他为我们承担了上帝严刑的重负。很显然，说他"降到阴间"，并不是说进入某个特定的地方（有人为此发明"灵薄狱"这个词），生活在旧约时代的那些先祖们就被拘禁在那里，等候脱离捆绑，强行打碎那地的大门，把他们从中释放出来。因为尽管这个传说过去有许多伟大的神学家一再提及，甚至直到今天仍然有很多人把它视为真理来热切地捍卫，但仍然不过是人所杜撰的传说。彼得书信中的经文并没有这样的含义，这段经文是那些保护这一教义的人常常向我们指明的，"他藉这灵曾去传道给那些在监狱里的灵听"（彼前3：19）。彼得在这节经文中所说的无非就是：救赎的大能也借着基督向那些死在那个时代之前的人明确地显明出来。因为那些一直向他等候得救赎的信徒在那时清楚地面对面地见到了他的眷顾。另外，那些被遗弃的人，认识到基督是他们唯一的救赎的时候已经为时太晚，他们被排斥在外，更加清楚地认识到他们没有任何盼望可言。 2.16.11 2.16.9

但是事实上，彼得在此不加分别地谈及义人和罪人都在监狱中，我们不要理解为义人也被捆绑在这样的困境中，彼得所说的是他们在远处仰望基督，模模糊糊，被云笼罩，还没有显明出来。他用比喻的方式说这种殷切的期待状态就是"监狱"。但圣经证实，他们那时已经在亚伯拉罕的怀抱中（路 16：22—23；启 6：9—11），他们现在也在安息之中，这对他们而言是蒙福的开始。因为他们明白自己也是靠上帝活着，而且他们也与上帝有着不可分割的亲密的联结。在这种意义上，他们也得了非凡的安慰，等待蒙福的复活之日的来临。另外，尽管有些人把基督"降在阴间"这句话去掉，但这句话一点也不肤浅，而是包含着极大的奥秘。

2.16.13　　16. 另外，我们相信"第三天，他从死人中复活"，就是从其他人在自然律之下死亡那样的死亡中复活过来，仍然是真正的人，但现在不再是必朽坏的生命，而是不衰残的生命，是已经得荣耀的既有身体，也有灵魂的生命。我们相信他复活的大能就在于我们被称义，借着基督的复活也从罪的死亡中复活，有生命和公义的新样式（罗 6：4）。同样，我们也由此得到保障，一切经历同样死亡的人将来也要在同样的时间复活。因为基督的复活就是最大的确据，也是人的复活的实底（林前 15：13；徒 1：22）。

2.16.14　　17. 我们相信"他升天"。这种升天就是进入天国，就是对所有在亚当里的人都封闭的天国（约 14：1—3）。他为我们打开了天国的大门。实际上，他是以我们的肉身进入天国，就是以我们的名义，使我们在他里面通过盼望而已经得着了天国，此后就坐在天上（来 2：10、13；弗 1：3，2：6）。

2.16.15　　同样，我们相信，正如他在肉身显现一样，如今"他坐在全能父上帝的右边"。这就是说，他已经被任命并宣布为君王和审判者，是万有之主。所有的受造物，毫无例外，都已经置于他的主权之下，目的就在于通过他的大能，他可以把各样属灵的恩赐赐给我们（林前15：27；来2：8；弗4：8）。因此，他把我们分别为圣，清除我们罪的污秽，统管我们，带领我们，直到我们通过死亡而归向他。对于我们而言，死亡就是我们今生不完全的终结，是我们完全蒙福的开始，这种蒙福是我们在基督里领受的。如此他的国度和荣耀就成为我们抵挡地狱的主要依靠、权能和荣耀。

基督现在在天父的面前，这对我们是大有益处的：为我们提供来到天父面前的途径，为我们铺平道路，把我们呈献给他，为我们求得恩典，作为我们永远的辩护者和中保为我们代祷，代表我们为我们的罪向他代求，永不止息地使我们与他和好（来7：24，9：11；罗8：26—27；约一2：1）。因此，尽管他已经升上高天，我们不再能见到他的肉身，但他仍然与信徒同在，帮助他们，赐给他们力量，向他们显明他的同在的大能。这也是他所应许的："我就常与你们同在，直到世界的末了。"（太28：20） 2.16.16

18. 最后，我们相信他要以同样的可见的形式，"将来必从那里降临"（徒1：11；太24：27、44）。也就是说，在世界历史最后的那一天，他要显现在所有人的面前，带着那人的言语所无法表达的威严，审判活人和死人。这既包括直到那日仍然存活的人，也包括此前已经被死接走的人（帖前4：14—17；太16：27—28）。他要根据每个人所行的报应各人，因为每个人都要通过自己的工作显明自己到底是忠心的，还是不忠心的。 2.16.17

19. 我们认识到我们救恩的一切及其各个部分都在基督里，我们一定要小心谨慎，不要认为我们的救恩有一丝一毫是在他之外，因为天国的一切宝藏都是唯独在基督里面藏着。因此，那些把一切盼望都唯独寄托在基督身上的人，当在他里面畅饮他们能够寻求的 2.16.19

一切美善。确实，既然我们上面所谈及的这一切都是唯独从基督临到我们，那么，我们这些根据他的圣言以确实的信心等候这些福分的人，必不会完全丧失这些美善的任何部分。

第三部分

"我信圣灵。"

参 3.1　20. 此处我们认信我们信圣灵，相信他与圣父、圣子同在，是至为神圣的三一上帝的第三位格，与圣父、圣子同本质、同永恒，是全能者，也是万有的创造者。因为上帝有三个各不相同的位格，但却是同一本质，正如我们在前面所谈及的那样。这些都是深奥的隐藏的奥秘，当受敬慕，而不是调查研究，因为不管我们的理性，还是我们的舌头，就其本性和能力而言，都是无法涵盖这些奥秘的。因此，正如我们完全相信圣父上帝与他独一的儿子一样，我们也当完全相信圣灵。确实，圣灵就是我们的上帝，是与圣父和圣子为一的。

1.13.14　我们深信要带领我们来到天父面前的，没有其他任何向导，唯独圣灵能够做到，正如唯独基督是我们的道路一样。如果不是通过圣灵，就没有任何恩典从上帝发出。恩典本身就是圣灵的大能和行动：通过恩典，圣父上帝通过圣子上帝而成就一切美善之事；通过恩典，圣父上帝称我们为义，将我们分别为圣，洁净我们，呼召并吸引我们归向他，使我们最终得享救恩（罗 8：11—17；弗 2：18；林前 12：1—13）。

因此，圣灵如此住在我们的心中，用他的大光来光照我们，目的就在于使我们学习、承认我们在基督里所拥有的是来自上帝的何等大的宝藏（林前 2：10—16；林后 13）。他用爱的烈火来点燃我们的心灵，使我们向上帝和邻舍都有爱心，并且天天消除、燃尽我们心中的邪情私欲所造成的各样罪恶（罗 8：13）。因此，如果在我们身上有任何善行，都是上帝恩典的果子和大能。如果偏离上帝，我们的恩赐不过是思想上的幽暗与心灵的悖逆（加5：19—21）。

这一切恩赐所依赖的不是我们道德上的责任，也不依赖我们在行为上的功德，而是上帝因着他自己的丰盛和恩典白白地赐给我们的。因此，我们相信圣灵，承认圣灵，圣灵与圣父、圣子就是我们独一的上帝，我们深信工作和大能都是他的，因为我们已经听到福音的圣言，因为我们已经借着信心领受了他，因为我们现在就借着这样的信心而牢牢站立。我要强调的就是，圣灵是白白地赐给我们的，没有任何东西可以归诸我们的功德。既然这一切都同样发生在所有信徒身上，这当然是所有信徒都当认信的。

第四部分

我信圣而公之教会；我信圣徒相通；我信罪得赦免；我信身体复活；我信永生。 4.12

21. 首先，我们信圣而公之教会——这教会包括所有的选民， 3.22.1
既有天使，也有人（弗1：9—10；西1：16）；在人中，既有死去的人，也有仍然活着的人。在仍然活着的人中，则是不管他们生活在什么地方，也不管他们分散在什么国家，他们都是属于一个教会、一个群体，都是上帝的子民。我们的主耶稣基督就是这教会的带领者和统治者，正如身体的元首一样。因此，因着上帝的慈爱，他们在创世以前就在基督里得蒙拣选（弗1：4），目的就在于使他们都被召进上帝的国度。

这一群体是大公性的，就是普世性的，因为不可能有两个或三 4.1.2
个教会。上帝所有的选民都在基督里联合在一起（参见弗1：22—23），这就是说，他们都依赖同一个元首，他们都在同一个身体中一同长大，也都作为同一身体的不同肢体而彼此联结在一起（罗12：5；林前10：17，12：12，27；参见弗4：16）。他们确实成为一体，他们在生活中所依靠的都是同样的信心、盼望和爱心，也都同样依靠上帝的圣灵，同样蒙召得享永远的生命。

4.1.17　　教会也是圣洁的，因为他们都是上帝在永世中通过他的护理而拣选的，都被收纳为教会的成员，这一切都是在主基督耶稣里成就的（约17：17—19；弗5：25—32）。

3.24.1、6　　22. 保罗所描述的就是上帝施恩的次序："预先所定下的人又召他们来；所召来的人又称他们为义；所称为义的人又叫他们得荣耀。"（罗8：30）他吸引属他自己的人归向他，就是呼召他们，向他们显明当承认他就是他们的上帝和天父。他把基督的义披戴在他们的身上，用基督的义作为他们的完全来装点他们，遮盖他们自身的不完全，从而使他们称义。他用圣灵的祝福来更新他们，天天洁净他们肉身的败坏，使他们重生，活出新的生命，直到他们最终圣洁无瑕地显明在他的面前。当他国度的威严在万有之中，并且通过万有而彰显出来的时候，他也必使他们得荣耀。

因此，当主呼召他的人，使他们称义，使他们得荣耀的时候，所宣布的不是别的，就是他在永世中的拣选。通过这种拣选，主在他们出生之前就已经预定了他们的这种结局。那些没有如此蒙召、称义的人绝不会进入天国的荣耀，因为主就是以这种方式在他所拣选的一切人中显明他的拣选，这是毫无例外的。

圣经常常俯就我们的能力，称那些已经得蒙这种呼召和称义的人为"上帝的选民"。理由就是如此：在上帝的子民中，上帝经常纳入一些他在他们的身上做工，但并非是他的选民的人。另外，那些真正蒙上帝拣选的人，可能还没有被算在上帝的子民之内，因为他们还没有被宣告如此（罗9：11、25—26，10：20，11：7、24、28；何2：23）。此处保罗所谈及的并不是上帝独一不变的护理，而是向我们描述上帝的儿女就是以这种方式被我们识别出来的，就是那些得蒙上帝的灵感动的人（罗8：1、14）。

23. 另外，既然教会是上帝所拣选的子民（约10：28），教会真正的成员最终绝不会灭亡（约10：28），或者归向不好的结局。因为他们的救恩所依据的是如此确定、坚固的根基，即使整个世界都崩溃，这救恩本身也不会摇动、崩溃。首先，这救恩所依傍的是上帝的拣选，而上帝的拣选既不会改变，也不会失败，除非是上帝永世的智慧改变或失败了。因此，他们也许会左右摇摆，甚至一时跌倒，但他们不会彼此争战，因为上帝支持他们的手臂；这就是保罗所说的："上帝的恩赐和选召是没有后悔的。"（罗11：29）因此，那些上帝所拣选的人就被交托在他的爱子耶稣基督的看顾之下，"他所赐给我的，叫我一个也不失落"（约6：39）。在这样好的守望者的看顾之下（参见林后4：9），他们也许会徘徊、跌倒，但绝不会失落。此外，在上帝的预定中，从世界的受造开始，世上一直都有主的教会；直到时代的末了，教会都会始终存在，这是上帝自己所应许的（玛3：20；诗89：27、35—37，132：12—18）。因为有史以来，尽管因着亚当的犯罪，整个人类已经败坏，但是，上帝仍然从这被罪污染的人群中将一些器皿分别出来得尊荣（罗9：21）。因此，任何时代都有人经历到上帝的怜悯（提后2：20）。最后，既然我们如此信教会，依靠上帝的慈爱和信实，我们就确信我们也是教会的一部分，我们是与上帝的其他选民一道蒙召，并且已经部分地称义；所以，我们当有信心，相信我们必将完全称义、得荣耀。

3.22.7、10
3.24.6

4.1.3

4.1.17

3.22.7
3.24.4

当然，我们无法测透上帝那无人能够测透的智慧，我们也没有能力调查清楚到底在上帝永世的计划中谁是上帝所拣选的，谁是上帝所弃绝的（罗11：1—36）。其实，我们既然有信心，也不需要如此测透、查清上帝的智慧。上帝的应许已经使得我们的信心无比安全可靠：那些已经接受他的独生爱子的人，必被上帝承认为他的儿子（约1∶12）。有谁这样无耻，对于成为上帝的儿子还不满足，竟然要在此之外寻求别的东西呢？

24. 因此，我们唯独在基督里发现圣父上帝对我们的美意、生命和救恩。总之，天国就是在基督里，唯独基督对我们应当绰绰有余。对此我们必须深思：对我们而言，如果基督是我们的，我们就丝毫也不缺乏带领我们得救、得福所需要的一切；如果我们以明确的信心仰赖他，依靠他，在他里面得救恩和生命，就是我们一切所有的，如果我们确信他绝不会离弃我们，他和他所拥有的一切就都成为我们的。

3.21.2 但是，那些对基督不满足的人，却想方设法地更加深入地参透上帝的奥秘，就只能招惹上帝的震怒临到他们，因为他们所要进入的乃是上帝的威严的深渊，而将事隐秘本是上帝的荣耀（箴25∶2—6）。因为圣父自永世就在我们的主基督里将他按照他自己的美意所拣选的那些人归他自己，并把他们带进教会的羊群。如果我们与基督有分，我们就有足够清晰的见证，证明我们确实是在上帝的选民之列，我们确实是属于教会的人。既然这同一位基督就是圣父上帝恒久不变的真理，我们就绝不要怀疑他的话语真真确确地向我们宣告了圣父的旨意，这旨意本是从创世之初就是如此，并且将来继续如此的（约1∶1，14；7—11）。

因此，既然我们通过信心而得着基督并他所拥有的一切，那么必然确定的就是，他就是圣父的爱子，是天国的后裔，我们也通过他而被上帝收纳为他的儿女，是基督的弟兄和同伴，是同一产业的后嗣。因此，我们也确信我们是在上帝从永世所拣选的那些人的行列之内，是他所永远保守，绝不会任凭失落的（罗8∶31—39）。

25. 否则，假如我们每个人都不承认自己是教会的一个成员，我

们对大公教会的认信就是虚妄、徒然的。当然，别人是否属于教会、 4.1.8
如何区分选民和弃民，都不是我们所能决定的。因为这唯独是上帝的
特权，正如保罗所见证的那样，唯独他知道谁是属他的人（提后
2：19）。为了使人不至于鲁莽失控，每天发生的事件都警告我们上
帝的审判是远远超出我们的认知的。因为那些看起来完全失丧、显
然无望而被放弃的人，却因着上帝的慈爱而发现出路；那些看起来
站立在别人面前的人，却常常摔倒。唯独上帝的眼睛察明谁会持守
到底（太24：13），因为唯独他是救恩的元首（来2：10）。

基督宣告他的圣言的仆人在地上所捆绑或释放的，在天上也必 4.12.10
要捆绑或释放（太16：19）。但是，我们由此不能得出结论来说，我
们能够分辨谁是属于教会的，谁是教会之外的陌生人。因为通过这
一应许，基督的意思并不是为我们提供某种外在的标准，让我们能
够公开地指明谁是被捆绑的，谁是被释放的。基督所应许的只是：
基督通过福音在这个世界上为人提供救赎和释放，那些听到福音并
以信心接受的人就被宣告是属于基督的，这就是说，他们已经在天
上真正得了释放和自由，就是在上帝的面前，通过上帝的审判得了
释放和自由；但是，那些拒绝福音、轻视福音的人，这一应许所见
证的就是：他们在天上、在上帝的面前，仍然是在捆绑之中，仍然
是处于他们那种被定罪的状态中。

26. 尽管我们不能以确信之心确认上帝的选民，但是，圣经中
也为我们描述了某些明确的标记，正如我们在前面所谈及的那样，
通过这些标记，我们可以根据上帝让我们确认的程度，把上帝的选
民和儿女与那些弃民和外人分开。因此，一切和我们一同认信同一 4.1.8
位上帝和基督、有生命的见证、一同参与圣礼的人，应当通过某种
爱心的判断被视为是上帝的选民和教会的成员。即使在他们的道德
生活中仍有不完美之处（因为在这个世界上没有人是完美的），只

要他们不在自己的罪恶中归于沉默、吹嘘自己，就当被承认为上帝的选民和教会的成员。关于他们，我们必须期盼他们在上帝的带领下会不断进步，直到最终脱离一切的不完美之处，臻至上帝的选民所要达到的那种永远蒙福的境地。因为通过这些标记，圣经为我们详细地描述了上帝的选民、上帝的儿女、上帝的子民、上帝的教会的具体特征，我们可以根据这些特征来认识他们。那些在基本信仰上和我们并不一致，或者尽管他们在嘴唇上承认，但他们的行动却否定了他们嘴唇所认信的上帝（我们所看到的终生邪恶、失丧的人就是如此，他们沉溺在犯罪之中，对于自己的邪恶毫不介意），这一切都通过标记表明他们目前还不是教会的成员。

4.12.5 因此，在教会中设立了除教这样的劝惩方式，目的就是要把这样的人从教会中赶出去。他们伪装相信基督，但实际生活却不相配，他们肆无忌惮地犯罪，对教会来说不过是丑闻而已。因此，他们不配以基督的名字自夸（林前5：1—5；太18：15—19；提前1：20）。首先，免得他们被列在基督徒的名字之内，却给上帝带来羞辱，仿佛神圣的教会就是由这些公然无恶不作的人阴谋组成的；其次，免得通过经常的交往，他们悖逆的生活也把别人败坏了；最后，就是使他们因为受到羞辱而开始悔改，并且从悔改开始使他们最终学到真正的智慧。

27. 对于这样的人，我们可以根据我们所能判断的，以我们上面所提及的知识为标准，暂时做出判断，把他们逐出教会。但是，我们对他们不要绝望，仿佛他们已经被赶逐到上帝的膀臂之外。除非是在上帝的圣言中非常明确，已经将这样的人定罪，否则，把他们中间的人从选民的数目中扫除，使他们绝望，仿佛他们已经失丧，都是极其邪恶的。在此类被上帝的圣言明确定罪的人中，包括有意地下定决心邪恶地攻击真理的人，压制福音的人，亵渎上帝的圣名的人，抗拒圣灵的人。因为在主的话语中，已经宣布这些人是被定罪的，他说亵渎圣灵的罪是不得赦免的，不管是在这个时代，还是在未来（太12：32）。这是我们很少能够感知的（如果说有可能的话），因此更谨慎的做法还是等待那显明的日子，不要鲁莽地越过上帝的判断（来6：6，10：26；约5：28—29；林前4：3—5）。

在判断方面，我们不要为自己主张更大的自由，除非我们希望 4.12.9
限制上帝的权力，用律法来限制上帝的怜悯。对于上帝来说，无论何时，他都喜悦最败坏的人变为最好的，使异教者皈依，将陌生者带至教会。而他这么做，是为了挫败人的看法、约束人的鲁莽，因为他们胆敢僭取更大的判断权，这是不合宜的。

相反，我们应该竭力彼此坦诚相待。我们每个人都当从最好的方面来接受对方的行为；不要像那些有疑心的人一样邪恶地歪曲别人的做法（太7：1—5；罗12：9—10，14：13、19；帖前5：15；来12：14）。当然，如果有的人确实很悖逆，无法让别人把他们往好处想，我们就当把他们交托在上帝的手中，交托给上帝的慈爱，希望将来他们比我们现在看到的更好。我们这样彼此以公正、忍耐之心互相包容，以和平和爱心互相滋润，不要愚妄地闯进上帝更奥秘的判断，我们就不会在谬误所造成的黑暗中互相羁绊了。一言以蔽之，我们不要把这个人本身判为死罪（他是在上帝的手中，也是在上帝的判断之下），而是唯独根据上帝的律法来衡量每个人的工作，只有上帝的律法才是善与恶的唯一标准。

28. 我们应当在这种意义上理解除教：那些在人面前与教会的 4.12.5
羊群分离开来的人，并没有被逐出得救的盼望之外，只是受到教会的责罚，直到他们脱离从前生活上的污秽归回正路。正如保罗所写的那样，他把那个人交给撒旦，就是肉体的死亡，目的就在于使他的灵魂在主耶稣基督的日子安全得救（林前5：5；帖后3：14—

15）。根据我的解释，这就是说，保罗把他暂时定罪，使他可以最终得救（帖后3：14—15）。

4.12.10　　因此，尽管教会的劝惩并不容许我们与那些被除教的人保持密切的关系，但是，我们仍然应当竭尽全力，运用我们所能运用的一切方式，使他们归回更有德行的生活，使他们能够重返社会和教会。或者是运用劝诫的方式，或者是通过教导，或者是通过怜悯和温柔，或者是通过向上帝祈求。我们不仅应当如此对待那些被除教的人，即使穆斯林或其他抵挡基督教的人，我们也当这样对待。我们更不赞同许多人到现在为止仍然采用强迫别人归信基督教的方式：禁止他们使用水、火和其他日常用品，把他们排除在一切人道所需的职分之外，用刀剑和军队来追逐他们。

4.1.9　　29. 尽管对于上帝的审判我们并不确定，上帝也不允许我们将每个人都分别出来，辨明哪些是属于教会的，哪些是不属于教会的；但是，不管在哪里，只要我们见到上帝的圣言得到纯正的宣讲和领受，圣礼也是按照基督所设立的样式来施行，毫无疑问，那里就有上帝的教会存在（弗2：20）。因为上帝的应许是不会落空的："因为无论在哪里，有两三个人奉我的名聚会，那里就有我在他们中间。"（太18：20）

　　关于上帝的教会，在地上没有更明确的知识让我们来分辨谁是属于教会的，谁不是属于教会的。除了信心之外，没有别的能够让我们知道这些。当我们说"我信教会"的时候，我们所说的意思就是如此。因为通过信心，我们相信那些肉眼看不见的事。因此，很显然，这不是我们能够感知、局限在特定的空间之内、固定在一定的地方的物质性的事情。

4.1.3　　30. 同样地，"我信圣徒相通"。这就是说，在大公教会内，一切上帝的选民（以真信心一同敬拜上帝的人）彼此之间在各样美善的东西上都有相互的交通和参与。这样说并不是否定每个人都有不同的恩赐（正如保罗所教导的那样，圣灵的恩赐各有不同，也赐给不同的人）（林前12：4—11）。每个人都有一定的恩赐，目的就是让他在自己所拥有的社会地位上侍奉（在目前的世界上，人人都有自己的财产是必要的）。但是，信徒的群体所寻求的则是他们之间的互相分享，就是根据公平和实际的需要，以慈爱和怜悯之心，分享灵命和身体上的各种美好的东西。很显然，不管一个人从上帝那里得到什么恩赐，都是为了彼此分享的，即使上帝特别把这种恩赐赐给了特定的人，而不是赐给别的人，目的也是如此（罗12：4—8；林前12：12、26）。正如身体的各个肢体通过某种联结而互相分享一样，每个人都有他自己特定的恩赐，也有他自己特定的侍奉；正如圣经所言，他们被召聚在一起，联结一起，成为一个身体。这就是大公教会，基督奇妙的身体（弗1：22—23）。因此，我们在此前见证"我信圣而公之教会"。通过认信"我信圣徒相通"，我们所宣告的就是我们所信的到底是什么类型的教会。我知道有些人把这一部分略过不谈，也有人做出了不同的解释，但我在此处是根据我所能够理解的最好的真道予以解释。

31. "我信罪得赦免"。这就是说，通过上帝的慷慨，因着基督 4.1.20f的功德的介入，赦罪和恩典就临到我们这些被收纳、联结到教会这一身体的人身上。但是，赦罪不会来自其他任何地方，也不会出于其他任何原因，也不会归给其他任何人（徒10：43；约一2：1—12；赛33：24）。因为在这圣而公之教会和圣徒相通之外，没有任何救恩。

教会本身的建立就在这种罪得赦免之上，同时教会本身也是在赦罪这一根基上得到支持的（西2：18—23）。既然赦罪就是带领人通向上帝的独一道路，也是独一的上帝借此与我们和好的蒙恩之道，所以唯独赦罪向我们打开进入教会的大门（这教会就是上帝的城，是至高者分别为他的居所的会幕）；上帝也在教会中保守我们（诗46：4—5，87：1—3；提前3：15）。当信徒认识到自身的罪，并为此而感到压抑、痛苦、沮丧的时候，他们因为感受到上帝的审判而震动，就对自己不悦，仿佛处在重负之下而呻吟劳苦，此时他们领受到这种赦罪。通过这种对罪的恨恶，通过他们自己的困惑，他们不断地治死自己的肉体以及从肉体所生发的一切。

只要他们还在这肉体的监狱中居住，就持续不断地追求这种悔改（因为他们必须如此），这样他们就需要不断地得到这种悔改。并不是因为他们的悔改本身配得什么，而是因为这是主所看为好的，他以这种次序来显明他自己，目的就是使他们承认自己的贫穷，脱离各种傲慢之情，然后完全谦卑下来，明确地认识到自己的不配，最终可以逐渐品尝到上帝在基督里向他们显明的慈爱。当他们感受到这种慈爱的时候，就会喘过气来，得到安慰，使他们自己确信自己在基督里已经享有赦罪和救恩。相反，那些没有努力按照这种次序归向上帝的人，绝不会得到这种赦罪，而这种赦罪则是救恩的中心点（路16：15、26）。尽管他们在工作上可以丰丰富富，熠熠生辉，甚至能够施行神迹奇事，但是，对于上帝而言，他们的一切心思言行都是可憎可恶的。他们在表面上显得越是圣洁，就越是自欺欺人，因为这些工作所带来虚幻的荣耀已经使得他们的眼睛迟钝不明。

32. 我们相信身体复活。这就是说，将来有一天，所有人的身体都会在同一时间复活，从朽坏的身体成为不朽坏的（林前15：20—56；帖前4：13—17；徒23：6—9）。就是那些此前已经死了的人也会得到他们的肉身——不管他们的身体已经被虫子吃了，还是已经在土壤中分解了，也不管是烧成了灰，还是以其他方式分散在各处（约5：28—32）。但是，那些到那时还活着的人，也会脱离他们身体的易朽性，在霎那之间改变，成为永不朽坏的身体；那些敬畏上帝的人要进入荣耀的生命，那些被弃绝的人就被定为死罪（太25：31—46）。

33. 最后，我们相信永生。这就是说，将来必有一天，上帝必要把他的子民接到永福之中，他们的身体和灵魂都得荣耀。这种永福是永远持续的，不再改变，也不再败坏。那时，我们与主不可分割地联系在一起，他就像永无穷尽的源泉，把属他的子民完完全全地纳入其中（林前15：28—53），这就是真正的完全的生命、光明和公义。这种永福就是上帝的国度，充满喜乐、光明、权能和幸福，远超出人现在所能感知的。正如保罗所说，那是耳朵未曾听闻，眼睛未曾见过，心思未曾想到的（林前2：9）。相反，那些不敬畏上帝、被上帝弃绝的人，既不以纯正的信心来寻求上帝，也不敬畏上帝，就与上帝和他的国度无分，就会和各种邪灵一起被打到永死之中。这样，他们就在天国的喜乐、权能和其他美善之外，被定为有罪，拘禁在永远的幽暗和刑罚之中（太8：12，22：13），他们在那里被那些不死的虫子吞咬（赛66：24，可9：44），在永不止息的烈火中焚烧（太3：12；可9：43—48；赛66：24）。

3.25.10

3.25.12

34. 我们确实如此相信圣徒相通、罪得赦免，也相信身体复活和永生。通过信靠上帝的美善，我们就可以确信我们必与众圣徒一起享有这一切。

为了表明我们对这一切真理笃信不疑，为了通过这一真道来坚固自己，我们每个人都深信上帝就是自己的上帝，基督就是自己的救主，也等待身体的复活和永生，所以我们用"阿们"这个词来结束我们同心合意的认信，而"阿们"这个词所表明的就是已经通过证实的确信。

三 信、望、爱

35. 我们在前面已经说明活泼的信心就是信靠独一的上帝和基督。非常重要的是，不管何处有这种活泼的信心，同时就必有盼望和爱心（林前13：13）。如果缺乏盼望和爱心，不管我们在探讨信心的时候是何等博学多识，何等精深细致，最终都会表明我们什么也没有。当然，这并不是说信心是由盼望和爱心生发的，而是说没有盼望和爱心跟随信心，信心就绝不会出现。

3.2.41

3.2.42 首先让我们来证明盼望的属性：正如我们所听闻的那样，既然信心是一种对于上帝的真理的明确的信服，这种信服既不会对我们撒谎，也不会欺骗我们，更不会折磨我们，那么，那些抓住这种确信的人同时就必期望上帝必定要成全他的应许，因为根据他们的认识，上帝的应许是真实可靠的。总之，盼望不是别的，就是期望信心所真心相信的上帝应许的一切都必实现。

因此，信心相信上帝是真实可靠的；盼望则期待上帝在合适的时间显明他的信实。信心相信上帝是我们的父；盼望则期待上帝始终如此恩待我们。信心相信永生已经赐给了我们；盼望则期待这永生在将来某个时候显明出来。信心是盼望所依靠的根基，盼望则使信心得到滋养和维系。因为如果我们不相信上帝的应许，就不会期待上帝如此赐给我们。反之，我们软弱的信心也在耐心地盼望、期待得到维系和激励，免得我们的信心疲惫跌倒。

3.2.8 关于爱心，有更清楚的证据。既然信心接受天父所赐给我们的基督——这就是说，他不仅仅是我们与天父之间的赦罪、公义、和平与和好，也是成圣与活水的泉源——毫无疑问，我们在基督里面找到爱，这爱就是圣灵的恩赐和果子（加5：22），也是他在我们心中所成就的成圣之工（弗5：26）。请注意，盼望和爱心同样是出于信心，并且通过不可断绝的纽带与信心联结在一起。但是，关于爱心，我们却不能持守我们刚刚谈及的关于盼望的教导，就是信心通过盼望而得到滋养、保守和坚固。实际上，这样的功用是属于盼望的，因为盼望就是默默地以忍耐之心等待主，使得信心不至于过分匆忙。盼望坚固信心，使得信心对于上帝的应许的信实性不至于摇摆和疑惑（赛28：16）。爱心的特征远非如此，它并不具有此类的品质。

有些人经常把保罗的话抛给我们，"有全备的信，叫我能够移山，却没有爱，我就算不得什么"（林前13：2）。由此他们证明有一种信心是离开爱心而存在的，他们称之为"未成型的信心"。我们并不思考使徒保罗在这段经文中所说的"信"到底是什么含义。保罗在前一章中讨论了圣灵的各种恩赐，他把能力的恩赐、方言的恩赐和预言的恩赐都包括在内（林前12：4—10）。此后，他劝告哥林多教会的信徒"切切地求那更大的恩赐"，这样就可以给上帝的教会带来更大的益处，他还补充说："我现今把最妙的道指示你们。"（林前12：31）所有这一切恩赐，不管它们本身如何美好，如果没有促进爱心，也算不了什么。因为上帝赐下这些恩赐本来就是要造就教会的；如果没有造就到教会，就丧失了它们的益处。为了证明这一点，保罗重述了此前他所列举的那些恩赐，只是用了其他名称。他用"能力"和"信心"所说的是同样的事，就是施行神迹奇事的恩赐。既然这种施行神迹奇事的信心的能力是来自上帝的特别恩赐，这种恩赐是任何人都会滥用的，正如说方言的恩赐、说预言的恩赐或其他恩赐都会被人滥用一样，很显然，这种信心的能力的恩赐远远不是真正的基督徒的信心。我们在犹大身上就能看到这样的例证，他确实也有这种恩赐，但他绝不是真正的信徒（路10：17—20、42）。

3.2.9

根据这段经文，以及同一章接下来的另一段经文，他们主张保罗断定爱心要比盼望和信心更重要，我们是因爱称义，而不是因信称义。他们认为爱心是一种使人称义的力量，比信心还要强大的力

3.18.8

量。这种诡辩很容易对付。因为我们认为第一段经文与真信心没有任何联系,而第二段经文我们则是根据真信心来解释。保罗说爱心比信心更重要,并不是说爱心比信心更有功德,而是因为爱心更能结果子,影响更深远,帮助人更多,并且爱心永远常在,而信心的功用则是持续一段时间而已(参见林前13:2)。哪一个理智健全的人会由此而推断在称义方面爱心比信心更有效呢?使人称义的权能并不在于工作本身的价值。我们的称义唯独在于上帝的慈爱,信心不过是接受这种称义的器皿,我们是在这种意义上强调信心使人称义。此时,如果有些好辩论的人要打岔,质问我为什么在这么短的时间内就对"信"这个词的理解有所不同,我是颇有理由坚持我这种解释的。保罗所列举的这些恩赐,从某个方面来说都是处于信心和盼望的名下,因为它们都是关乎对上帝的认识,保罗把它们一概纳入"信心"和"盼望"名下。他仿佛说:"说预言、说方言、解释的恩赐、知识的恩赐,其目的都是引导我们认识上帝。但是,在今生今世,我们只用通过信心和盼望才能认识上帝。所以,当我强调信心和盼望的时候,我是把这一切都涵盖在内的。""如今常存的有信,有望,有爱这三样"(林前13:13),等等。

现在我们必须深思的就是:信心、盼望和爱心都是圣灵的恩赐;离开上帝的慈爱,这三者没有一样能够出现,也没有一样能够持续(林前4:7)。因此,我们当学会向上帝寻求这一切,不要在我们自己身上寻求。如果我们在自己身上发现有信心、盼望和爱心的迹象,我们就当完全归功于上帝,我们都是从上帝领受的。我们当以感恩之心,心口合一地祈求上帝,尤其是要用我们的心灵。我们当祈求上帝保护我们身上的这些恩赐,使之天天长进。因为当我们还活在这个世界上的时候,我们确实需要在这些恩赐上不断长进。这就是我们在天路历程上的进步,直到我们最终清楚地来到上帝身边,唯独他是我们整个完美生活的依靠。

第三章 祷告：主祷文释义

一 祷告通论

3.20.1　　1. 根据以上探讨，我们可以清楚地看到人是如何地缺乏良善，也是如何地在救恩方面缺乏各种帮助。因此，对于人自己的需要，他若寻求帮助，就必须到他自身之外，在他处得到。此后我们解释说，上帝在基督里甘心乐意并且白白地向我们显明他自己。因为在基督里，上帝为我们提供了一切的幸福来取代我们的愁苦，提供了一切的富足来取代我们的匮乏；在基督里，上帝向我们敞开了天上的宝库，好让我们的整个信心专注在他的爱子身上，使我们的整个期盼都专靠基督，使我们的整个盼望都与基督相连，并且在他里面安息。这就是那隐秘、暗藏的哲学，是无法用任何三段论来推断的。但是，那些被上帝打开眼睛的人一定能够用心灵明白，在他的光中，我们得见光（诗36：9）。信心教导我们晓得我们所需要、所缺乏的一切都在上帝里，也在我们的主耶稣基督里。父上帝喜欢叫一切的丰盛都在基督里面（参见西1：19；约1：16），好让我们从这丰盛中支取一切，这丰盛正如漫溢的泉源一般，留在那里让我们在基督里寻求，就是通过祷告来向他祈求我们知道在他里面的一切。否则，仅仅知道上帝是各样美物的主人和赐予者，他邀请我们向他祈求这一切，然而我们却不去接近他，也不向他祈求，这就如同一个人已经知道地里埋藏着珍宝，却不理会一样，这样做就得不到什么益处。所以，我们要更加详尽地考察这个题目，因为我们以前只是略略提及。

2. 要正确地祷告，首要的准则就是放弃寻求我们自己得荣耀的 3.20.8
一切念头，不要认为我们自身有任何价值，也要放下我们对自身的
确信，谦卑地归荣耀于上帝，正如先知的教训所劝诫我们的那样：
"我们在你面前恳求，原不是因自己的义，乃是因你的大怜悯。求主
垂听，求主赦免，求主应允而行，为你自己不要迟延。我的上帝
啊，因这城和这民，都是称为你名下的。"（但9：18—19）另外一个
先知写道："上帝啊，那因自己的大罪而忧伤苦闷、行路弯腰、脆弱
不堪的人，眼光憔悴、心中饥饿的人，才能归荣耀于你。我们在你
的面前祈祷，并不是因着我们祖先的义，而是在你的面前寻求怜
悯。"（《巴录书》2：18—19）因为你是大有怜悯的上帝，"求主怜悯
我们，因为我们在你面前犯了罪"（《巴录书》3：2）。

祈祷的第二个原则就是：真诚地感受到我们自身的不足，迫切
地思考为了我们自己和自己的益处，我们确实需要向上帝寻求，我
们之所以寻求，就是为了从他得到这一切。因为如果我们有别的目
的或想法，我们的祈祷就是虚假的、不纯的。如果有人向上帝乞求
赦罪，却没有明确、诚恳地认识到自己是个罪人，那么他就是在弄虚
作假，嘲笑上帝。因此，唯愿我们以强烈的诚恳、迫切之心，唯独为
上帝的荣耀，祈求我们所想祈求的一切。比如说，当我们祈求"愿人
都尊你的名为圣"的时候（太6：9；路11：2），我们就当诚恳地渴 3.20.12
慕分别为圣。既然我们真的承认自己处于罪的重负之下，劳苦愁
烦；既然我们真的认识到我们自身中没有任何能够取悦上帝的东
西，那么我们就不要被这种感觉吓倒，而是应当把自己带到上帝的
面前，因为当我们接近上帝的时候，这样的沉思和感受是必不可少
的（路17：7—10）。因为上帝设立祷告的目的不是让我们在他面前
自高自大，高举我们自己身上的东西，而是让我们通过祷告在上帝
面前承认自己的困境，伤心痛哭，就像孩子亲密地把自己的烦恼交

托给自己的父母一样。这种知罪感不仅不应当使我们远离上帝，反而更当鞭策我们祈祷。

3.20.13　　3. 我们知道自己的需要，就使得自己来到上帝面前祈祷。另外，我们慈爱的天父还添加了两个方面来促使我们祷告：一是吩咐我们祷告的命令，二是确保我们得到所祈求的一切应许。圣经中经常吩咐我们："寻求"，"就近我"，"求问我"，"转向我"，"要在你患难之日求告我"。这种吩咐在其他地方也常常见到，正如在第三条诫命中所吩咐的那样，我们不可妄称上帝的名（路11：9—13；约16：23—29；太7：7，11：28；撒1：3；诗50：15；出20：7）。既然上帝吩咐我们不可妄称他的名，那也就同时吩咐我们在寻求等待美德、美物、帮助和保护的时候，当把一切荣耀都归于他。因此，当我们确实有需要的时候就当逃向他，寻求他，祈求他的帮助。否则，我们就是招惹上帝的震怒临到我们身上，正如我们接纳外邦的神灵，制造偶像一样。实际上，我们若是藐视上帝的各种诫命，我们就是藐视上帝的旨意。相似地，那些求告上帝，寻求他、赞美他的人必然得享极大的安慰，因为他们知道自己这样做是得蒙上帝悦纳的，并且是在遵行上帝的旨意。上帝对于祷告的应许就是："寻找，就寻见"（太7：7；耶29：13）；"就必得着"（可11：24）；"我就垂听"（赛65：24）；"我必搭救你"（诗50：15，91：2）；"我就使你们得安息"（太11：28）；"我必安慰你"，"我必在美好的草场牧养他们"（结34：14）；"你们必不蒙羞，也不抱愧"（赛45：17）。

3.20.14　　4. 如果我们以明确的信心等待这些应许的成全，毫无疑问，上帝所应许给我们的这一切都必成就。因为祷告本身并不具有任何使我们获得所祈求的东西的功德或价值。祷告的整个盼望完全在于上帝诸般的应许，是以上帝的这些应许为依靠的。因此，我们要在自己的心中定意，我们的祷告必蒙垂听，正如彼得、保罗或其他任何圣徒过去祷告时得蒙上帝的垂听一样。尽管他们在生活上比我们更圣洁，我们仍然可以用同样的、坚定的信心来向上帝呼吁。既然上帝也是如此地吩咐我们祷告，并且也赐给我们同样的祷告得蒙垂听的应许，上帝就不会根据人的价值来判断我们的祷告，而是唯独按照信心来审查。只要我们按照信心祷告，我们就是既顺服上帝关于 3.20.11 祷告的吩咐，也信靠上帝垂听祷告的应许。相反，正如雅各所警告的那样，有人对上帝的应许没有确信，怀疑上帝的信实可靠，对于祷告是否得蒙垂听怀疑观望。这样的人即使已经向上帝祷告，也不会得到什么。雅各将这样的人比喻成"海中的波浪，随风吹动翻腾"（雅1：6）。既然上帝已经确证要按照人的信心成就，那么，没有信心，就不会有什么成就在我们身上（太8：13，9：29；可11：24）。因为没有人配得把自己呈现给上帝，来到他的眼前，所以天父 3.20.17 上帝亲自把我们从这种使我们的心灵感到绝望的困惑中解救出来，把他的爱子、我们的主耶稣基督赐给我们，担任我们的中保（约一2：1；提前2：5；来8：6，9：15）。通过耶稣基督的引导，我们可以坦然无惧地来到天父上帝的面前。既然我们有这样一位中保，我们就相信我们奉他的名所祈求的一切都不会被拒绝，正如天父不会拒绝耶稣基督的祈求一样。同时，上帝的宝座不仅仅是威严的宝座，也是恩典的宝座。奉耶稣基督的名，我们可以坦然无惧地来到上帝的施恩宝座前，得恩惠，得怜恤，得随时的帮助（来4：16）。

5. 我们已经说明上帝吩咐我们求告他，并且赐下求告就蒙垂听的应许。上帝又特别吩咐我们奉基督的名求告他。不管我们奉基督的名求什么，上帝必给我们成全，这也是基督给我们的应许（约14：13，16：24）。因此，不容置疑的就是，那些不奉基督的名求告上帝，而是以别的名求告上帝的，显然就是在顽固地嘲笑上帝的吩附，把他的旨意视为乌有。事实上，对他们而言，也没有得到任何东西的应许。保罗强调"上帝的应许不论有多少，在基督都是是的"(林后1：20)。这就是说，基督证实了这些应许，也成全了这些应许。既然基督就是唯一的道路，唯一的途径，唯独靠着他我们才能就近上帝（约14：6），那些偏离这一道路，离弃这一途径的人，就没有任何道路和途径来就近上帝。在上帝的宝座前，向他们存留的只有来自上帝的烈怒、审判和惊恐。另外，既然天父上帝已经命定他（约6：27）为我们的君王（太2：6），为我们的元首（林前11：3，弗1：22，4：15，5：23；西1：18），那些偏离、背离基督的人就是在妄图消除、扭曲上帝赐给的印记。

6. 至于已经死去，但仍在基督里活着的圣徒，我们不要幻想他们在基督之外还有别的祈求上帝的道路，也不要认为他们是奉别的名被上帝接纳，因为基督是唯一的道路（约14：6）。既然圣经已经呼召我们唯独归向基督，既然天父上帝的旨意就是让万有在基督里面同归于一（西1：20，弗1：10），那么，任何试图通过圣徒来就近上帝的想法都是错误的，因为圣徒自己也不能为他们自己提供就近上帝的道路。另外，圣徒所有的愿望都是唯独成就上帝的旨意，他们思想的是上帝的旨意，也活在上帝的旨意之中，他们所祈求的就是上帝的国度降临。如果有人把别的祷告归诸这些圣徒，这样的想法就是愚昧的、属血气的，甚至是在藐视圣徒。正是通过被弃绝者的下地狱，和敬畏上帝之人的得救赎，上帝的国度才不断得以实现。因此，如果我们不在基督里有分，不与上帝的国度有分，就不要期望得到圣徒的任何帮助，不管他们能够帮助什么。相反，如果我们真的与基督有分，我们就当彻底确信在我们的诸般努力中所遭遇的一切都是来自上帝，整个教会在祈求主的国度降临的时候就是在为我们祷告，而那些圣徒也是这个教会的成员。但是，即使他们是以这种方式为我们祷告,我们仍然不要呼求他们的名。上帝吩咐还生活在地上的人要彼此代祷(提前2:1—7;雅5:16—18),但这种吩咐并不能毫无疑问地得出我们当向已经死去的圣徒祈求这种结论。上帝之所以吩咐仍然活在地上的圣徒彼此代祷,目的是要促进他们彼此之间的爱德,使他们彼此承担各自在生活中的必需。这种做法对于主已经在我们中间取走的那些人并不适用。即使他们对我们的爱心一直在增长,因为他们和我们借着对基督同样的信心联结在一起,但他们和我们之间仍然不能彼此说话,互相聆听(林前13:10)。如果主张与此相反的说法,就不过是胡思乱想,妄图偏离上帝的圣言,窥探上帝隐秘的判断,悍然践踏圣经!圣经经常宣告,我们乃是以属血气的聪明抵挡上帝的智慧(罗8:6—7)。圣经彻底地将我们一切思想的空想定为有罪,使我们的整个理性降卑,并吩咐我们唯独仰望上帝的旨意(申12:32)。圣经向我们所提供的就是唯独基督。圣经把我们送到基督面前,使我们在基督里得坚固。安布罗斯强调说:"他就是我们的口,通过他,我们向天父说话;他就是我们的眼睛,通过他,我们得见天父;他就是我们的右手,通过他,我们把自己献给天父;若不是他代祷,不管是我们自身,还是所有圣徒,都不能与上帝交通。"

3.20.21

7. 有些人选择特定的圣徒为自己的守护人,希望他们用特别推荐的形式来帮助自己。这些人实在是对这些圣徒傲慢无礼。因为他们这样做就是硬硬地把自己从单纯的心志拉回来。如前所述,这些圣徒坚定不移地祈求上帝的国度降临。但是,那些选择圣徒做守护人的人,却凭空为他们捏造出某些身体的感觉来,使他们偏爱这个或那个崇拜者。他们使圣徒为他们的中保,仿佛基督没有满足他们的要求,或者对他们太苛刻了。他们羞辱基督,剥夺基督独一的中保的职分,这职分本来是天父上帝赐给基督的独一无二的特权,不当转移给任何人的。另外，他们这样做，就是模糊了基督诞生的荣耀，使基督的十字架归于无用。总之，他们剥夺了基督为救赎我们而受苦、受死当享有的赞美！因为基督的受苦和受死表明，唯独他是，并且也应当被视为独一的中保。同时，他们也抛弃了上帝的慈爱，上帝本来是作为慈父向他们显现的。因为如果他们不承认基督

3.20.26 是他们的兄长，当然也不承认上帝是他们的父（来2：11）。除非他们想到基督对他们有无比温柔的弟兄之情，他们显然就是否定上帝是他们的慈父。有些人之所以求告圣徒，是因为我们确实在圣经中读到圣徒的祷告得蒙垂听的事实。为什么呢？因为他们祷告了。先知说："我们的祖宗依靠你……你便解救他。他们哀求你，就不羞愧。"（诗22：4—5，21：5—6）所以，我们也当以他们为榜样来祷告。如果我们像他们那样祷告，我们也会得蒙垂听。我们的对手认为只有那些曾经得蒙垂听的人才能得蒙垂听，这种推论不仅不正确，而且相当荒唐。雅各说得非常清楚，"以利亚与我们是一样性情的人，他恳切祷告，求不要下雨，雨就三年零六个月不下在地上。他又祷告，天就降下雨来，地也生出土产"（雅5：17—18）。但是，雅各并没有从中得出结论说以利亚有神秘特权，而是教导我们说祷告是大有力量的，目的就在于鼓励我们以同样的恳求之心祷告。

3.20.28 8. 祷告有两大部分，就是祈求和感谢。通过祈求，我们把自己心中的渴慕呈献在上帝的面前，首先从他的慈爱寻求使他得荣耀的一切，然后寻求对我们自身有用处的一切（提前2：1）。通过感谢，我们承认他赐给我们的一切好处，以赞美之心承认，不管我们得到什么益处，都是因为上帝的慈爱。大卫用一节经文概括了这两大方面，他从上帝的角度写道："要在患难之日求告我（参考《便西拉智训》6：1），我必搭救你，你也要荣耀我。"（诗50：15）我们当经常祈求，经常感谢（参见路18：1，21：26；弗5：20），因为我们极其

穷困，并且来自四面八方的种种焦虑也困扰着我们。即使我们中间最圣洁的人，也有充分的理由在上帝面前叹息，祈求上帝供应我们的需要。总之，上帝的恩惠倾注在我们的身上，无比伟大，无比丰富；他大能的神迹也会是多而又多，使我们沉浸在其中，无处不见，使我们总是有理由、有机会献上赞美和感恩。更详细地说，正如我们已经充分说明的那样，我们的一切盼望和财富都在上帝里面。不管是我们自身，还是我们的财产，若非上帝祝福，就不会兴盛。我们当持续不断地把我们自己和我们所拥有的一切都交托给他（雅4：14—15）。然后，不管我们决定什么，说什么，做什么，都当在他的手下，根据他的旨意来决定、说话、做事。换言之，也就是始终盼望得到他的帮助。因为圣经中明确宣告，那些信靠自己或他人来设想、完成自己的计划的人，那些不求告上帝，试图偏离上帝的旨意而行事的人，都处在上帝的咒诅之下（参见赛30：1，31：1）。

既然我们已经阐明，我们当承认上帝是万福之源，就当不断地以感恩之心从上帝的手中领受这一切。这一切之所以临到我们，都是出自上帝的慷慨赐予。既然我们享用上帝赐给的这一切恩惠，就当常常赞美上帝，向上帝表示感恩，否则就是不合宜的。保罗见证说，这一切恩惠"都因上帝的道和人的祈求成为圣洁了"（提前4：5）。此处保罗所暗示的就是，若没有上帝的道和人的祈求，它们就没有分别为圣（此处的"道"显然是用修辞中的转喻法来表达"信心"）。

9. 保罗之所以在其他地方劝告我们当不住地祷告（帖前5：17—18；参见提前2：1、8），原因就在于他希望所有人都把他们的愿望告诉上帝，不管是在什么时间、地方，也不管是遇到什么事情；期望从上帝那里得到我们所需要的一切，并且为我们所得到的一切而赞美上帝，因此他为我们提供了赞美上帝、向上帝祷告的充分的理由。

3.20.29 　　这种持续不断的祷告是指我们个人私下的祷告，与教会里进行的公共性的祷告无关。教会里的公祷既不会是持续不断的祷告，也不会是随随便便地以众人一致赞同的制度之外的其他方式进行。因此，为了牵就众人，教会一直同意并指定一定的时间进行公祷，这对上帝来说无关紧要，不过是为了使人方便而已，因为根据保罗的吩咐，在教会中"凡事都当规规矩矩地按照次序行"（林前14：40）。

　　因此，教会指定公共敬拜的地方，我们称之为"圣殿"。这并不是说这些地方自身具有秘密的分别为圣的力量，能够使祷告更圣洁，得蒙上帝的垂听。之所以指定这样的公共敬拜的地方，目的就在于使会众能够更加方便地聚集在一起祷告，聆听圣道的传讲，同时参与圣礼。否则，就没有必要设立这样的圣殿，因为正如保罗所言，我们自身就是上帝真正的圣殿（林前3：16, 6：19；林后6：16）。因此，我们中间那些希望在上帝的圣殿里祷告的人，首先还是自己用心灵来祷告吧！但是，有人认为在圣殿里祷告，上帝的耳朵就离他们更近，这个地方的圣洁就使得他们的祷告更圣洁，这种想法不过是出于犹太人和外邦人的愚拙。他们这样强调在物质方面敬拜上帝，其实是与上帝的吩咐直接相悖的，因为上帝吩咐我们不要在乎是什么地方，重要的是当用心灵和诚实来敬拜他（约4：23）。

　　10. 我们已经说明祷告的目的，不管是赞美上帝，还是祈求上帝，祷告的目的就是唤醒我们的心灵，使我们的心灵认识上帝。因此，我们应当认识到，祷告的精义在于人的思想和心灵，就是说祷告本身是一种内在的心灵的情感。祷告就是把我们心灵的情感坦诚地倾注在那鉴察人心肺腑的上帝的面前（参见罗8：27）。

　　因此，当我们的主基督要为祷告设立最好的准则的时候，就吩咐我们进入自己的内室，关上门，在隐秘处向我们的天父祈求，天父也必在隐秘处垂听我们的祷告（太6：6）。他警戒我们不要向那些假冒为善的人一样祷告,他们想用虚浮的惹人注目的祷告来得到人的赞赏。同时,他也吩咐我们进入自己的内室,关上门来祷告。我认为,基督这样说,就是教训我们深入自己的心灵,用我们整个的心灵来祷告。他应许我们说,上帝必会眷顾我们心灵的情感,我们的身体就是上帝的圣殿(参见林后6:16)。当然,基督的意思并不是说我们不能在别的地方祷告,而是强调祷告乃是隐秘的事,我们主要当在心灵中祷告,要远离各样的挂虑,安静地向上帝祈求。由此可见,很显然,不管是说话,还是唱歌,如果是在祷告中出现,就当发自我们心灵深处的情感。否则,对于上帝而言,就没有任何价值。如果只是从我们的喉咙和嘴唇发出,就只能招惹上帝的义怒,因为我们是在滥用他的圣洁之名,嘲笑他的威严。正如先知所宣告的那样,"这百姓亲近我,用嘴唇尊敬我,心却远离我;他们敬畏我,不过是领受人的吩咐"(赛29:13,太15:8—9)。"所以,我在这百姓中要行奇妙的事,就是奇妙又奇妙的事。他们智慧人的智慧必然消灭,聪明人的聪明必然隐藏。"(赛29:14)

3. 20. 31

11. 当然,我们在此并不是指责说话和歌唱这两种祷告方式,前提就是一定要与心灵的情感有关,并且是用于表达心灵的情感。因为这样做就能使人的心意思考上帝,集中注意力。我们的心意容易走神、松懈,转向其他的方向。另外,既然上帝的荣耀在某种程度上也应当在我们的身体的若干部分体现出来,那么舌头就特别适合完成这个任务,方式就是说话和歌唱。因为上帝创造人的舌头就是特别为了述说和传扬他的美德。舌头的主要功用就是在公祷方面。当众圣徒聚会的时候,我们用舌头来一起发声,如同一张嘴一样,大家一起荣耀上帝,一心、一信来敬拜他。我们如此公祷,所有人共同祷告,每个人都可以从他的弟兄领受信仰的告白,并且通过自己这样的祷告也邀请别人加入。

3.20.33　12. 由此可知，很显然，在说拉丁语的人中就不要用希腊语公祷，在说法语或英语的人中也不要用拉丁语公祷，当用当地人的话来祷告，这样聚会的人都可以理解。因为公祷本来就是为了造就整个教会，如果用大家都不明白的语言祷告，大家就得不到什么益处。那些没有爱心的人至少应当服从保罗的权威，他说得非常清楚："你用灵祝谢，那在座不通方言的人，既然不明白你的话，怎能在你感谢的时候说'阿们'呢？你感谢的固然是好，无奈不能造就别人。"（林前14：16—17）不管是公祷，还是私祷，我们必须牢记，仅仅用舌头，却不用心灵，乃是上帝所不悦纳的。另外，人的悟性应当深刻地思想真理，远超出人的舌头所能表达的。最后，在私祷的时候甚至可以不用舌头：心灵内在的感觉足以自己发声，所以有时最好的祷告就是默祷。摩西（出14）和哈拿的祷告（撒上1：13）就是如此。

3.20.34　13. 现在我们不仅必须学会祷告的方式，也要学会祷告的形式，也就是天父上帝通过他的爱子教导我们祷告的形式（太6：99；路11：2）。运用这种祷告形式，我们就可以承认上帝无限的仁慈。因为他警戒、劝勉我们在需要的时候求告他，正如孩子寻求父母的保护一样。另外，因为上帝知道我们不是十分明白我们自身的穷乏，不晓得我们当求什么，也不明白什么对我们有益，就因为我们的无知为我们提供了主祷文。在我们缺乏能力的方面，他亲自供应，使之成为充足。因为他亲自为我们提供了这种祷告的形式，一一说明他容许我们向他寻求什么，我们到底能够向他祈求什么恩惠，我们需要祈求的　切都包括在其中了。从他的这种慈爱，我们得到极大的安慰，因为我们知道我们所祈求的既不荒谬，也不奇怪，更非不合体统。总之，我们由此就知道我们所祈求的一切都是他所悦纳的，因为我们几乎是完全按照他自己的话语祈求。

这一祷告的形式或规范包含六大祈求。我之所以不赞同有人把主祷文分成七大祈求，就是因为在《路加福音》11：2—4 中，我们只能找到这六大祈求。很显然，主耶稣基督不会留下一个不完全的祷告形式。因此，《马太福音》中所增加的第七大祈求应当理解为是对第六大祈求的解释。即使如此，在这些祈求中，居首位的仍然是上帝的荣耀。尽管这些祈求都和我们有关，都对我们有利，前三大祈求仍然是与上帝的荣耀有关。在这些祈求中，我们唯独应当寻求的就是上帝的荣耀，不要考虑我们自己得到什么益处。后三项祈求和我们的生活有关，特别用于祈求那些我们当为自己的益处而祈求的东西。因此，当我们祈求愿人都尊主的名为圣的时候，就不要考虑我们自身的得益，而是把上帝的荣耀摆在我们的面前，单单注目此事。在这一类的祈求中，我们都当完全按照这样的心态祷告。实际上，这样行对我们大有益处，因为当上帝的名被尊为圣，正如我们所祈求的那样时，我们自身也会被分别为圣。但是，我们的眼睛仍然不要盯着此类的益处，丝毫不要顾虑我们自身的得益。这样，即使我们个人得益的盼望全都落空，我们仍然应当借着祷告继续渴慕、追求上帝的名、分别为圣，以及其他一切与上帝的荣耀相关的事。摩西和保罗就是如此，我们见到他们的心意和眼目转离自身，即使自己受损，也在所不惜。为了使上帝得荣耀和国度得以拓展，他们甚至满腔热情地渴慕自己的毁灭（出 32：32；罗 9：3）。另外，当我们祈求赐给我们日用的饮食的时候，尽管我们所祈求的是使我们自己得益的东西，但我们如此祈求也应当是特别为了上帝的荣耀。如果不能促进上帝的荣耀，我们就不做出这样的祈求。

3.20.35

二　主祷文释义

"我们在天上的父。"(太6:9)

3.20.36　　14. 首先,在一开始的时候我们所遇到的就是前面我们所提及的注意事项,就是所有祷告都当奉基督的名向上帝求,因为其他名字都不能使我们的祷告呈献在上帝的面前。因此,当我们称上帝为"父"的时候,我们一定要奉基督的名。假如我们没有借着基督被上帝收纳为恩典的儿女,凭什么有确信称上帝为父呢?谁可以如此鲁莽地僭越上帝的儿女这样的尊荣呢?基督是上帝的独一的真儿子,上帝把基督赐给我们,作为我们的兄长,目的就是要使本来属于基督的一切也能通过收养的方式成为我们的,条件就是我们要用明确的信心来领受这种莫大的祝福。正如约翰所说:凡信上帝之名的人,上帝就赐给他们权柄,使他们成为上帝的儿女(约1:12)。因此,上帝称他自己为我们的父,并且也希望我们如此称呼他。上帝让我们用这样极其甜美的名字来称呼他,使我们脱离不信,因为在任何地方都找不到这样的大爱,除非是在父那里。上帝对我们的这种爱比我们父母对我们的爱更加伟大、卓越,因为上帝在美善和慈爱方面超过世上任何人。即使世上有许多父亲丧失父亲的虔诚,撇弃自己的孩子,但上帝永远不会撇弃我们(诗27:10;赛63:16),因为他不会悖乎自己(提后2:13)。因为我们有主的应许:"你们虽然不好,尚且拿好东西给儿女,何况你们在天上的父。"(太7:11)但是,倘如儿子把自己交托给陌生人或外国人来保护,那就是在抱怨自己的父亲冷酷无情,或者无能为力。因此,既然我们是上帝的儿子,我们若是从他之外寻求帮助,那么我们就是在责备上帝贫穷、

3.20.37　无能为力、残酷、苛刻。我们也不可说罪咎感使我们害怕亲近上帝,认为罪使得我们的天父对我们极其不悦,尽管上帝慈爱、温柔。在人中间,如果一个儿子要在父亲面前有所陈述,要重新得回

父亲的宠爱，最好的办法就是他自己谦卑祈求，承认自己的罪，祈求父亲的怜悯，这样做胜过通过任何律师和中介。那时，他的父亲就不可能不动慈心，被他的请求打动。发慈悲的父，赐给各样安慰的上帝（参见林后1：3），他会如何回应我们的请求呢？他会不介意他自己的儿女的眼泪和叹息吗？他们这样为自己祈求正是他所劝诫他们当这样做的。如果他们诉诸其他中介来为自己请求，自己却不请求，不是在怀疑他们父亲的怜悯和慈爱吗？耶稣基督在一个比喻中向我们描述了上帝父亲般的怜悯是何等的丰盛（路15：11—32）：一个儿子远离自己的父亲，挥霍资财（路15：13），大大地得罪了父亲（路15：18）。但是，当父亲在远处见到这位浪子归来的时候，没有等他认罪求情，就自愿地跑去迎接他，张开双臂拥抱他（路15：20）。然后，这位父亲安慰他，接纳他（路15：22—24）。上帝向我们描述在这位父亲身上见到的大爱，就是要教训我们：我们当期望上帝用更大的慈爱来爱我们。因为上帝不仅仅是我们的父亲，他也是最优秀、最仁慈的父亲。关键是我们要信靠他的慈爱，尽管我们是忘恩负义、悖逆顽梗的儿女，上帝仍然是我们慈爱的父亲。

15. 如果我们是基督徒，我们就当确信，对于我们而言，上帝就是这样慈爱的父亲。为了坚固我们的这种确信，他希望我们不仅称他为"父"，并且明确地称他为"我们的父"。仿佛我们应当这样向他说："父啊，你以大爱厚待你的儿女，随时愿意饶恕他们的过犯。我们是你的儿女，向你呼吁，向你祈祷，确信你以父亲的感情来对待我们，尽管我们不配有这样的父亲。"但是，主祷文并没有教导我们称上帝为我们个人的父，而是让我们一起称他为"我们的父"。这一事实警戒我们，彼此之间当有极大的弟兄之情，因为我们都是同一位慈父的儿女。既然我们同有这样一位慈父（太23：9），既然各样美善的东西都是来自他的赐予，我们之间就当以极大的热

3.20.38

心，按照各自的需要彼此分享。既然我们有这样的愿望，愿意彼此之间互相帮助，那么，对我们的弟兄最有益处的就是把他们交托在我们最慈悲的天父上帝的护理之下；因为既然他是我们慈爱、恩惠的上帝，我们就不需要祈求别的。实际上，我们也应当向我们的父这样行。真正深爱一家之父的人也必定会用爱心和善意来接纳全家，同样，我们也当这样接纳他的子民，用我们对待天父上帝那样的热情和挚爱来对待他的家人和产业。因为上帝如此尊崇他们，称他们为他的独生爱子所充满的（弗1：23）。因此，基督徒的祷告应合乎主祷文这一规范，这样我们的祷告就能够与一切在基督里的弟兄保持一致，互相接纳，不仅能与那些目前能够见到的弟兄如此，也能够与一切居住在世上其他地方的人保持一致。因为对于他们而言，上帝到底有何定旨先见，我们并不知道，我们所知道的就是当为他们期盼最好的东西。当然，对于那些在信仰大家庭内的人，我们更当具有超出他人之上的感情，这也是使徒保罗特别吩咐我们的（加6：10）。

3.20.39　　总之，所有祷告都当顾念到我们的主在他的国度和家庭中所设立的群体。当然，这并不妨碍我们特别为自己祷告，也不妨碍我们为其他特定的人祷告，前提就是我们的心意既不要离开这个信仰的群体，更不要弃置不顾，而是应当在各个方面都要考虑到这个群体。尽管祷告都是个人性的，但最终都导向这一共同的目的，因此我们的祷告始终是普遍性的。我们用一个比喻就能非常容易地明白这个道理。比如上帝有一个普遍性的吩咐，就是顾念穷人的需要。但是，遵守这一吩咐的人只能关心到他们认识、看见的正在受苦的人。尽管他们这样做忽视了许多受苦更重的人，但他们只能这样做，因为他们无法认识，也无法供应所有受苦的人。如此一来，那些观察、顾念教会这一共同群体的人，只能用特定形式的祷告，表达对公众的关系和共同的感情，把他们自己以及上帝让他们认识的人交托在上帝的手中。这样祷告的人并没有抵挡上帝的旨意。当然，祷告和施舍有所不同。我们只能向那些我们见到的遭遇贫困的人慷慨施与。但是，即使我们完全不认识的人，不管他们与我们相隔多远，我们都能通过祷告来帮助他们。这种祷告也是通过主祷文这个通用的祷告形式进行的，因为主祷文涵盖了所有上帝的子女，他们也在其中。

16. 主祷文还加上上帝"在天上"这个短语（太6：9）。我们不要因此就匆忙得出结论说上帝被约束、关闭、局限在天上，仿佛上帝被封闭在那里一样。实际上所罗门也承认："天和天上的天，尚且不足你居住"（王上8：27）。上帝也借着他的先知说天是他的宝座，地是他的脚凳（赛66：1；徒7：49，17：24）。上帝显然是说他不会被局限在特定的地区，而是遍及万物。但是，我们的头脑是如此迟钝，并不能用别的方法来领悟上帝那无法言喻的荣耀。因此，此处用"天"来说明，因为我们所能见到的最崇高、最庄严的莫过于天了。所以，此处所说的就是上帝是大能的、崇高的、无法测透的。当我们听到上帝是"我们在天上的父"的时候，我们的思想就当升得更高，免得我们梦想用地上的活物质的东西来想象上帝，用我们自身微不足道的尺度来衡量上帝，或者硬让上帝的旨意来符合我们的感受。 3.20.40

第一大祈求

"愿人都尊你的名为圣。"（太6：9）

17. 上帝的名是指他的权能，包括他的各种卓越之处：比如他的大能、智慧、公义、怜悯、信实等。上帝是伟大、奇妙的上帝，就是因为上帝是公义的，是智慧的，是有怜悯的，是大能的，是信实的，等等。因此，我们祈求上帝的这种威严在这些荣美中被尊为圣，当然这不是指在上帝身上，因为上帝的荣美既不会增加，也不会减少。我们所祈求的是上帝的这种威严被所有人尊为神圣，也就 3.20.41

是得到所有人的承认和赞美。不管上帝做什么，愿他的作为显出其本有的荣耀。如果上帝施行惩罚，愿上帝被称为义；如果上帝饶恕，愿上帝被人称为大有怜悯的上帝；如果上帝成就他所应许的，愿人称上帝为信实的上帝。总之，愿他的荣耀在万有中显明出来，愿所有的心灵和口舌都赞美他。最后，愿一切玷污、亵渎他的圣名，也就是模糊、减弱这种尊上帝的名为圣的不敬虔之事灭亡、失败。因为即使在这种失败中，上帝的威严也越来越分明地彰显出来。因此，在这一祈求中，也包含了对上帝的感恩。因为当我们祈求上帝的名在各处被尊为圣的时候，我们就是在为各样美善的东西而赞美上帝，我们把所领受的一切事情都和他联系起来，并且承认他对我们的各样恩惠。

第二大祈求

"愿你的国度降临。"（太6：10）

3.20.42　18. 上帝的国度就是如此：上帝通过他的圣灵，对他的子民作工，治理他们，使他丰盛的慈爱和怜悯彰显在他们的工作中。另外，上帝的国度就是摧毁被弃绝之人，他们不承认自己当为上帝而活，拒绝服从上帝的统治；上帝的国度就是要摧毁他们那种亵渎上帝的傲慢，使人知道任何权势都不能抵挡上帝的大能。这些事情每天都出现在我们的面前，他的圣言如同权杖被高举起来，即使在十字架之下，即使世人藐视、羞辱，仍然成长、得胜、兴盛，硕果累累。这就是说，我们要见到上帝的国度在这个世界上兴盛，尽管上帝的国度不属于这个世界（林前1：21；约17：24，18：36；罗14：17）。之所以如此，首先是因为上帝的国度是属灵的，是由属灵的事物组成；其次，上帝的国度是不朽坏的，是永恒的（路1：33，但7：14）。

19. 因此，我们祈求"上帝的国度降临"，就是祈求上帝把新的归信者天天加给他的子民，使他们能够在各个方面荣耀他；也祈求上帝更加广泛地把他那丰盛的恩赐浇灌给他的子民，天天更多地在他们中间彰显他的同在和统治，直到他使他们与他完全合一的时候。同时，我们也祈求上帝使他的大光和真理更加明亮地闪耀，使撒旦所造成的黑暗和虚谎以及撒旦的国度不断萎缩、离散、拔除、消亡。当我们如此祈求"愿上帝的国度降临"的时候，我们也要渴慕上帝的国度最终达于完全，也就是他的审判显明出来。在那一天，唯独上帝被高举，处于万物之上，为万物之主，那时他的子民被召聚在一起，被接到荣耀之中，而撒旦的国度则被彻底摧毁（林前15：28）。

第三大祈求

"愿你的旨意行在地上，如同行在天上。"（太6：10）

20. 通过这一祈求，我们祈求上帝在天上地下各处根据他自己的意志运作万事，掌管万事的结局，根据他自己的决定运用他一切的受造物，使所有人的意志都降服在他之下。我们祈求上帝使他们都同样遵行他的旨意，有些人是通过赞同的方式，这些人就是他的子民；其他人则是不自愿地遵行他的旨意，就是魔鬼和被弃绝之人，他们拒绝上帝的统治，干犯上帝的统治，妄图不顺服上帝。实际上，当我们这样祈求的时候，我们就是在弃绝我们自己的一切愿望，把我们的一切爱好都完完全全地交托给主，求主不要按照我们所希望的那样来回应我们的祷告，而是按照他所预见和预定的那样来行事。但是，我们并不是祈求上帝仅仅消除我们心中抵挡上帝的旨意的喜好，而是祈求上帝在破除我们的旧心和旧灵的同时，在我们心中创造新心和新灵（结36：26）。我们祈求上帝使我们心中所感受到的一切冲动都是纯洁的，合乎他的旨意的。总之，我们所祈求的不是我们为自己所想的，而是祈求上帝的圣灵在我们心中显明

3.20.43

他的旨意。圣灵在心中教导我们，同时我们也当学习爱慕那些上帝所喜悦的事，恨恶上帝所不喜悦的一切。

21. 我们已经阐明主祷文前面的三个部分。在做出这三大祈求的时候，我们应当唯独把上帝的荣耀摆在我们的面前，撇弃对自我的考虑，不要顾念自己的益处。即使我们从祷告中得到大量的益处，也不要在此处寻求。在这三大祈求中所祈求的一切，即使我们不思想，也不渴慕，更不祈求，这些事情仍然按时成就。但是，我们仍然应当渴慕、祈求它们，而且这样做对我们而言也是非常宝贵的。如此，我们就可以见证、承认我们是上帝的仆人和儿女，竭尽全力来侍奉上帝。这是我们对于我们的主和父当做的。因此，如果有人不热心渴慕增进上帝的荣耀，尽管他在祷告"愿你的国降临，愿你的旨意行在地上，如同行在天上"，也不可算为上帝的仆人和儿女。尽管他们并不赞同这些事情，但这些事情仍然会成就，最终他们所得到的就是混乱和审判。

第四大祈求
"我们日用的饮食，今日赐给我们。"（太6：11）

3.20.44　22. 这是其余三大祈求中的第一项祈求。在这三大祈求中，我们特别向上帝祈求关乎我们自身事务的事，求主在我们的需要方面帮助我们。

23. 通过这一祈求，我们向上帝祈求在这个世界上我们身体所需要的一切（加4：3）。不仅祈求衣食，也祈求上帝预定对我们有益的一切事情，从而使我们能够在和平中享用我们的饮食。简言之，通过这一祈求，我们把自身交托上帝看顾，信靠上帝对我们的护理，相信他必会喂养并保守我们。因为我们极其仁慈的上帝不会轻看我们的身体,而是把我们的身体置于他的保护和监管之下,目的就是在小事上操练我们的信心,使我们在一切事上都仰望他的供应,即使一点面包屑和一滴水也是如此。因为我们自身的邪恶,我们总是关注身体胜过关注灵魂,对身体的顾虑常常影响到我们,给我们带来痛苦。许多人虽然敢于把自己的灵魂托付给上帝,但在肉身的需要上仍然是顾虑重重,担心吃什么,穿什么。除非他们手头有充分的美酒佳肴、柴米油盐,否则他们始终惧怕战兢。今世的生命虽然短暂易逝,如同影子,但我们对今世生命的关心仍然胜过对永生的顾念。那些信赖上帝的人,一旦彻底完全摆脱因顾念肉体而产生的焦虑,就立即期望上帝赐给更美好的事,那就是救恩和永生。因此,当盼望上帝赐给我们这些东西,否则我们就会陷入焦虑之中,这并不是轻松的信心的操练。当我们离弃这种不信的时候,就得到极大的益处,因为这种不信几乎给所有人带来噬骨之痛(太6:25—33)。

24. 因此,我们祈求天父把日用的饮食赐给我们。既然我们说"今日"或"日用"的饮食,主祷文就教导我们对于那些转瞬即逝的东西不要贪求。否则,我们就会把这些东西用于寻欢作乐,挥霍浪费,虚荣摆阔。但是,我们只当祈求满足我们需要的东西,并且是满足我们每天的需要。我们之所以这样祈求,是因为我们确信,我们的天父既然今天喂养我们,明天也不会对我们置之不顾。因此,不管有何等丰盛的美物涌向我们,即使我们的仓库充盈,我们仍当向上帝祈求我们日用的饮食。因为除非主祝福我们,使这一切兴盛,多结果子,我们才可享用,否则东西再多也是虚空。如果不是上帝时时祝福,允许我们使用,即使已经在我们手中的东西也不是属于我们的。有人不满足于日用的饮食,欲壑难填,渴求无数的东西;有人因为富裕而腻烦;有人财富众多却不负责任,当这些人向上帝祈求赐给日用的饮食的时候，就是在嘲笑上帝。因为第一种人向上帝所求的并不是他希望得到的，实际上，仅仅是日用的饮食，恰恰是他所憎恶的。当然，他们在上帝面前尽可能掩饰自己的贪婪之心。但是，真正的祷告应当是在上帝面前袒露我们所有的心思意念，包括心中隐藏的一切。其他人则是在求上帝赐给他们并不需要的东西，因为他们认为自己已经拥有了一切。主吩咐我们称饮食为"我们的"，如此上帝的慷慨就更加清楚地显明出来，因为这使得本来不算为我们的东西成为我们的（申8：18）。我们请求上帝赐给我们，这就表明：不管我们得到什么，哪怕表面上看来是由我们自己动手，用自己的技术和勤奋获得的，最终都是来自上帝白白的恩赐。

第五大祈求

"免我们的债，如同我们免了人的债。"（太6：12）

3.20.45　25. 通过这一祈求，我们祈求上帝赦免我们的罪，这是所有人都必需的，毫无例外。我们之所以称罪为"债"，这是因为我们为自己所犯的罪而向上帝欠下刑罚或赔偿。除非我们得蒙上帝的赦免，从而得到释放，否则我们自己无法清偿（罗3：23—24）。这种白白的赦免来自上帝的怜悯。上帝慷慨地免除我们的这些债务，把我们从中释放出来，不再向我们要求赔偿，而是通过他自己在基督里的怜悯来向他自己做出补偿。基督一次性地把自己作为赎价献给天父（罗3：24）。有人相信他们自己或别人的功德向上帝做出了补赎，通过这样的补赎，就为赦罪付出了代价，也就买来了赦罪。如此信靠的人完全没有得到这种白白的恩赐。他们根据这种形式的补赎来求告上帝，不过是接受对他们的指控，用他们自己的见证定了自己的罪。因为他们承认，若非通过赦免之恩而得释放，他们仍然是欠债的。但是，我们不仅不接受这种赦免之恩，却予以藐视，信靠他们自己的功德和对上帝做出的补赎。因此，他们不是在恳求上帝的怜悯，而是要求上帝按公义审判。

26. 最后，我们祈求这样的赦免临到我们，"如同我们免了人的债"（太6：12）。也就是说，正如我们饶恕那些曾经伤害过我们的人一样，不管他们是在事情上不公平地对待我们，还是在言语上侮辱我们。其实，并不是我们能够赦免他们的罪债，因为这唯独属于上帝（参见赛43：25）！准确地说，我们的赦免就是：甘心乐意地从我们的心里除去愤怒、仇恨和复仇的欲望，自愿地忘记别人对我们的不公义。因此，如果我们自己没有赦免那些正在或者已经加害我们之人的过犯，我们就不当需求上帝赦免我们的罪。如果我们的心中仍然怀着对人的仇恨，如果我们设计报复，伺机伤害别人，甚至如果我们没有努力与我们的敌人和好，运用各种职分善待他们，与他们化敌为友，那么我们这样祷告就是求上帝不要赦免我们的罪。因为我们向上帝所求的就是：我们如何对待别人，也求他如何对待我们（太7：12）。因此，这就是祈求上帝不要赦免我们的罪，除非我们自己也饶恕别人。假如不饶恕别人，这样的人向上帝祈求赦罪，除了得到更重的审判之外，还能得到什么呢？最后，我们必须注意到这一条件：他"免我们的债，如同我们免了人的债"（太6：12）。主祷文附加这一条件，并不是因为我们对别人的饶恕就使我们配得上帝的饶恕。准确地说，主耶稣之所以这样说，不过是为了安慰我们软弱的信心。因为主耶稣加上这个条件就是作为一个标记，使我们确信他已经赦免了我们的罪，正如我们知道我们已经赦免了别人的罪一样确定，关键就是我们的心中确实要除掉各种仇恨、嫉妒和报复之念。另外，有些人渴望复仇，不愿意赦免别人，对他人长期怀恨，心中希望别人遭受上帝的震怒，这本是他们自己祈求上帝不要如此对待他们的。这就是个标记，这样的人被排除在上帝的子女之外。主耶稣如此教导，就是阻止这样的人也称上帝为父。

第六大祈求

"不叫我们遇见试探,救我们脱离凶恶。"(太6:13)

3.20.46　　27. 诱惑有多种形式,各不相同。因为诱惑就是心中邪恶的念头,促使我们违背上帝的律法。这些念头或者是来自我们自身的邪情私欲,或者是来自魔鬼的怂恿。许多事情本身不是邪恶的,但它却因着魔鬼的诡计成为试探,引诱我们偏离上帝(雅1:2,14;太4:1,3;帖前3:5)。这些试探或出于左或出于右(参见箴4:27)。出于右的,比如财富、权力、名誉等,常常因为它们的亮丽和表面上的美善而使人眼花缭乱,或通过各种甜言蜜语使人迷醉,使人心被此类诡计虏获,沉醉其中,忘记上帝。出于左的,比如贫穷、羞辱、藐视、痛苦,等等。在这些艰难痛苦的冲击下,人就变得灰心沮丧,丧失确信和盼望,最终彻底远离上帝。我们向上帝祈求,我们的天父,不要使我们屈服于各种试探的攻击之下,不管是出于我们个人的私欲,还是来自撒旦的各种诡计。我们祈求上帝用他的膀臂来保守我们,激励我们,使我们靠着他的大能大力,能够站立得稳,胜过我们险恶的仇敌的各样攻击,不管魔鬼在我们的心中塞进什么念头。我们祈求,不管我们遭遇什么,最终都能使我们得益处,也就是使我们在顺境中不会自高自大,在逆境中不灰心丧志。但是,我们此处所祈求的并不是让我们感觉不到任何试探,因为我们非常需要有试探来刺激我们,促使我们警醒,免得我们因为过于安逸而变得懒惰闲散(雅1:2)。大卫希望自己受到试探并不是毫无道理的(参见诗26:2),主天天试验他的选民(创22:1;申8:2,13:3),用羞辱、贫穷、灾难和各样的痛苦来责罚他们,都是有道理的。但是,上帝试探我们,他的用意和撒旦截然不同。撒旦诱惑我们,目的就是要摧毁我们,定我们有罪,使我们困惑,抬不起头来。但是,上帝试炼我们,目的是来磨练他的子女,使他们治死、炼净他们的肉体,因为他们的肉体若不受到强迫性的限制,就会放荡不羁。另外，撒旦也攻击那些没有装备、缺乏预备的人，要在他们还不知不觉的时候摧毁他们。上帝在试炼我们的时候，总是为我们开一条出路，使他的子女能够忍受他加在他们身上的一切（林前10：13；彼后2：9）。

28. 因此，这就是我们的祈求：求主使我们不要被任何诱惑征服、压倒，求主使我们靠着他的大能大力站立得稳，胜过仇敌对我们的攻击。这不是要向诱惑屈服。我们的祈求就是，求主眷顾、保护我们，使我们不被罪恶、死亡、阴间的大门（太16：28）和撒旦的国度胜过。这就是我们祈求使我们脱离凶恶的意思。此处我们必须谨慎的是，我们自身没有力量来与撒旦这个大斗士争战，也没有力量抵挡他的攻击和屠戮。否则，我们为我们自身已经具有的东西来求告上帝，就没有任何意义，甚至是嘲笑上帝。很显然，那些相信自己能够准备好这样战斗的人，对于他们所面对的敌人是何等凶残、装备是何等精良缺乏充分的认识。我们所祈求的就是脱离撒旦的权势，正如脱离一个疯狂咆哮的狮子的爪牙一样（彼前5：8）。如果主不把我们从死亡之中救拔出来，我们立即就会被它的爪牙撕成碎片，被它吞噬净尽。但是，我们知道，如果主与我们同在，当我们保持安静的时候，他必为我们争战，"我们依靠上帝才得施展大能"（诗60：12，107：14）。任凭他人信靠他们自己的自由意志和他们自身所拥有的那些力量吧。对于我们而言，我们还是唯独靠着上帝的大能大力得以站立，得以刚强。

29. 在这三大祈求中，我们把自己以及自己所有的一切都交托给上帝。这三大祈求显明了我们前面所说的：基督徒的祷告应当是公共性的，基督徒应当关注的就是整个教会的建造以及信徒在团契上的长进。因为我们的祷告并不是人人都祈求上帝赐给他个人什么

3.20.47

东西，而是我们作为一个共同体祈求日用的饮食、罪得赦免，不要叫我们遇见试探，救我们脱离凶恶。另外，主耶稣还附加上一个原因，说明我们为什么应当坦然无惧地向上帝祈求，并且也要深信必能得着。

"因为国度、权柄、荣耀，全是你的，直到永远。"（太6：13）

30. 这是我们信心坚定、平稳的根基。因为假如我们之所以能够这样向上帝祷告是靠着我们自身的价值，还有谁敢在上帝面前开口呢？但是，不管我们自身如何凄惨，如何没有价值，没有任何可称赞之处，但我们仍然有理由来祷告，并且大有确信，因为没有任何人能够从我们的父攫取他的国度、权柄和荣耀。

主祷文最后加上"阿们"（太6：13）。这个词所表达的是我们渴慕得到我们想向上帝所祈求的东西的热度。此类祈求已经成就的一切坚固了我们的盼望，我们现在所祈求的一切也必会成就，因为这一切都是上帝已经应许给我们的，他绝不会欺哄我们。

三　祷告的操练

3.20.48　31. 我们应当或者能够求告上帝的一切，都已经涵盖在主祷文这一祷告形式中了。主祷文是我们最好的导师基督传递给我们的祷告准则。天父命定基督为我们的导师，并且唯独他能够使我们的祷告得蒙垂听（太17：5）。因为他既是上帝永远的智慧（赛11：2），成为人，并且也由上帝赐给人，是来自上帝这奇妙策士的使者（赛9：6，28：29；耶32：19）。

这祷文在各个方面都非常完全，再想增加任何无关的东西，都是不敬虔的，也是上帝所不赞同的。因为在这一综述中，上帝向我们说明了他所当得的一切，也向我们说明了他所悦纳的一切，以及我们所必需的一切。实际上，他愿意赐给我们的一切，都已经在主导文中一一说明。

因此，如果有人胆敢超越主祷文，向上帝祈求其他东西，那么，首先，他们在实际上就是希望从自己的储存中拿出东西为上帝增加智慧，这不能不说是丧失理智的亵渎；其次，他们不仅没有把自己约束在上帝的旨意之内，反倒予以藐视，顺从自己放荡无羁的欲望，更加远离上帝；最后，他们不会获得什么，因为他们的祷告不是根据信心。毫无疑问，一切诸如此类的祷告都偏离信心，因为缺乏上帝的圣言。而信心必须依据的就是上帝的圣言。这些人不仅缺乏上帝的圣言，而且竭力与上帝的圣言争战。

当然，我们不是说，在祷告的时候不管是在用语上，还是在音节上，一丝一毫都不可偏离主祷文这一祷告规范。因为我们在圣经中见到许多祷告，在用语上大不相同，但是都由同一位圣灵激发，运用这些祷告对我们也是大有益处的。我们如此教导主祷文，只是说：主祷文是我们当祈求的东西的综述，任何人都不应祈求、盼望、要求这一祷文之外的东西。虽然祷告的用语可以完全不同，但基本意思应当一样。这样说来，很显然，圣经中的一切祷告都是与主祷文完全一致的。确实，没有任何祷文比主祷文更完全，更不用说超越主祷文了。在主祷文中，我们当赞美上帝的地方都已经面面俱到，人为了自己的益处当向上帝祈求的也一样不缺。确实，主祷文是如此的精准，任何人都不要试图再加上什么来予以提高。总之，我们应当牢记，主祷文是出于上帝的智慧，上帝从中教导我们他的旨意是什么，在他的旨意中，什么是我们所需要的。 3.20.49

32. 我们在前面已经阐明，我们应当用我们的心灵仰望上帝，渴慕上帝，不住地祷告（帖前5：17）。但是，因为我们软弱，所以就需要各种帮助来扶持我们，我们的怠惰也需要一定的刺激。所 3.20.50

以，我们每个人都当拿出一定的时间来祷告。在这样的时间中，我们不可忽略祷告，而是一心一意地致力于祷告。这样的时间有：早晨起床后，在开始日常工作之前；当我们坐下吃饭的时候；当我们吃饭之后；当我们准备休息之前。当然，我们不要把在这些时间祷告当成迷信，仿佛只要在这些时间祷告，就是向上帝还债，我们就可以认为自己已经为其余的时间付了款。准确地说，我们在这些时间祷告不过是因为我们的软弱，所以我们应当如此祷告，反复刺激我们自己。我们必须特别留意，每当自己或见到别人遭受患难的时候，就当快快归回上帝，不是依靠飞快的脚步，而是通过热切的心灵。另外，我们也不可以隐藏自己或他人的兴盛，不作见证，而是应当通过赞美和感恩，承认这一切都是出自上帝的手。

33. 最后，在我们的一切祷告中，我们应当留意，我们的意图不是要把上帝限制在特定的环境下，也不要为上帝规定特定的时间和地点，更不要限定上帝做事的方式。在主祷文中，耶稣教导我们不要试图为上帝制定任何法则，也不要把任何条件强加在他的身上，而是任凭上帝根据他自己的美意来决定做什么，以什么方式，在什么时间，在什么地方。同时，在我们为自己祈求之前，我们应当首先祈求他的旨意成就（太6：10）。通过这些祷告词，我们把自己的意志降服在上帝的意志之下，目的就在于约束我们自己，不要试图控制上帝，而是在一切的祈求中，完全让上帝来做我们的仲裁者和指导者。

3.20.51　　如果我们理顺自己的心灵，如此顺服上帝，接受上帝各种护理之律的统治，我们就会甘心乐意地学习在祷告中坚忍不拔，把我们自己的愿望搁置起来，耐心地等候上帝。那时，我们就会确信，尽管上帝没有显现，他仍然一直与我们同在，必会在他自己所定的时间宣布：尽管在人的眼中，他已经忽略了他们的祷告，实际上他从来没有转耳不听。这就成为我们持续的安慰：即使上帝没有回应我们第一次的请求，我们仍然不会软弱，也不会绝望。有些人比较急躁，他们在求告上帝的时候，如果上帝没有垂听他们第一次的祷告，立即帮助他们，他们就马上认为上帝对他们发怒，与他们作对，他们就放弃祷告得蒙垂听的希望，不再求告上帝。另外，我们也不要试探上帝，用我们自己的败坏来烦扰他，招惹他对我们的震怒。许多人之所以如此行，是因为他们以特定的条件与上帝立约，仿佛上帝就是满足他们对于王的奴仆，他们非让上帝顺服他们自己制定的律法不可。如果上帝没有马上服从他们，他们就感到气愤、抱怨、抗议、唠叨，对上帝发怒。对于这样的人，上帝常常在大怒中赐给他们所祈求的，这些本是上帝在怜悯中不会赐给他们喜爱的人的。以色列人就为此提供了证据，上帝垂听了他们的祷告，赐给他们肉吃，同时也被上帝的愤怒吞噬了。他们的祷告不如不蒙垂听（民11：18、33）。

最后，在长期等待之后，如果我们没有感受到祷告得到什么益处，也没有感受到任何成果，那么，我们的信心仍然会使我们确信已经得到了所祈求的一切，尽管我们还感受不到。他会使我们在贫困中仍然得享丰盛的生命，在患难中仍然大有安慰。因为哪怕是万事都不如意，上帝仍然不会抛弃我们，他不会使他的子民的期盼和忍耐最终落空。唯独他会成为我们的所有，因为一切美善的东西都在他里面，他必会在审判之日向我们显明一切，那时他的国度必会明确地彰显出来。但是，信徒总是需要这种耐心的支持，因为他们若是不依靠这种耐心，就不会长期站立得住。因为主常常用很重的试炼来操练他们，甚至常常使他们感到山穷水尽，走投无路，使他们长期在泥潭中打滚，然后才让他们品尝到他的甘甜。正如哈拿所言："耶和华使人死，也使人活，使人下阴间，也使人往上升。"（撒上2：6）在痛苦之中，在孤寂之中，在奄奄一息的时候，若非不是想到上帝顾念他们，并将结束他们眼前的苦难，从而得到复兴，他们就必陷入沮丧和绝望里面。

3.20.52

第四章　圣　礼

一　圣礼通论

4.14.1　　1. 谈及圣礼的性质，非常重要的是我们当教授一些教义，从中学习上帝设立圣礼的目的和目前的用处。首先，圣礼是什么呢？圣礼是主为了坚固我们软弱的信心，用以向我们表明并证实他的善意

4.14.3　的外在标记。另外一个定义就是：圣礼是用外在的标记向我们宣告上帝的恩典的见证。由此我们就知道，圣礼不仅绝不缺乏先在的应许，并且是作为这种应许的附录与之相连，用以确认并印证这种应许，使之对我们更加显明。上帝就是这样因为我们悟性上的无知和肉体上的软弱而为我们提供了圣礼。当然，我们不仅需要上帝用圣礼来证实他的真理，更需要上帝用圣礼来使我们在真理中得以坚固。因为真理本身就足以坚固和明确，不会从其他渠道得到更好的确认。但是，因为我们的信心既微小又软弱，除非在各个方面都得到激发，用各种方式得到支持，否则就颤抖、摇摆、摇摇欲坠。所以，我们仁慈的主就俯就我们的能力（既然我们不过是始终在地上爬行的受造物，依恋肉体，不顾念、思考任何属灵的事），他就用这些世上的东西来带领我们归向他自己，使我们在肉体之中思想出于他的灵的事。这并不是因为圣礼所用的东西在本质上具有什么恩赐，而是因为上帝就是使用圣礼为印记来表明他的恩赐。我们一定

4.14.5　不要听那些吹毛求疵之人的此类主张。他们认为，我们或者知道，或者不知道先于圣礼的上帝的圣言是他真实的旨意。如果我们知

道，那么我们就从后来的圣礼中学不到什么新鲜的东西。如果我们不知道，圣礼本身也不会教导我们什么，因为圣礼的力量完全在于圣言。我们可以这样简洁地回答他们：政府文件和其他公共事件中所使用的封印本身并没有什么，因为纸上若是没有写上什么，盖上封印也没有任何意义。但是，若是有文字内容，然后再盖上印章，那么这些封印就会确认、印证文件中所写的内容。我们的敌人不能说这种比较是我们最近才发明的，因为使徒保罗自己也用过这种比较，他称割礼是一个"印证"（罗4∶11）。

既然上帝称他的应许为"圣约"（创6∶18，9∶9，17∶2），他的圣礼为圣约的"证据"，我们就能从人的契约来找个比喻。杀牲本身并不能成就什么，除非是有话在先。因为经常有杀牲之事发生，但它并没有任何内在的或崇高的意义。在战场上，彼此握右手能成就什么呢？但是，如果是有话在先，这样的记号就是认可了彼此之间的约法，当然这约法是在握手之前，已经用文字的形式明确下来了。

4.14.6

2．因此，这些圣礼都是操练，目的在于使我们更加确信上帝的圣言的可信性。因为我们都是血肉之躯，所以上帝俯就我们迟钝的能力，在圣礼中用物质来教导我们，就像师傅带领孩童一样来用手引领我们。奥古斯丁称圣礼为"可见的圣言"，因为圣礼所表明的是上帝的应许，仿佛图画一样摆放在我们的面前，上帝用这种生动的图画的形式来教导我们。当然，我们也可以用其他比喻来更加清楚地揭示圣礼到底是什么。我们可以称圣礼为"我们信心的柱石"。因为房屋要立在自己的根基之上，如果地下再有柱子，房屋就更加坚固。同样，信心也是以上帝的圣言为根基，如果加上圣礼，就如同有了柱子，仿佛就更加牢靠。我们也可以称圣礼为镜子，从中我们可以看到上帝倾注给我们的恩典的丰盛。因为如前所述，上帝通过圣礼来显明他自己，使我们尽管迟钝，仍然能够看到，也证实了上帝对我们的善意。

4.14.7　有人争辩说，圣礼并不是上帝的恩典的见证，因为恶人也参与圣礼，但他们不仅没有发现上帝对他们更加宠爱，反倒自己招惹上帝更重的审判。这种主张不够严谨。因为如果这样争论，可以说福音和基督本身也不是上帝的恩典的见证了，因为许多人听到福音却予以拒绝，许多人见到、承认基督，但只有很少人接纳了他。因此，很显然，不管是在上帝的圣言中还是在圣礼中，上帝都向我们提供了怜悯和恩典，表明他的善意。但是，只有那些以真确的信心领受上帝的圣言和圣礼的人才会理解上帝的善意。正如父把基督提供和显明给所有的人，要使他们得救，但并不是所有的人都承认和接受他。奥古斯丁曾经在某处表达了同样的意思。他说，圣言的功效在圣礼中显明出来，并不是因为有人传讲，而是因为有人相信。因为，我们认定，上帝设立圣礼的目的就是帮助我们的信心，也就是滋养、操练、加增我们的信心。

3．有些人反对我们的这种主张，但他们常常提出的理由实在是脆弱不堪、微不足道的。有些人说，既然我们的信心已经是好的，就不会变得更好，因为信心如果不是坚定不移、毫不动摇地依靠上帝的怜悯，就不是信心。他们与其这样顽固地伪称具有这样完美的信心，还不如和众使徒一起祈求主加增他们信心（路17：5），因为历史上从来没有人，将来也不会有人在今生今世就能在信心上达于完全。圣经上记载，有一个人向主说："我信！但我信得不足。"（可9：24）让他们回答这个人的信心是什么样的信心吧！因为这个人所具有的信心尽管不完全，仍然是好的，在除去不信之后，仍然能够变得更好。对于他们而言，最好的驳斥就是他们自己的良心。因为如果我们承认自己是罪人（这是他们无法否定的），他们必然认定自己的信心也是不完全的。

但是，他们声称，腓力对那位太监说，你若一心相信，就可以 4.14.8
受洗（徒8：37）。假如说信心已经充满了他的心，此处的洗礼又有
什么坚固作用呢？另一方面，我问他们是否感觉到自己心中一大部
分仍然是缺乏信心？是否他们每天都承认自己的信心有新的增长？
一位杰出的人士曾经夸口，自己虽然已经年老，但仍然在学习的过
程中。如果我们年纪越来越大，信心却没有长进，我们就是非常可
怜的基督徒，因为我们的信心应当随着我们年龄的增长而不断增
长，直到满有长成的身量（弗4：13）。因此，此处所说的"一心相
信"并不是与基督完全相联，只是发自内心地、真诚地接受基督；不
是满足于已经具有的与基督的关系，而是以满腔热忱继续渴慕、仰望
基督。在圣经中常常谈及"一心"做什么，意思是指"真诚地、深刻
地"。比如"我一心寻求了你"（诗119：10）。还有："我要……一心
称谢耶和华"（诗111：1，138：1），等等。

4. 另外，有一些人写道：如果信心通过圣礼能有所增加，就不
需要上帝赐下圣灵了，因为圣灵的力量和工作就是使信心在人心中
开始、持续，并最终成全。我当然向他们承认，信心确实完全是圣
灵的工作。正是借着圣灵的光照，我们才得以承认上帝和他丰盛的
慈爱。没有圣灵的光照，我们的心思仍然是昏昧的，什么都看不
见；仍然是迟钝的，觉察不到任何属灵的事。他们声称有一个祝
福，我们却承认三个。首先，主通过他的圣言来教导我们。其次，
他通过圣礼来予以确认。最后，他用圣灵来光照我们的理性，开我
们的心窍，让圣言和圣礼进入其中。否则，即使我们的耳朵听到上
帝的圣言，我们的眼睛见到圣礼的施行，但对我们的心灵仍然不会
有任何影响。

圣礼坚固我们的信心。因此，有时主为了除去人对圣礼中所应 4.14.12
许的东西的信靠，就把圣礼取走。当初主剥夺了亚当永生的恩赐，

从他收回，就说："现在恐怕他伸手又摘生命树的果子吃，就永远活着。"（创3：22）我们从中听到的信息是什么呢？难道那果子本身能够使亚当脱离因为堕落而带来的败坏吗？断乎不是！此处主仿佛是在说："把这使他生发任何永生的盼望的东西拿走吧，免得他继续抓住我应许的标记，从而产生虚浮的自信。"因此，使徒保罗劝诫以弗所教会的人牢记他们从前"在所应许的诸约上是局外人，并且活在世上没有指望，没有上帝"（弗2：12）。他说他们以前是没有受过割礼的（弗2：11）。通过转喻的方式，保罗表明那些没有接受应许标志的人就应被排除在应许之外。

他们还有别的异议，就是认为我们把上帝的荣耀归于受造物，把如此的大能归于他们，在某种程度上减损了上帝的荣耀。我们的回答是：我们没有把任何权能归于受造物。我所说的只是：上帝使用他自己认为适宜的工具和器皿，从而使万有最终都荣耀他，因为他是主，也是万有的审判者。因此，他用面包和其他饮食来滋养我们的身体，用太阳来照亮整个世界，用热能来温暖世界。但是，不管是面包、太阳还是烈火，都不过是上帝用以把他的祝福传递给我们的工具而已。同样，他也在灵命方面用圣礼来滋养我们的信心，而圣礼的一大功用，就是把上帝的诸般应许摆在我们眼前，使我们的眼睛能够仰望。我们的责任就是不要信靠其他任何受造物，这些受造物本来都是上帝按照他自己的美意让我们来使用的，上帝通过这些受造物把他自己丰盛的恩赐慷慨地赐给我们。但是，对于这些受造物，我们既不要加以尊崇，也不要宣布它们就是使我们得益处的原因。同样，我们不要把我们的信心放在圣礼上，更不要把上帝的荣耀归于它们。我们应当将这一切都放在一边，使我们的信心和告白都上升到上帝面前，唯独上帝是万有的创造者，也是圣礼的设立者。

5. 还有些人想用"圣礼"(sacrament)这个词作为借口来为他们的谬误辩护，但他们这样做是非智慧的。他们说，在许多著名的作者笔下，圣礼这个词有很多含义，其中只有一个意思与"标记"相合。也就是说，圣礼表明士兵在加入军队时，要向元帅发下庄严的誓言。被征召的人通过这种军事性的誓言效忠他们的长官，宣誓加入军队。同样，通过我们的标记，我们也承认基督是我们的元帅，并且证实我们要在他的旗帜下作战。他们还列举其他例子，要使他们的立场更加清楚。当初罗马市民都穿一种长袍，从而和那些穿着披肩外衣的希腊人分别开。另外，在罗马，不同的社会阶层用各自的徽章互相区分（参议员穿紫色袍子和月牙形鞋子，从而与骑士阶层不同；而骑士则是佩戴戒指，从而与平民不同）。同样，我们也是佩戴我们的标记与世俗的人分别开来。但是，我坚决主张，教父们用"圣礼"这个词的时候，丝毫没有介意当时的拉丁作者是如何运用这个词的，他们只是为了自己的方便就把这个词拿来，赋予它新的含义，用它来指上帝所设立的圣礼。

4.14.13

6. 如果我们想进一步深入地调查，就会知道"圣礼"转到目前所用的含义是通过类比的方式，正如"信心"这个词的用法一样。尽管"信心"这个词本来是指忠心地完成诺言，但是人们也把"信心"这个词称为对真理的"确定"或"确信"。同样，虽然"圣礼"这个词一直用于士兵宣誓效忠长官这种行为，人们也把它用于指长官接受士兵入伍这一行动。因为通过圣礼，主应许"我要作你们的上帝，你们要作我的子民"（林后6：16；结37：27）。但是，此处我们略过这些比较精细的地方，因为我确实能够用许多简明的理由来说明，在使用"圣礼"这个词的时候，当初的教父们确实没有别的意思，只是想表明它们是圣洁和属灵之事的标记。我们接受对方提出的各种比较，但是我们并不赞同把圣礼中次要的方面视为首要的，甚至是唯一的要点。首要的就是圣礼当帮助我们在上帝面前的信心；此后，圣礼在人面前也见证我们的认信。若是用在第二个方面，这些比较都是有效的。

4.14.14　　7. 我们必须提醒自己，有些人削弱圣礼的力量，完全推翻圣礼的功用；相反，有些人则把某种神秘的力量归于圣礼。但是我们在圣经中任何地方都没有读到上帝曾经赋予圣礼这种力量。这种谬误非常危险，欺骗了很多幼稚、无学问的人，因为这种谬误不仅教导人在找不到上帝的恩赐的地方寻找上帝的恩赐，甚至也使人逐渐偏离上帝，寻求各种虚妄的东西。那些传播这种谬误的人可以分为两类。第一类人教导说，现今在基督教会中使用的新律法所设立的圣礼使人称义，并把上帝的恩典传递给人，条件就是我们不犯致死的大罪来妨碍他们。这种观点的毒害性是无法言喻的，因为许多世纪以来，这种观点已经传播到世界大多数地方，使教会受到了极大的亏损。这种观点显然是来自魔鬼的。因为它提倡的是在信心之外称义，把人的灵魂置于混乱和上帝的审判之下。另外，古代作者那些对圣礼不合乎中道的称赞欺骗了他们。比如奥古斯丁曾经这样说："旧律法的圣礼只是应许人得救，但我们的圣礼则把救恩赐给人。"因为他们没有注意到这些说法中夸大的成分，也发表了自己一些言过其实的东西，但在某种意义上与古人的著述完全不同。因为奥古斯丁所说的意思和他在别处所表达的一样，就是："摩西律法中的圣礼预告基督，但我们的圣礼则是宣告基督。"他所说的意思仿佛就是这样："那些圣礼预表人们等候要来的基督，而我们的圣礼则表明已经赐下的基督现在就与我们同在。"从这段引文的出处，以及从另外一篇讲章来看，这很容易分别清楚。在那篇讲章中，奥古斯丁公开地承认，犹太人的圣礼在其标记上有所不同，但在所表征的事物上则是完全相同的；只是表面上看来不一样，但在属灵的权

能上,则是一样的。因此,我们应当确定这一原则:圣礼与上帝的 4.17.17
圣言具有同样的职分,就是把基督以及在他里面的天恩的宝库提供
和显明给我们。但是,如果人不是以信心接受,就毫无益处。

另外一些人的错谬并不是那么危险,但也确实是错谬的。因为
他们相信圣礼与一种隐藏的力量联系在一起,能够传递圣灵的恩
赐,正如酒杯把其中的酒传递出来一样。实际上,圣礼唯一的功用
就是向我们证实、确认上帝对我们的善意。如果没有圣灵与圣礼相
伴,圣礼就没有任何进一步的益处,因为只有圣灵才能开启我们的
心眼,使我们接受圣礼的这种见证。上帝的恩赐也各有不同。圣礼
就是使者,其功用并不是带来那些上帝按照他的丰盛赐给我们的东
西,而是向我们报告和显明。只有圣灵才能把上帝的恩赐带来,使
圣礼在我们中间生效,并且结出果子来。圣礼并不能把圣灵毫无区
别地带给所有的人,主唯独把圣灵赐给他的子民。

8. 我们在前面谈到了圣礼的性质。"圣礼"这个词通常包含了 4.14.18
上帝所设立的所有记号,上帝之所以设立这些标记,是要让人更加
确信他的应许的信实可靠。上帝有时用自然界的东西来作为他的标
记,有时则用神迹奇事来担当。

以下是一些第一类印记的例子。第一个例子就是上帝当初把生
命树赐给亚当和夏娃,作为永生的保证,使他们确信只要他们继续
食用生命树上的果子,就可以继续享有永生(创2:9,3:22)。另
外一个例子就是上帝以彩虹为标记与挪亚及其后裔立约,而彩虹则
是上帝从此之后不会再用洪水毁灭世界的标记(创9:13—16)。这
些都被亚当和挪亚视为圣礼。这生命树本身既不能为自己提供永
生,当然也不能为他人提供永生;同样,这彩虹不过是太阳光线照
在对面云层上的反射,也不能拦阻洪水。但是,因为上帝的圣言在
它们身上刻下了一个标记,就使得它们成为圣约的标志和印记。事

实上，树还是树，彩虹还是彩虹。只是上帝的圣言在它们身上刻下了记号，使它们具有了新的形式，它们就开始成为以前并不是的东西。没有人可以说这些东西都是虚浮的，因为时至今天，彩虹仍然是上帝与挪亚立约的见证。只要我们见到彩虹，我们就在其中见到上帝的应许，就知道这个世界不会再被大洪水毁灭。因此，如果有任何哲学家嘲笑我们信心的单纯，争辩说彩虹的各种颜色来自大自然，不过是来自阳光在云彩对面的反射，我们承认这一点，但我们也会笑他的愚顽，他并没有认识到上帝是大自然的主宰。上帝根据自己的意志来使用自然界的各种东西，最终使他得荣耀。假如上帝把这种提醒置于太阳、星星、大地、石头之上，它们都会成为我们的圣礼，但上帝并没有这样做。为何天然的银子和用作银币的银子完全都是同样的金属，却不具有同样的价值呢？前者完全是出于自然状态，后者则具有官方的印记，所以就成为银币，具有了新的价值。难道上帝就不能把他的圣言加在他所造的东西上，使从前纯粹天然的东西成为圣礼吗？

此处则是第二类印记的例子。当上帝应许基甸必要得胜的时候，就使露水落在羊毛上，别的地方都是干的；接下来又使露水落在别的地方，而羊毛则是干的（士6：37—38）。上帝应许保护希西家的安全，就使日影在日晷上后退十度（王下20：9—11；赛38：7）。因为上帝这样做是为了扶持、坚固它们软弱的信心，所以它们也是圣礼。

4.14.19　9. 然而，我们目前特别要探讨的就是主在教会中所设立的一般性的圣礼，主设立这些圣礼是为了以同样的信仰和告白来滋养他的子民。这些圣礼不仅体现在各种标记中，也体现在各种仪式中。或者说，此处主所提供的标记本身就是仪式。因此，你可以如此界定圣礼：圣礼就是一种仪式，是主为了操练、确认他的子民的信心而

设立的。圣礼本身具有各种施行形式，在不同的时代，主按照他自 4.14.20
己的美意以不同的形式向人显明他自己。上帝吩咐亚伯拉罕和他的
后代受割礼（创17：10）。后来在摩西律法中又增加了各种洁净（利
11—15）和献祭的仪式（利1—10）。这些都是犹太人在基督到来之
前的圣礼。基督到来之后，这些圣礼就废止了，基督教会现在所用
的两大圣礼得以设立。这两大圣礼就是洗礼和圣餐（太28：19，
26：26—28）。

这些古老的圣礼和我们现在的圣礼具有同样的目的，就是引导
人，甚至牵着人的手到基督面前。也可以说，圣礼就如可见的图
像，象征基督，把基督显明出来，好让人认识。我们已经教导说，
圣礼就是上帝封印他的应许的印记。另外，非常清楚的是，人所领
受的任何应许都是唯独在基督里赐下的（林后1：20）。因此，圣经
要教导我们上帝的应许是什么，就必须把基督显明出来。古代的圣
礼和现代的圣礼只有一个不同，前者预表基督，上帝应许要来，但
人们仍在等待他的到来；后者证实基督，上帝已经把基督赐下，基
督已经显明出来。这些事情我们要一一解释，就会更加清楚。对于 4.14.21
犹太人而言，洗礼是一个记号，是要劝他们，一切出于人的种子，
也就是人性的东西，都已经败坏，需要修剪。另外，割礼也是一个
证据和提醒，目的就是确认他们确实在上帝赐给亚伯拉罕的应许之
中。上帝应许亚伯拉罕要在他的子孙中兴起一位后裔，使地上的万
民都要因他而蒙福（创22：18），他们也要等待从这位后裔得福。正
如使徒保罗所教导我们的那样，这位拯救世人的后裔就是基督（加
3：16）。世人当唯独信靠他，就必得回他们在亚当里所丧失的一
切。因此，根据保罗的教训，对于他们而言，割礼也是因信称义的
标记，正如割礼对于亚伯拉罕一样（罗4：11）。也就是说，割礼就
是一个印记，使他们更加确信，他们用以等待那位后裔的信心，就
被上帝算为他们的义。

洗礼和各种洁净礼向他们揭示了他们自身的不洁、污秽和污染，他们在自己的本性上就已经受到了这些东西的玷污；而这些仪式所应许的就是另一种洗除他们的一切污秽的洁净（来9：10、14）。这一洁净就是基督。经过他的宝血的冲洗（约一1：7；启1：5），我们就从他的鞭伤得了医治（赛53：5；彼前2：24）。献祭使得他们知道自己的不义，同时，也教导他们必须向上帝的公义做出某种补赎。如此他们就得蒙教导，知道当有一位大祭司，一位上帝与人之间的中保，通过流血，通过献祭，从而满足上帝的公义，使他们得享赦罪。这位大祭司就是基督（来4：14，5：5，9：11）。他流出他的宝血，亲自成为祭品，顺服至死，向父献上他自己（腓2：8）。通过他的顺服，他就消除了人那招惹上帝震怒的不顺服（罗5：19）。

4.14.22　　10. 至于我们的圣礼，它们向我们更加清楚地显明了基督，因为自从圣父按照他所应许的方式，把基督向人显明以来，我们现在所享有的对基督的认识更加清晰。洗礼向我们证实我们已经得蒙洁净，圣餐则向我们证实我们已经得蒙救赎。水所代表的是洗净，血所代表的则是补赎。这两者都在基督里找到，正如约翰所说：基督"藉着水和血而来"（约一5：6）。这就是说，基督是来洗净并救赎。上帝的灵也见证此事。确实，"作见证的原来有三，就是圣灵、水与血"（约5：8）。水和血所见证的就是洗净和救赎。圣灵则是首要的见证者，他使我们确信这样的见证。这一崇高的奥秘在基督的十字架上令人敬仰地显明出来，那时水和血从他的肋旁流出（约19：34）。因此，奥古斯丁称基督的十字架为我们圣礼的源泉。我们将在后面更加详细地探讨这些真理。

二　洗　礼

4.15.1　　11. 洗礼是上帝赐给我们的。首先，是为了造就我们在他面前的信心；其次，就是为了帮助我们在人面前的认信。我们将依次考察上帝设立洗礼在这两大方面的原因。洗礼在三大方面造就我们的信心，我们分别论述。

12. 主在洗礼中首先向我们表明的是：洗礼当是我们洁净的标志和证据。或者，我们也许说得更清楚一些，洗礼如同差派一个使者让我们确认：我们一切的罪都要如此被废除、赦免、抹掉，它们不再摆到上帝的面前，不再被他记念，也不再向我们追诉。因为主要一切相信的人受洗，叫他们的罪得赦（太28：19；徒2：38）。

13. 因此，有些人竟然写道，洗礼不过是我们在人面前承认我们的宗教的证据和记号，正如军人佩戴徽章表明他们军人的职分一样。这些人实在是不明白洗礼的要点是什么。我们是带着上帝的应许受洗的，"信而受洗的，必然得救"（可16：16）。我们当在这种意义上理解保罗所写的：基督就是教会的新郎，他"用水藉着道把教会洗净，成为圣洁"（弗5：26）。在另外一段经文中，保罗说"他便救了我们……是照着他的怜悯，藉着重生的洗和圣灵的更新"（多3：5）。彼得则说"洗礼……拯救你们"（彼前3：21）。保罗的意思并不是说我们的洁净和救赎是由水来完成的，也不是说水本身就是洁净、重生、更新我们的工具；他更不是说谁是使我们得救的原因，他所说的只是在这个圣礼中，我们所领受的就是关乎这样的恩赐的知识和确信。保罗的话语本身就已经解释得很清楚，因为他把生命之道和洗礼联系在一起，仿佛在说："福音把我们得洁净和成圣的信息带给我们，而洗礼就是这种信息的印记。"彼得立即补充说：这洗礼本不是要除掉肉体的污秽，只求在上帝面前有无愧的良心（彼前3：21），而这无愧的良心则是由信心而来的。

4.15.2

14. 但是，我们不要认为洗礼对我们的效用只是局限于过去，

4.15.3

对于洗礼之后我们新犯的罪，就必须寻求新的补救办法。在教会早期的时候，有人因为这种谬论而拒绝接受洗礼加入教会，只有到了生命极其危险，或奄奄一息的时候才接受洗礼，认为这样做，他们整个一生都得蒙赦罪。但是，我们必须认识到，不论我们在什么时候受洗，我们整个的一生都是一次性地完全洗净。因此，每当我们偏离的时候，我们就当记念我们的受洗，从而坚固我们的心灵，始终确信我们已经罪得赦免。因为洗礼尽管只有一次，仿佛已经过去了，但洗礼之后人所犯的罪仍然不能摧毁洗礼。因为在洗礼中上帝向我们提供的是基督的洁净，并且他的洁净一直兴旺。任何瑕疵都不会玷污基督的洁净。相反，基督的洁净除掉我们所受的一切玷污。当然，我们不能滥用这一事实，受洗之后就放荡犯罪，因为洗礼绝没有教导我们任意妄为。准确地说，这教义只是赐给那些在自己的罪恶之下呻吟、厌倦的罪人，目的就在于使他们抬起头来，得到安慰，不至于陷入混乱和绝望之中。所以，保罗说"上帝设立耶稣作挽回祭"（罗3：25）。保罗这样说并没有否定我们在基督里持续不断地罪得赦免，直到死亡为止，但保罗在此处所强调的是圣父上帝之所以赐下基督，乃是唯独为那些被良心的谴责压伤、苦苦地寻求医生的可怜的罪人。上帝的怜悯是唯独赐给他们的。那些倚仗自己不会受到惩罚，就伺机犯罪的人，最终招惹的不过是上帝的愤怒和审判而已。

4.15.5　15. 洗礼也给我们带来另外一种安慰，因为洗礼向我们显明我们在基督里治死老我，在基督里活出新生命。确实，正如使徒保罗所说的那样，"我们受洗归入耶稣基督的死，""我们藉着洗礼归入死，和他一同埋葬，原是叫我们一举一动有新生的样式"（罗6：3—4）。通过这些话，保罗不仅劝勉我们跟随基督，如此洗礼就是借着基督的受死为榜样，劝勉我们治死自己的私欲，并且以基督的复活为榜样，激励我们为义而活。同时，保罗还抓住了更高深的东西，就是通过洗礼，基督使我们与他的受死有分，使我们从中与他联合（罗6：5）。正如枝条从其所接上的树根获取营养一样，那些通过真信心领受洗礼的人，在治死自己的私欲方面，也感受到基督的受死的功效；在圣灵更新的工作上，他们也感受到基督的复活的功效（罗6：8）。由此保罗劝勉说：如果我们是基督徒，就当向罪而死，向义而活（罗6：1）。他在另外一个地方也是这样劝说：既然我们通过洗礼在基督里被埋葬，就受了割礼，脱去旧人（西2：11—12）。正是在这种意义上，保罗称洗礼为重生的洗和圣灵的更新（多3：5）。约翰首先为人施洗，以后众使徒也为人施洗，这洗礼就是"悔改以至于使罪得赦免的洗礼"（太3：6、11；路3：16；约3：23，4：1；徒2：38、41）。此处的"悔改"是指重生，而"罪得赦免"则是指洁净。由此我们完全确信施洗约翰的侍奉和此后交托给众使徒的侍奉完全一样。因为施行洗礼的人手不同，但这并没有使洗礼有什么不同，同样的教义显明这是同样的洗礼。施洗约翰和众使徒所赞同的是同样的教义：两者都为悔改和赦罪的缘故而为人施洗，两者都奉基督的名，因为悔改和赦罪都是从基督来的。约翰说基督是上帝的羔羊，通过他，世人的罪得以赦免（约1：29）。基督既是挽回者，也是救赎主，他献上了父上帝所悦纳的祭。对于这样的告白，使徒们还能增加什么呢？约翰说，他是用水为人施洗，而基督来则是用圣灵和火为人施洗，这到底是什么含义呢（太3：11；路3：16）？我们可以用简短的几句话加以解释。约翰并不是要把这两种洗礼分别开来，而是把他自己和基督相比，他是用水为人施洗，而基督则是圣灵的赐予者。基督的这种权柄就在五旬节那天可见的神迹中显明出来，他差派圣灵降临在使徒们的身上，那时有舌头如火焰显明出来，分开落在他们个人的头上（徒2：3）。使徒们对此能够夸口吗？那些今天为人施洗的人有什么可夸口的地方

4.15.6

4.15.7

4.15.8

吗？没有。因为他们不过是施行外在的标记，而基督则是内在的恩典的赐予者。

4.15.9　我们以上谈及的治死老我和洁净在以色列人身上都有预表，使徒保罗说他们"都在云里、海里受洗"（林前10：2）。主把他的子民从法老的暴政下拯救出来，在红海中为他们开道路，那些在他们背后紧紧追赶的法老和他的军兵都淹死在海中，这就象征了信徒的治死老我（出14：21，26—28）。因为以同样的方式，基督在洗礼中应许我们，并用印记向我们表明，借着他的大能，我们已经摆脱了埃及的捆绑，也就是罪的捆绑。那辖制我们的法老就是魔鬼，它已经被淹没，尽管它仍然继续骚扰我们。那些埃及人并没有埋葬在大海之中，他们的死尸都横躺在海边，尽管他们这种可怕的样子仍然让以色列人感到害怕，但不再能够伤害他们（出14：30—31）。同样，我们的仇敌魔鬼虽然仍在发出威吓，挥刀舞剑，但是，并不能胜过我们。在云柱里面有洁净的记号（民9：15；出13：21）。因为上帝用云彩覆庇他们，为他们遮凉，使他们不至于在炎日的暴晒下疲倦、衰残。同样地，基督的宝血也在洗礼中遮盖我们，保护我们，免得上帝的震怒临到我们，上帝的震怒确实是人所无法承受的火焰。

16. 很显然，某些人所传讲的以下教训是非常错谬的：通过洗礼，我们脱离了原罪，脱离了从亚当那里传递到他一切后裔身上的败坏；同时，我们也被恢复了亚当若持守当初受造时本有的正直便将获得的公义和纯洁。那些主张此类教训的教师们根本不明白原罪是什么，也不明白原义是什么，更不明白洗礼这一蒙恩之道的精义。原罪就是我们本性的败坏，首先使我们当受上帝的震怒，其次就是使我们陷入圣经中所说的"情欲的事"（加5：19）。这正是圣经

2.1.8　中所说的"罪"，而"罪"所结的果子就是奸淫、污秽、偷窃、仇恨、纷争、谋杀、荒宴（加5：19—21），尽管在圣经中常常把它们

统称为"罪"。

17. 因此，我们必须谨记这两大点。首先，既然我们本性的各个部分都是败坏的，仅仅因为这种败坏，我们在上帝面前被定罪就是理所当然的，因为上帝唯独悦纳的就是公义、单纯和纯洁。即使婴孩也是从他们所出的母腹中就已经被定罪（诗51：5），尽管他们自己还没有从自己的罪孽中结出果子来，但仍然在心中有罪的种子。实际上，他们整个的人性就是罪种，因此不可能不处于上帝的憎恶之下。通过洗礼，上帝使信徒确信这种定罪已经除去，因为上帝用这个标记来应许我们：我们的罪已经得到完全彻底的赦免，既包括归算在我们身上的罪债，也包括我们因罪债而当受的惩罚。他们也获得了公义。但是，作为上帝的子民，他们今生所获得的公义只能是通过归算而来，因为仁慈的主把他们视为公义的、纯真的。

4.15.10

其次，这种罪所导致的倒错绝不会在我们身上停止，而是继续产生新的果子（罗7），正如燃烧的火炉不断喷发出火焰和火花来一样，也正如泉源不断地涌出泉水一样。因此，那些把原罪界定为"原义的缺乏"的人并没有充分有效地表达出其权势和影响来。因为我们的本性不仅缺乏良善，而且孕育出各样的邪恶来，因为这种本性不会无所事事的。有人说原罪就是"贪欲"，这当然是正确的。但是，他们应当再补充说——这也是他们一定承认的，人心里所有的一切，从理性到意志，从灵魂到肉体，都受到了这种贪欲的玷污，都被这种贪欲充满。简言之，整个人本身无非就是贪欲而已。因为这种贪欲在人心中实际上从来都不会死去，也不会灭绝，直到人身体死亡，完全脱离自身为止。洗礼确实向我们应许淹死法老（出14：28），治死我们的罪，但这并不是说罪就不再存在，不再搅扰我们，而是说罪不会再胜过我们。因为只要我们还生活在我们这身体的监狱中，罪的痕迹就会仍然滞留在我们的身上。但是，如果我们忠心地持守上帝

4.15.11

2.1.8

4.15.11

借着洗礼赐给我们的应许,罪就不会继续辖制、主宰我们。

18. 但是,任何人都不要自欺,不要听到罪一直滞留在我们心中,就在自己的罪中欺哄自己。我们并没有说罪人继续在自己的罪中沉睡不醒,麻木不仁,而是说那些被罪身困扰、刺伤的人不要灰心丧气。他们当晓得自己仍然在前进的道路上。当他们感到每天都被自己的贪欲引诱,有一点点偏离正路的时候,他们应当相信他们仍然在正路上,正在一步步前进,直到他们最终到达目的地,就是他们肉身的死亡,当他们这已朽坏肉体的生命终结的时候,我们的进步就最终完成了。因此,我们必须相信:我们受洗是要治死自己肉体的罪,这一过程始于受洗之时,然后我们天天追求,直到最终我们脱离今生、前去见主的时候就达于完成。

4.15.6   19. 最后,我们的信心从洗礼中得到安慰,因为洗礼向我们确证我们不仅与基督的受死和复活相连,而且也与基督本身联合,使我们与基督的一切福分有分。因为基督用自己的身体将洗礼分别为圣(太3:13),目的就在于使他与我们一同参与洗礼,使洗礼成为他想与我们达成的联合与交通的最坚固的联结。所以,保罗在证明我们是上帝的儿女的时候就举出这样的事实:我们已经借着洗礼披戴基督(加3:26—27)。

4.15.13 20. 另外,洗礼还在人面前见证我们的信仰。确实,洗礼本身就是我们公开承认我们希望被算为上帝的子民的标记。通过洗礼,我们见证我们一致敬拜同一位上帝,与所有基督徒一起相信同一真道。最后,通过洗礼,我们公开确认我们的信心。这样,我们不仅用心灵来赞美上帝,也用我们的舌头和我们身体的各个部分以各种方式竭尽所能地赞美上帝。这样,我们的官能就都各就各位,一起来荣耀上帝,这本是我们当做的。另外,通过我们以身作则,也可以激发其他人这样做。保罗曾经问哥林多教会的人是否已经奉基督的名受洗,他那时所想的就是如此(林前1:13)。他如此暗示说,既然他们已经奉基督的名受洗,就已经把自己献给了他,就已经向他的名宣誓效忠,并且在众人面前向他宣誓效忠。其结果是,他们只能承认基督是主,除非他们放弃自己在受洗时做出的告白。

21. 现在我们已经解释了我们的主设立圣餐的目的,接下来我们就容易判断当如何运用和领受圣餐了。既然主设立圣餐是为了安慰、坚固我们的信心,我们就当是从上帝手中领受。我们当认定上帝确实通过这一标记向我们说话,最终洁净、洗除罪的记忆的乃是上帝,是他使我们与他的爱子的受死有分,是他削弱了撒旦和我们自身的贪欲的权势,是他使我们确实披戴他的儿子。我要强调的是,这些事情都是上帝为我们的灵魂在我们心中做成的,是真真切切的,正如我们看到我们身体的外部被水洁净、浸透、环绕一样。因为对于圣礼而言,最确定的准则就是类比或比喻:我们应当通过物质的东西来认识、思想属灵的事物。因为主的美意就是要通过这些物质来表明属灵的事,这并不是因为此类的恩典就封印在圣礼之中,也不是因为圣礼本身就是向我们传递这类恩典的工具或器皿,而是唯独因为主要通过这样的记号来证实他对我们的旨意,也就是他愿意把这一切丰盛地赏赐给我们。 4.15.14

让我们以百夫长哥尼流为例来证明这一点。哥尼流已经领受了罪得赦免,也领受了圣灵赐给的可见的标记,但他却仍然受洗(徒10:48)。他不是从洗礼中寻求更丰富的赦罪,而是寻求更加明确地把信心行出来。也许有人反对说:既然如此,为什么亚拿尼亚还告诉保罗要通过洗礼来涤除他的罪呢?我的回答是:上帝吩咐我们领受、得着、获取我们相信上帝已经赐给我们的东西,不管我们是受 4.15.15

洗的时候初次认识到，还是在洗礼的时候更加确信先前已经认识到的。亚拿尼亚的意思就是如此："放心，保罗，你的罪已经得蒙赦免，受洗吧！因为主应许在洗礼中赦罪；领受洗礼之后，你就有安全感。"但是，通过洗礼，我们所获得的不过是我们通过信心获得的。如果我们缺乏信心，这洗礼就会成为我们在上帝面前被控告的证据，因为我们不相信上帝通过洗礼所赐给我们的应许。但是，既然洗礼是我们认信的标记，我就当通过洗礼来证实我们的信心是在于上帝的怜悯，我们的纯洁是在于罪得赦免，这一切都是通过耶稣基督而达成的；我们进入上帝的教会，目的就是为了和众信徒在真道和爱心上同归于一，和谐地生活在一起。保罗在以下经文中所说的就是这样的意思，"我们都从一位圣灵受洗，成了一个身体"（林前12：13）。

4.15.16　　22. 现在，让我们假定我们所断定的是正确的，也就是说，我们在领受圣礼的时候不要认为这是从施行之人的手中领受的，而是把这当作是从上帝的手中领受的，毫无疑问，圣礼是上帝设立的。由此我们可以推断，不管是什么人施行圣礼，都不会增加或减低圣礼本身的果效。举例来说，在人与人之间，如果要发一封信，只要能充分地辨认出字迹和封印，不管是谁，是什么样的人把信送来的，都算不了什么。同样地，只要我们能在圣礼中看出我们主的手和封印，对于我们来说这就足够了，到底是谁施行并不重要。这一辩论充分地保持了多纳徒的谬论，他们根据施行者的素质来衡量圣礼的果效和价值。现在那些重洗派也是这样主张，他们认为我们所受的洗礼有问题，因为给我们施洗的是那些不敬虔、拜偶像的教皇派的人。因此，他们迫切地坚持一定要重新受洗。

如果我们认为我们受洗不是归到任何人的名下，而是归于圣父、圣子、圣灵的名下；如果我们认为洗礼虽然是借着人手施行的，但最终是出于上帝，而不是出于人，我们就当准备好用强有力的理由来驳斥他们的愚妄。不管当初给我们施洗的人对于上帝多么愚昧、傲慢，他们并没有为我们施洗，使我们加入他们的愚昧和亵渎，而是使我们受洗信靠耶稣基督，因为他们施洗的时候并不是奉他们自己的名字，而是奉上帝的圣名，他们并没有使我们受洗归入其他任何人的名下。既然这是上帝所命定的洗礼，当然具有罪得赦免、治死肉身、灵命苏醒和与基督有分这样的应许。

我们的论敌问我们，在受洗之后若干年内临到我们的是什么样 4.15.17
的信心。他们并不能以此来证明我们的受洗是无效的，因为只有当我们以信心接受应许之言时，这洗礼才向我们分别为圣。对于这样的问题，我们的回答就是：确实，我们在很长时间内都是瞎眼的、不信的，并没有抓住在洗礼时所赐给我们的应许。但是，既然这应许是出于上帝，就仍然是坚定可靠的。即使所有的人都是说谎的，都是不可靠的，上帝仍然是可信的（罗3：3）。即使所有人都失丧，基督仍然是救主。因此，我们承认，没有上帝的应许，洗礼什么也不是。就洗礼向我们所提供的应许而言，那时洗礼对我们确实没有任何益处，被我们忽略了。现在，靠着上帝的恩典，我们开始悔改，我们责备自己内心的瞎眼和刚硬，长期以来，一直对上帝莫大的慈爱没有感恩之心。但是，我们相信，上帝的应许本身并没有落空。更进一步，我们认为上帝通过洗礼向我们应许罪得赦免，毫无疑问，他必定为所有信徒成全他的应许。这种应许是在洗礼中供给我们的，因此，让我们以信心来接受这种应许。实际上，因着我们的不信，这一应许长期被埋葬，远离我们。现在，让我们用信心来领受这种应许。

但是，他们断定保罗为那些曾经受过约翰的洗的人重新施洗（徒 4.15.18
19：2—7），就以为向我们射出了可怕的火箭。假定我们承认约翰的洗礼和我们现在的洗礼是完全一样的，那么，既然那些从前受过错误教导的人，在领受了正统信仰的教导之后，就重新受洗，我们就可以由此而得出结论说：不要把没有领受正确教导时所领受的洗礼看作什么，我们现在既然第一次品尝到了正确的教训，就当重新受洗归入正教。

我承认他们从前所领受的约翰的洗礼是真正的洗礼，和基督的洗礼是完全一样的，但我不认为他们当时重新受洗了。"他们奉主耶稣的名受洗"（徒19：5），这些经文到底是什么含义呢？有些人解释说，这节经文的含义只是说保罗把正确的教义教导给他们。但我喜欢更简洁的解释，就是此处所说的是圣灵的洗，也就是通过按手圣灵所赐给的可见的恩赐。用"洗礼"来表示这些恩赐并不新奇。

接下来的经文与我们的解释并不冲突："保罗按手在他们头上，圣灵便降在他们身上。"（徒19：6）因为路加在此处并不是讲述两件截然不同的事情，他是按照希伯来人所熟悉的叙事方式来写作，而希伯来人在写作的时候总是先把事情综述一遍，然后再更加详尽地解释。任何人都可以在这段经文的上下文中见到这一点。因为路加说"他们听见这话，就奉主耶稣的名受洗。保罗按手在他们头上，圣灵便降在他们身上。"（徒19：5—6）后面的表达不过是描述他们当时所受的洗礼的性质。

23. 由此看来，圣礼有两大用处：首先是教导我们上帝的应许是什么，其次就是叫我们在人中间公开承认我们的信仰。这样看来，毫无疑问，基督徒的婴孩也当受洗，尽管无数的证据表明婴孩没有领受教导的能力，也不会在内心生发信心，然后用外在的洗礼作为见证。我们将简短地讲解婴孩受洗的理由。

在那些上帝在婴孩时期就从这容易朽坏的人生中召走的人当中，他使其中的一些人直接成为天国的后嗣。既然永远的福乐在于认识上帝，为什么上帝不能在此时此地，就把那种美善的滋味和初熟的果子,赐给那些将来有一天会完全享受这种美善的人呢？那些将来有一天要面对面地见到他的人,为什么就不能在镜子中模模糊糊地见到他呢(林前13：12)？如果我们不能完全明白,就让我们沉思上帝的作为何等奇妙,上帝的计划何其难测吧!

另外,如果我们承认(这是必须承认的),上帝甚至也从这个时代拣选了蒙怜悯的器皿(罗5：1),我们就不能否认信心是通向救恩的唯一道路(来2：4)。因为既然我们是在基督里活着,并且是通过信心活着,那么当我们偏离信心的时候,我们就不能做什么,只能死在亚当里(罗1：17)。这种见证是非常清楚的,"信而受洗的,必然得救；不信的,必被定罪"(可16：16)。有些人根据这段经文争辩说：这段经文只对那些到达一定年龄,能够聆听福音传讲的人适用,因为在这段经文本身就是差遣众使徒们去传福音,然后说："信的……必然得救。"他们说,这是指那些将要听到福音传讲的人；但是,人只是对成年人讲道。但我认为恰恰相反,这段经文是一个一般性的陈述,是在圣经中不断重复出现的,不能这样随便避开。"认识你独一的真上帝,并且认识你所差来的耶稣基督,这就是永生"(约17：3),在这段经文中并没有区分年龄。其他类似的经文还有,"信子的人有永生；不信子的人得不着永生,上帝的震怒常在他身上"(约3：36);"你们若不吃人子的肉,喝人子的血,就没有生命在你们里面"(约6：53)。所以,不管是成人,还是孩子,若非借着信心,任何人都不会得救,这种主张是站得住脚的。因此,给婴孩施洗也是正确的,他们也和成年人一样有信心。任何人都不要认为我的意思是说信心总是从母腹中开始,因为上帝也呼召成年人,有时早一些,有时晚一些。总之,我要表达的就是：所有上帝的选民都会通过信心进入永生,不管他们是在什么年纪脱离这一败坏的牢笼。

但是,即使这个理由不成立,我们仍然有充分的证据表明为婴孩施洗是顺服主的旨意：他希望所有的小孩子都到他那里来（太19：14）。主耶稣不仅禁止人拦阻小孩子到他身边来，还吩咐门徒当帮助他们。主耶稣说："在天国的，正是这样的人。"我们为婴孩施洗，就是把罪得赦免的标记传递给他们，没有罪得赦免，天国就是封闭的，任何人都不能进去。我们这样为婴孩施洗，就是顺服耶稣基督的教训，表明其真实性。另外，对我们而言，上帝吩咐当为婴孩行割礼的律例仍然是一条诫命（创17：10—14），因为我们的洗礼所取代的就是割礼。在割礼中，上帝向犹太人应许说：他要做他们和他们的后裔的上帝，他们和他们的后裔要做他的子民（利26：12）。今天，基督徒在洗礼中所得到的是同样的应许，这应许不仅是赐给成年人的，也是赐给婴孩的。所以，保罗也称基督徒的孩子为"圣徒"（林前7：14），正如在旧约时代，与那些不洁净的亵渎上帝的外邦人相比，犹太人的婴孩也被称为"圣徒"一样。

三 圣 餐

4.17.1　24. 上帝为基督徒教会所设立的另外一个圣礼就是，借着基督的身体被分别为圣的饼，和借着基督的宝血被分别为圣的酒。我们称之为主的晚餐或圣餐，因为在其中，我们的灵命就得到上帝的慈爱的喂养，并且为他的良善向他献上感恩。这一圣礼所附加的应许清楚地阐明了上帝设立这一圣礼的目的，就是向我们确证：主耶稣基督的身体已经一次性地交付我们，现在是属于我们的，将来也是永远属于我们的；他的宝血已经一次性地为我们流出，也永远是属于我们的。在另一方面，这样说就驳斥了那些人的错谬，他们竟敢否定圣礼是信心的操练，是上帝赐给我们保护、激发、增加我们的信心的。因为主耶稣说"这杯是用我血所立的约"（路22：20；林前11：25）。这是上帝的应许的证据和见证。但是，何处有上帝的应许，何处也有上帝所设立的支持、安慰、坚固信心的蒙恩之道。

确实,我们的灵魂能从这一圣礼中获得极大的甜蜜和安慰:因 4.17.2
为我们认识到基督已经与我们联合,正如我们已经与基督联合一
样,因此,他所拥有的一切,我们都可以称之为我们的,而我们所
拥有的一切也都算是他的。结果就使我们可以确信永生确实是属于
我们的;我们不再与天国隔绝,正如我们不再与基督隔绝一样;相
反,我们不再为我们的罪而被定罪,正如基督不再被定罪一样,因
为我们的罪不再是我们的,而是成为基督的。这并不是说我们可以
把任何罪债归算在他的身上,而是说他亲自为我们承担了我们的债
务,并且亲自赔付了我们的债务。这就是基督出于他无法测度的恩
慈与我们所做的交换:他所接受的是我们的贫穷,却把他的财富传
递给我们;他所接受的是我们的软弱,却用他的大能来坚固我们;
他所领受的是我们必死的身体,却把他那不朽的生命赐给我们;他
降卑在地上,却把我们升上高天;他与我们一起成为人子,却使我
们与他一同成为上帝的儿女。

25. 这一切都在圣餐这一圣礼中有如此完美的应许,我们一定 4.17.3
要认定基督确实向我们显现,正如基督亲自出现在我们的眼前,我
们伸手可触一样。因为这些话是不会欺骗我们,向我们撒谎的,"你
们拿着吃,这是我的身体,是为你们舍的;你们都喝这个,这是我
立约的血,为使你们罪得赦免而流。"(太26:26—28;林前11:
24;参见可14:22—24;路22:19—20)基督这样吩咐我们吃喝,
就是向我们指明这一切都是属于我们的。他说:"这是我的身体,为
你而舍","这是我的宝血,为你而流",这就教导我们,这身体和宝
血既是他的,也是我们的,他舍身流血,不是为了他自己得益,而
是为了我们的缘故,是为了使我们得益处。

我们必须留意,圣礼的整个效力完全在于以下的话:"为你们
舍的","为你们流的"。假如当初基督的身体和宝血不是为我们的救

赎而献上，我们今天分享主的身体和宝血就没有多大益处。因此，圣餐中的饼和酒代表基督的身体和宝血，好使我们知道它们不仅是属于我们的，而且也是我们的生命和食粮。

如前所述，从圣餐中所用的物质的东西，我们当根据类比的方式明白属灵的事。这样，当我们看到代表基督的身体的标记摆放在面前的时候，我们就当立即抓住这个比较：正如饼滋养、维系我们肉体的生命那样，基督的身体也是我们属灵生命的事物和保障。当我们见到代表基督的宝血的酒摆放在面前的时候，我们就当想到：正如酒给身体带来益处一样，基督的宝血也给我们的灵命带来益处。这些益处就是坚固、更新我们的灵命，使我们高兴欢喜。因为如果我们充分地思考我们从基督舍身和流血所领受的益处，我们就会清楚地认识到，根据类比的方法，上帝用饼和酒完美地表达了这些事。

4.17.4　26. 但是，这并不是说圣餐的主要功用仅仅是向我们显明基督的身体。准确地说，圣餐的主要功用是印证基督的应许，他通过圣餐向我们见证他的肉确实是可吃的，他的血确实是可喝的（约6：56），并且喂养我们直到永生（约6：55）。基督通过圣餐向我们宣告，他就是生命的粮，凡吃他的就活到永远（约6：48、50）。这样行，圣餐就把我们送到基督的十字架前，正是在十字架上，基督履行了他的承诺，在各个方面成全了他的应许。耶稣称他自己为"生命的粮"，他这样做并不是从圣礼借过来的，正如某些人所错解的那样。准确地说，圣父把他作为生命的粮赐给我们。当基督取了我们人所具有的容易朽坏的身体的时候，他也向我们显明为生命的粮，便我们与他那神圣的不朽性有分。他把自己当作祭物献上，亲自承担了我们当受的咒诅，目的就在于把他的祝福赐给我们。透过他的受死，基督吞灭了死亡（参见彼前3：22；林前15：54）。在他

的复活中，基督把他所取的我们这容易朽坏的肉身提升到荣耀和不 4.17.5
朽之中（参见林前15：53—54）。因此，圣餐本身并没有使基督成为
生命的粮。但是，既然圣餐提醒我们上帝使基督成为我们不断吃用
的生命之粮，就确实使我们品尝到这生命之粮的滋味。简言之，圣
餐向我们确证，基督之所以如此行，他之所以受苦，目的都在于使
我们苏醒过来，并且这种苏醒是永恒性的，我们一生一世都是通过
它而不断地得到滋养、维系和保守。假如基督没有为我们出生，没
有为我们而死，没有为我们复活，他就不是我们生命的粮。同样，
假如基督的出生、受死和复活的果效不是永恒、不朽的，他现在也
不是我们生命的粮。

27. 假如人们这样合理地考察圣餐这一圣礼的效力，就足以使 4.17.33
我们满意了。那些围绕圣餐而引发的争议由来已久，我们记忆犹
新。这些争议给教会带来极大的困扰。这些争议的出现都是因为人
出于好奇心，试图界定到底基督的身体是如何出现在饼中的。某些
人为了证明自己更聪明，就把圣经中简洁的教训复杂化，强调在圣
餐中有基督"真正的"、"本质上的"同在。另外一些人走得更远，
他们甚至主张基督在圣餐中的临在就如他被钉在十字架上的身体一
样。也有些人则杜撰出一种玄而又玄的化质说。还有些人说那饼本
身就是基督的身体。也有人主张，基督的身体就是饼之下。还有人
认为饼所显明的不过是基督身体的记号。既然在词语和思想上产生
了这么多的争议，这显然是一个重要的事项。这个问题的重要性也
确实得到了普遍的承认。但是，那些感到这个问题重要性的人，并
没有首先把注意力集中在考察基督的身体既然已经赐给我们，到底
是如何成为我们的；基督的宝血既然已经为我们而流，到底是如何
成为我们的。也就是说，我们如何得着整全的被钉十字架的基督，
如何与他所赢得的一切好处有分。对于这些高度重要的问题置之不

顾，事实上也就是忽略、埋没了它们，我们的论敌只是对以下的棘手问题争论不休：我们如何吃喝基督的身体？

28. 在这种众说纷纭的情况下，我们如何才能确保持守上帝的真道呢？首先，让我们思考圣餐这一圣礼到底是什么种类的属灵之事：上帝通过圣餐不是要喂养我们的肚腹，而是我们的灵魂。让我们在圣餐中寻求基督，不是为了我们的身体，也不能根据我们肉体的感官来理解，而是按照我们的灵魂所承认的方式。简言之，在灵命方面，我们有充分的对基督的得着。因为如此一来，我们就会得着基督为我们的生命，而要从圣餐中领受任何果子就是领受基督。任何人若是能够深刻地理解这一想法，反复默想，就能理解基督的身体在圣餐中如何真正有效地赐给我们。他就丝毫不会担心这身体到底是什么性质的身体。因为大家对这些事情不很熟悉，大多数人的论述也没有切中肯綮，我们确实有必要进一步详加解释。

4.17.29　我们所必须坚持的综述如下。当基督由童贞女诞生时，他确实取了我们的肉身，并且确实在我们的肉身中受苦。他为我们做出补赎，在复活时他所得到的是同样的身体，在升天时他所具有的也是同样的身体。我们之所以有复活和升天的盼望，就是因为基督已经复活、升天。但是，假如基督所取的我们这样的肉身并没有进入天国，我们的这种盼望将是何等地脆弱啊！肉体不变的属性就是它只能在一个地方，具有一定的大小和形状。

我知道有些冥顽不化的人絮絮叨叨地为一种仓促形成的谬论辩护，他们认为基督的身体的量度扩展到天地一样高大。他从母腹中作为婴孩出生，然后逐渐长大，后来被挂在十字架上，埋葬在坟墓之中，这一切都在特定的时期发生了，为的是完成人所具有的出生死亡和其他职分。在他复活之后，人们见到的是他以前习惯上具有的身体（徒1：3；参见林前15：5），然后他被接升天（徒1：9；路24：

51；可16：19），在升天之后又先后被司提反和保罗看见（徒7：
55，9：3），这些事的发生处于同一时期，目的就是让人看见他已经
成为天上的君王。这岂不是马吉安从地狱中复活吗？假如基督的身
体是以这种状态出现，有谁怀疑基督的身体不是幻影呢？

    他们声称基督自己这样说过："除了从天降下仍旧在天的人   4.17.30
子，没有人升过天。"（约3：13）难道他们就这样不知不觉，不晓得
此处的说法是借用"属性相通"这一方法吗？毫无疑问，当保罗说
荣耀的主被钉死在十字架上的时候（林前2：8），并不是因为他在
神性中受苦，而是因为在人性中受苦、被撇弃、遭藐视的基督是真
正的上帝和荣耀的主。如此，他在天上也是人子（约3：13），因为
根据他的人性，作为人子住在地上的同一位基督也是在天上的上
帝。同样，圣经上说他根据他的神性降临到世上，并不是因为他的
神性离开天上，隐藏在身体的牢笼中，而是因为尽管基督的神性充
满万有，但这神性仍然在基督的人性中住在身体之中（西2：9），
这就是说，按属性而言，是以一种我们无法言说的方式存在于身体
之中。

    29. 有些人使用更狡猾的遁词，他们主张：在圣餐中所显明的   4.17.17
基督的身体是荣耀的、不朽的身体。因此，毫不奇怪，在圣餐之
下，这一身体可以在几个地方，也可以不在任何地方，或者不具有
任何形式。

    但是，我要问的是：在基督受苦之前那一天，他所给予门徒的身
体到底是什么样的身体呢？难道圣经不是见证基督给予他们的就是他
马上就要舍弃的容易朽坏的身体吗？这些人又说，基督从前在登山变
形象的时候曾经把他的荣耀展现给三个门徒看（太17：2）。确实是
这样，而当时基督展现给门徒的荣耀不过是他的不朽性的预尝。但
当他在最后的晚餐中把他的身体分给门徒的时候，他要被上帝击

打、降卑的时候已经临近了（赛53：4），他要像麻风病人一样受羞辱（赛53：2），然而那时他仍然没有向门徒显明他的荣耀。假如基督的身体在这个阶段看来是易朽的、卑贱的，在另外的时候则是不朽的、荣耀的，这会为马吉安提供多大的空间啊！

4.17.29　但我不想理会这样的谬论。对于基督荣耀的身体，我只想让他们回答我一个问题：无论如何，这不是一个身体吗？他们说，这当然还是一个身体，但这身体却不局限在一个地方，也不局限在几个地方，而是没有形象，没有量度的。但这不过是拐弯抹角地说基督的身体是个"灵"。我们或者是明确地否定身体的复活，或者承认当基督的身体复活的时候仍然是身体，与灵不同，局限在一个地方，能被人见到，能被人触及。确实，门徒关着门的时候，基督就进入他们所在的房间（约20：19），但这丝毫也不支持他们的说法。基督当然进来了，并且是用一种奇妙的方式进来的。因为他并没有破门而入，也没有等到他们用手开门才进来，而是通过他自己的大能消除了各种障碍。另外，他进入房间之后，还向门徒显明了他的身体的真实性："看看！魂无骨无肉，你们看，我是有的。"（路24：39）看！此处证明基督荣耀的身体确实是真正的身体，因为人可以触摸，可以看到。假如不能触及，不能看到，就不再是真正的身体

4.17.24　了。此处显明他们的恶意，因为他们指控我们在谈及全能的上帝的大能时口出恶言。但是，事实上他们或者犯了愚昧的错误，或者是在卑鄙地撒谎。因为此处所涉及的根本不是上帝的大能的问题，而是他愿意怎样做的问题。因此，我们断定，上帝按照他自己的美意成就了他所喜悦的事。上帝所喜悦的就是基督在凡事上与他的弟兄们一样，只是没有罪（来4：15，参见2：17）。

我们的肉体具有什么性质呢？不就是有固定的量度，在一个固定的地方，能被触及，能被看见吗？他们说，上帝为何不能使这同样的肉体同时处于许多不同的地方，不受地方的限制，没有任何量

度和形式呢？疯狂的人啊，你们为什么要求上帝的大能使肉体既是肉体，同时也不是肉体呢！你们简直就是在要求上帝使光既是光，也同时是黑暗！但是，上帝所愿意的是光就是光，暗就是暗，肉体就是肉体。确实，如果上帝愿意，他能使光变为暗，也能使暗变为光。但是，你们却要求光和暗没有区别，你这不是颠倒上帝按照他的智慧所设立的次序，还能是什么呢？因此，肉体必定是肉体，灵也必定是灵，不管是肉体，还是灵，都按照上帝所创造的样式各就各位。肉体的性质决定它必然处在一个特定的地方，有自己特定的大小和形状。基督也是这样取了肉体，即使他的肉体成为不朽和荣耀的，但仍然没有丧失其本质和真实性。因为圣经中有明确的见证，人们看到他怎样升上高天，他也必要怎样降临（徒1：9、11）。我们那些硬着颈项的论敌反驳说，基督升天和再来是以可见的形式，同时现在又以可见的形式与我们同住。确实，我们的主见证说，他有血有肉，能够摸到、见到（约20：27）。 4.17.26

另外，"离开"和"升天"不是说只在表面上离开、升天，而是正如这两个词语所表达的那样，确实地离开、升天。尽管他的肉身已经离开我们，他的肉身已经升上高天，但他仍然坐在天父的右边，也就是说，他仍然以父上帝的大能、威严和荣耀做王。这一国度既不受任何时空的约束，也不受其他任何限制。如此不受限制，基督就能按照他自己的意愿，在天上和地上，行使他的权柄，他能通过权柄和力量显明他的同在。他始终能够与他的子民同在，住在他们中间，维护他们，坚固他们，更新他们，保守他们，正如他在肉体上与他们同在一样。 4.17.18

30. 基督的身体和宝血就是以这种方式在圣餐中向我们显明的，而不是以前面所说的那种方式。通过这种教导，我们强调，在圣餐这一圣礼中，基督确实有效地显明出来。但是，我们明确地强调，基督的身体本身，也就是说基督真正的、自然的身体，并没有在圣餐中赐给我们。在圣餐中，基督以其身体为我们所提供的一切都赐给了我们。

4.17.32　　圣餐的本质所要求的基督的身体的同在就是：基督的身体大能有效地显明出来，不仅给我们的心灵带来永生的确信，也使我们确信我们的身体也会成为不朽。事实上，我们的身体现在就因着基督那不朽的身体而复活，在某种意义上已经与基督的不朽有分。那些夸大其辞，超出这种界定的人，只不过使这种简单、朴素的真理变得模糊起来。

4.17.22　　31. 基督曾经说过，这是他的身体，这是他的宝血。因此，有的激进人士就此向我们提出争议。我希望他在此与我一同深思，我们所探讨的是一个圣礼，而这一切都是与信心有关的。通过这种领受基督的身体，我们认为，我们同样宝贵、丰富地滋养了我们的信心，正如那些把基督从天上拉下来的人一样。即使非要坚持严格按照词语来解释，词语本身也在很大方面支持我的主张。马太和马可记载说，主称这杯为"立约的血"（太 26：27；可 14：24），路加和保罗记载说："这杯是用我血所立的新约。"（路 22：21）尽管你高喊

4.17.32 这是身体和血，但我强调说这是借着身体和血所立的圣约。保罗要求我们在解释圣经的时候要合乎信仰类比（罗 12：3、6）。无疑，此处很显然支持我的主张。你当谨慎，到底你在信仰上所符合的标准是什么。那些不承认耶稣道成肉身的人就不是从上帝来的（约一 4：3）。尽管你遮掩此事，但仍然剥夺了基督真正的肉身。

4.17.35　　32. 这种知识也会使我们非常容易地脱离一些败坏之人轻率地在圣礼中所树立的对物质的膜拜，因为他们推理如下：既然这是基督的身体，而灵魂、神性是与身体同在的，不能分开。所以，我们

在此必须敬拜基督。一旦我们任凭自己胡思乱想,我们就会得出此类荒唐的结论!但是,假如他们变得谦卑一些,把他们的这些想法都完全置于上帝的圣言之下,他们就一定会听到基督所说的话,"拿起来,吃,喝"(太26:26—27),他们就会顺服基督的这一吩咐,他的吩咐就是让我们领受这圣礼,但不要崇拜这圣礼本身。

因此,那些按照主的吩咐领受这一圣礼,而并不崇拜的人,深信他们并没有撇弃上帝的吩咐。不管我们做什么事,只要确信我们是在顺服上帝的吩咐,这就是我们最大的安慰了。他们有众使徒为榜样,正如我们在圣经中所读到的那样,使徒们当初领受圣餐的时候并没有屈膝敬拜,而是根据他们自己所领受的吃喝。正如路加所记载的那样,使徒时期的教会就是这样做的,他们在领受圣餐的时候并没有敬拜,只是把饼掰开(徒2:42)。他们也以使徒的教训为依据,保罗教导哥林多教会的弟兄姊妹说,他所传讲的乃是他从主领受的(林前11:23)。但是,那些崇拜圣礼的人至少根据处于他们自身的猜测和推想,他们不能从上帝的圣言中找到丝毫的凭据。尽管他们极其强调"身体"和"血",但是任何有理智的人怎能说服自己相信基督的身体就是基督呢?当然,他们自己看来已经用他们的三段论严格地证明了此事。但是,如果他们的良心遇到某种更加严肃的感觉的困扰,他们和他们的各种三段论就很容易被推翻、颠覆。当他们认识到自己的主张在圣经中缺乏依据的时候,他们就会这样崩溃,因为当我们的灵魂被召去交账的时候,只有在上帝的圣言上才站立得稳。没有上帝的圣言为依托,当他们一旦面对与他们相对的众使徒的教训和做法时,他们所拥有的权威就是他们自己,那时候他们就必晕倒。当然还有其他尖锐的质疑。以这种形式来敬拜上帝难道不是大事吗?既然圣经中并没有这样吩咐我们,难道我们能用这种形式来敬拜上帝吗?既然这关涉到敬拜上帝、荣耀上帝,而圣经中又没有明确的吩咐,为什么他们还要随随便便这样做呢?

4.17.36　　　更重要的是，根据圣经对基督升天的记载，基督收回他身体的临在，脱离我们的视野和陪伴，目的就是让我们在记念基督的时候不要从属血气的角度来思念他，要提醒我们的心思意念应当高升，寻求已经升上高天的基督，他在天上坐在圣父上帝的右边（西3：1—2）。我们应当用属天的荣耀、属灵的心态来崇拜他，而不是杜撰某种危险的崇拜，对上帝和基督充满各种属血气的庸俗的想法。因此，那些杜撰出圣礼敬拜的人不过是出于自己的幻想，完全偏离圣经，因为圣经中并没有提及这种敬拜。假如这种敬拜是上帝所悦纳的，圣经中肯定不会忽略不谈。我们对于圣经既不可增加，也不可删减（申13：1）。他们这样做显然是在藐视上帝。他们根据自己的贪欲制造出了自己的神灵，就离弃了独一的又真又活的上帝。实际上，他们确实是在崇拜上帝的恩赐，而不是崇拜施恩的上帝。这样他们就犯了两种罪：他们剥夺了上帝的荣耀，把这荣耀转移到受造物身上（参见罗1：25），同时他们也把上帝所设立的圣礼变成了可憎恶的偶像，他们在玷污、亵渎上帝的恩赐的时候，也对上帝本身不敬。我们切不可落在这样的泥坑里，务要把我们的耳朵、眼睛、心灵和舌头完全用于上帝那神圣的教训。因为这是最好的学校，是由最好的校长——圣灵亲自设立的，我们要在上帝的圣言这个学校里不断进步，不需要从其他地方取得什么。相反，我们应当甘心乐意地对那些圣经之外的教训保持无知。

4.17.37　　　33. 我们在前面谈及的是圣餐如何造就我们在上帝面前的信心。但是，正如我们所解释的那样，在这一圣礼中，主不仅吩咐我们记念他丰盛的恩典，也让我们承认他的恩典。同时，他也劝诫我们不要对于这样丰盛的恩典没有感恩之心，应当用适宜的赞美来承认上帝的恩典，并且用感恩之心来庆祝。所以，当初主吩咐使徒设立这一圣礼的时候，就教训他们之所以如此行，为的是记念他（路

22∶19）。保罗解释说，这就是"表明主的死"（林前11∶26），也就是公开地在众人面前同声宣告我们对人生和救恩的确信完全在于主的受死，从而通过我们的宣告荣耀基督，并且以身作则，规劝他人也来荣耀他。此处再次显明了这一圣礼的目的，就是让我们记念基督的受死。因为"表明主的死，只等他来"（林前11∶26）。这个吩咐的意思让我们通过口里承认来宣告我们在这一圣礼中所承认的信仰是什么：基督的受死就是我们的生命。这就是圣礼的第二个用处，是与外在的宣告有关。

34. 第三，主也想让圣餐成为对我们的某种劝勉，这种形式的劝勉更有力量，激发我们彼此相爱，追求和睦。因为主把他的身体传递给我们，从而使得他与我们成为一体，我们也与他成为一体。既然他只有一个身体，并且使我们都与这身体有分，我们也就通过这样的分享必然成为一体。圣礼中所用的饼代表的就是这种合一。这饼虽然由很多籽粒的粮食做成，但如今却混合在一起，以至于不能再分彼此。我们也当这样同心合意，联合在一起，不受任何纷争的搅扰。我喜欢用保罗的话来解释此事："我们所祝福的杯不是同领基督的血吗？我们所擘开的饼岂不是同领基督的身体吗？我们虽多，仍是一个饼，一个身体，因为我们都是分受这一个饼。"（林前10∶16—17）如果我们把这样的想法刻印在心中，就会从这个圣礼中大得益处：我们中间若是任何弟兄受到伤害、诽谤、嘲笑、藐视，或者在任何方面被绊倒，都是在伤害、诽谤、嘲笑、藐视基督；我们若是与我们的弟兄不一致，就是与基督不一致；我们若不是在弟兄身上爱基督，就不是爱基督；我们应当像顾念我们自己的身体一样顾念弟兄的身体；因为他们都是我们身体的肢体；我们身体上的任何肢体受痛苦，都会扩展到其他肢体，所以我们中间任何弟兄受到伤害，我们都当对他予以同情。所以，奥古斯丁经常称圣餐为"爱的

4.17.38

联结"，这是很有道理的。基督为我们舍命，不仅以他自身为榜样教导我们彼此为对方舍己，还把他自己赐给我们所有人，使我们所有人都与他成为一体。难道还有比这更能激励我们彼此相爱的事吗？

4.17.40　　35. 我们认为圣餐中的圣饼是灵命的食物，对于那些基督显明为其生命的人而言，这灵粮是甜蜜可口的，激发他们的感恩之心，劝勉他们彼此相爱。另外，对于那些信心不受造就，也没有生发感恩和爱心的人而言，这灵粮反倒成为他们致命的毒药。正如保罗所言："无论何人不按理吃主的饼，喝主的杯，就是干犯主的身、主的血了。因为人吃喝，若不分辨是主的身体，就是吃喝自己的罪了。"（林前11：27、29）我们必须注意的是在这段经文中，不分辨"主的身、主的血"和"不按理吃主的饼，喝主的杯"所指的是同一回事。这种人没有丝毫的信心，没有丝毫的爱心，就像猪一样来吃圣餐，完全不分辨何谓主的身体。他们在何等程度上不相信那身体就是他们的生命，就在何等程度上羞辱圣餐，废掉了圣餐的尊贵；最后，他们如此领受，就亵渎、玷污了圣餐。既然他们已经与他们的弟兄疏远不睦，他们就是在撕裂基督的身体。因此，他们就干犯主的身和血，就非常丑陋地玷污、亵渎了圣餐。所以，这样不按理吃喝，他们就自己招惹上帝的定罪。因为他们虽然对基督并没有信心，但在领受圣礼的时候，他们就在宣告他们的救恩唯独在于他，他们也排除了其他任何确信。因此，他们就是在自己控告自己，自己见证自己的罪，也自己定了自己的罪。尽管因为仇恨和恶意，他们与自己的弟兄分开，也就是与基督的肢体分开，从而也与基督无分，他们仍然证实唯独与基督联合才是真正的救恩。然而，我们必须注意到，他们不断引用这段经文来证明基督身体的临在，乃是虚妄的。我承认，保罗在此处确实谈及基督真正的身体，但是我们必须明白保罗到底是在什么意义上谈及，这样就不需要制造更多的借口了。

36. 正是为了这一缘故，保罗吩咐人在吃这饼、喝这杯之前当省察自己（林前11：28）。正如我所解释的那样，保罗的意思就是说每个人都当反省自己，思考自己是否真的发自内心地承认基督是自己的救主；是否真的口里承认；是否真的以基督为榜样，愿意为弟兄舍己，与那些一同信靠基督的人分享自己；是否真的承认既然自己是基督的一个肢体，就把他的弟兄们都视为基督身体的肢体；是否真的愿意把他们当作自己的肢体一样珍惜、保护、帮助他们。这并不是说这些信心与爱心的责任现在就在我们身上完全了，但我们确实应当尽心尽意地向着这一目的努力追求，从而使我们天天在已经开始的信德上不断长进，天天坚固我们软弱的爱心。

37. 有些人在预备他人按理领受圣餐的时候，采用一些不良的 4.17.41
方式来折磨、搅扰人可怜的良心，但他们并没有使人真正在信德和爱德上长进。他们说那些在蒙恩状态的人就是按理吃喝。他们解释说，"蒙恩状态"就是纯洁无罪的状态。这样的教训就会拦阻过去、现在地上所有的人来领受圣餐。因为假如我们追求靠自己来按理吃喝圣餐，就没有任何希望，留给我们的只是毁灭和混乱。尽管我们竭尽全力，我们仍然会裹足不前。在我们一番竭力追求靠自己配得领受圣餐之后，最终我们自身仍然是极其不配领受。

　　为了解决这种困境，他们所发明的使自己配得的方式就是：尽我们自身最大的能力来省察自己，要求自己把所行的一切事都交代清楚，然后用痛悔、认罪、补赎的方式来消除我们自身的不配。我们将在后面更合宜的地方阐明这种除罪的性质。就目前我们所考察的事宜而言，我认为这些补救方法太软弱，无法帮助那些生活在自己的罪恶所造成的惊恐之下、良心灰暗、沮丧不安的人。因为既然我们的主明确禁止不义之人领受他的圣餐，任何人都当小心谨慎，确保自己具有上帝所要求的义。我们在什么根基上能够确信那些竭尽全力的人已经在上帝面前尽了他们当尽的本分呢？即使他们尽了自己当尽的本分，又有谁敢确信自己已经竭尽全力了呢？既然我们对于自己是否配得无法得到特定的确信，大门就仍然是关闭的，因为主的禁令确定不配得吃喝的人乃是吃喝自己的罪（林前11：29）。

4.17.42　　当然，很容易判断这种教训的性质，也很容易查到到底是谁在散布这样的主张。这种教训剥夺、败坏可怜的罪人从圣餐这一圣礼中所得的安慰。但是，在圣餐中，福音所带来的一切喜乐都摆在我们的面前。这的确是魔鬼所能发现的最迅速地摧毁人的伎俩，这种教训使人疯狂，以至于不能品尝圣餐这一灵粮，而这一灵粮本来就是他们极其仁慈的天父要用来喂养他们的食物。

38. 为了避免莽撞地陷入这种混乱和毁灭之中，我们一定要牢牢记住这一圣餐是患病者的良药，是罪人的安慰，是贫困者的救济。但是，对于那些健康的、公义的、富足的人而言，却没有任何益处，当然这样的人并不存在。既然上帝把基督赐给我们为食粮，我们就知道没有基督，我们的结局就是衰残、饥馑、灭亡。既然上帝已经把基督赐给我们，让我们得生命，我们就知道没有他在我们里面，我们就是死路一条。因此，这就是我们能够带到上帝面前的唯一的最好的东西，也就是我们的污秽、我们的不配，这就是我们的配得。这样，上帝借着他的怜悯就使我们成为配得。上帝使我们对自己感到绝望，如此我们就可以靠着他得安慰。上帝使我们自己降卑自己，如此我们就可以通过他被高举。上帝使我们自己责备自己，如此我们就可以靠着他被称义。更重要的是，上帝使我们渴慕他在圣餐中所吩咐我们的合一，正如他使我们在他里面同归于一一样，如此我们就可以追求众人一心、一意、一口。如果我们认真权衡、思考这些事情,这些念头就不会困扰我们。我们这样贫乏、毫无良善、被罪玷污、半死不活之人怎能配得吃主的身体呢?准确地说,我们应当认为我们自己是贫乏之人,来到慷慨乐施的施主面前;我们是有病之人,来到医生面前;我们是有罪之人,来到救主面前。主所吩咐的配得主要在于信心,信心使得我们完全投靠上帝,不依赖我们自己身上的任何东西;其次,主所吩咐的配得还在于爱心,虽然我们的爱心并不完全,但我们仍然将其献给上帝,求上帝不断加增,胜过我们自己所奉献的。

39. 其他人虽然也赞同我们所说的配得在于信心和爱心,但在配得本身的衡量上仍然偏差很大,他们要求的是人无法达到的完全的信心,是与基督对待我们的那种爱心等同的爱心。这样主张,他们就和前面我们所提及的那些人一样,使所有人都不能接近这种极其圣洁的圣餐。如果坚持他们的观点,任何人都不能领受圣餐,除非是不按理领受,因为所有人都是有罪的,都是不完全的。要求人在领受圣餐的时候具有这样的完全,就会废除圣餐,甚至使圣餐成为不必要,这显然是极其愚昧的。因为圣餐这一圣礼不是为完全人设立的,而是为软弱的人设立的,目的在于唤醒、激励、操练他们匮乏的信心和爱心。

40. 我们以上关于圣餐的教导充分说明,圣餐的设立不是让人每年只领受一次。目前即使每年只领受一次,也成了马马虎虎地进行的习惯性行为。准确地说,上帝设立圣餐是让基督徒常常举行,目的就在于使他们经常记念基督的受苦,通过这样的记念来维系、坚固他们的信心,促使他们发出感恩之歌,传扬基督的大爱。最后,上帝设立圣餐也培养他们彼此之间的相爱,在他们中间见证这种爱,使他们分辨在基督身体的合一中他们之间所具有的爱的联 4.17.44

结。圣餐中的饼和酒所象征的是主的身体，是上帝赐给我们让我们领受的记号。我们越是经常地领受这种主的身体的记号，相互之间就越是在爱的责任上互相联结，使我们中间任何人都不会任凭什么来伤害我们的弟兄，也不会在弟兄确实有需要的时候忽略不顾。

路加在《使徒行传》中记载使徒时期教会经常这样做，他说当时信徒们"都恒心遵守使徒的教训，彼此交接，掰饼，祈祷"（徒2：42）。因此，这成为教会普遍的规则，就是教会聚会的时候始终要有讲道、祈祷、掰饼和奉献。这也是在哥林多教会中所确定的规矩，我们从保罗的陈述中可以很充分地看到这一点（参见林前11：20）。

4.17.46　很显然，那劝人一年只领一次圣餐这种规矩是来自魔鬼的诡计，不管是谁被魔鬼利用引进这样的规定。他们说泽菲里努斯（Zephyrinus）是这个教规的肇始，但我不相信目前我们所拥有的这种形式的规定是来自他的。因为或许在他当时所处的时代，他的这种规定对于教会而言并不是一件特别大的坏事。毫无疑问，当时基督徒每次聚会的时候都领圣餐，而且当时大多数人也都参加领受。但是，因为当时很少所有人一起领受圣餐，同时那些与不敬虔、拜偶像之人混杂在一起的信徒，也确实有必要用某种外在的记号来证实自己的信仰，所以这些敬虔的人就为了次序和管理的缘故指定专门的一天，让所有基督徒都来参加圣餐，承认自己的信仰。

另外，此后不久阿纳克里图（Anacletus）就确定所有基督徒每天都当领受圣餐，因此在这个方面他们并没有坚持多久，仍然开始经常性地领受圣餐。但是，后人邪恶地扭曲了泽菲里努斯本来很好的规定，明确制定教规，让人每年领受圣餐一次。这样一来，几乎所有人在每年领受圣餐一次之后，仿佛已经很好地完成了整年的本分，就不再上心。其实应当采用截然不同的做法，就是至少每礼拜一次为聚会的基督徒预备圣餐，好使上帝的诸般应许得以宣布出来，使我们从中得到灵命上的喂养。当然，尽管应当斥责懒惰之人的漠不关心,但是,不应当强迫任何人领受圣餐,而是应当加以劝诫和激励。正如饥饿之人一样,所有人都当踊跃参加这丰盛的圣餐。我在一开始的时候就责备这种一年领受圣餐一次的习惯是来自魔鬼的诡计,使人在一年其余的时间里都怠惰不堪。我的这种责备并不是不公义的。

41. 同一家店铺中出台了另外一个教规,这个教规把圣餐的一半从上帝的大多数子民手中夺走了。这一教规规定不可把基督宝血的标记给与"平信徒"和"亵渎之人",他们竟然给上帝的产业冠以这样的名称(彼前5:3)。只是把杯给与一群特殊的人,就是少数剃光头的僧侣。永恒上帝的谕令是让所有人都领受这杯(太26:27),有人竟然用新的相反的律例来取代、废弃上帝的谕令,命令不让所有的人都喝这杯。为了不让人说这样的立法者丧心病狂,竟然与他们的上帝争战,他们就伪称若是把这圣杯分给所有人,就会出现一些危险,仿佛上帝在其永恒的智慧中没有预见、考虑到此类的危险一样!他们还狡猾地解释说,只领受一样就等于是领受两样了。"因为既然这就是身体,"他们说,"那么它就是整个基督,基督是不可能与他的身体分开的。所以,身体本身就已经包含了血。"可见我们的意念不同于上帝的意念,只要缰绳一放松,我们就想入非非!主把饼摆在我们的面前,说这是他的身体;然后指着杯,说这是他的血。然而人的理性却公然违背主的教导,叫嚣说:"饼就是血,酒就是身体。"仿佛主这样通过话语和标记把他的身体和血分开毫无意义,仿佛有人听说基督的身体或血就是上帝和人。显然,假如基督当时是指他整个的我,他完全可以说:"这是我!"正如他常在圣经中所说的那样(太14:27;约18:5;路24:39)。但基督并没有这样做,他所说的是:"这是我的身体,这是我的血。"我知道那些撒旦的差役习惯嘲笑圣经,也嘲笑这种说法。他们主张当时

4.17.47

4.17.48

主唯独拣选了使徒们为"献祭者",唯独允许他们领受圣餐。

但是,我希望他们回答我五个问题,这五个问题使他们无处逃避,注定被揭穿谎言。第一,他们的这种决定如此违背上帝的圣言,难道有什么神谕启示给他们吗?圣经记载十二个门徒躺着与基督一同吃喝(参见太26:20),要称他们为"献祭者",也不会淡化基督的尊严(我们将在适当的地方处理"献祭者"这种称呼)。尽管基督亲自将饼酒递给十二个使徒,但他仍然吩咐他们互相传递。第二,为什么在已往更好的年代,甚至在众使徒之后千年之久,人们都是同时领受饼和酒两个标记,毫无例外呢?难道古代教会就不晓得到底谁是被基督接纳,可以赴他的宴席的人吗?拒不回答这个问题,甚至采取逃避的方式,都是恬不知耻!我们还有尚存的教会历史记载,也有古代作者撰写的书籍,其中有清楚的证据证明这一事实。第三,为什么基督只是说他们来吃这饼,却强调"你们都喝这个"呢(可14:22—23;太26:26—27)?仿佛此处他在刻意抵挡撒旦的诡计。第四,假如真的像他们所声称的那样,主认为只有那些"献祭者"才配领受圣餐,为什么一直有人让那些被主排斥在外的人来领受呢?这等于是让人领受他们无权领受的恩赐。没有主的吩咐,谁敢把这样的恩赐随便给人呢?既然他们没有主的吩咐,也没有主的榜样,他们今天凭什么确信他们可以把表征基督身体的饼分给平信徒呢?第五,保罗对哥林多教会的弟兄姊妹说他把自己从主领受的交托给他们(林前11:26),难道保罗这样说是在撒谎吗?因为保罗宣告他所交托给他们的就是:所有的人,毫无区别,都当领受圣餐中的两个标记(林前11:26)。既然保罗是从主领受的这种做法,就让那些几乎把所有人都赶走的人想一想他们的这种做法到底来自谁吧,因为他们不能伪称这是上帝设立的规矩,因为上帝的吩咐"总没有是而又非的"(林后1:19)。难道我们还要用教会的名义遮掩这样的教训,用此类借口为之辩护吗!这就仿佛是那些如

此践踏、搅扰、废弃基督的教训和制度的人才是教会,而敬虔兴
盛的使徒教会反倒不是教会了!撒旦一直就是利用诸如此类的伎　4.18.1
俩来抹黑、亵渎基督的圣餐,他的目的就是至少不让圣餐在教会
中保持纯正。

42. 但是,最可怕的亵渎还是魔鬼所兴起的另外一个伎俩。这
伎俩不仅模糊和扭曲了圣餐的精义,甚至完全废除了圣餐,使得圣
餐从人的记忆中逐渐消失。魔鬼所兴起的这一伎俩就是使人相信弥
撒是使人获得赦罪的献祭,他用这种极其有害的谬论几乎蒙蔽了世
上所有人的眼睛。我知道这个瘟疫已经根深蒂固,在看似美好的形
式下对人心具有极大的蛊惑力,并且贬低了基督的圣名,使得无数
人相信在"弥撒"这个词中他们已经领受了所有真道。但是,上帝
的圣言极其清楚地证明:不管装饰得如何辉煌,这种弥撒给基督带
来的是羞辱,也埋葬、压抑了基督的十字架,使基督的死归于乌
有,抢走了从基督的受死可以临到我们的恩惠,削弱、摧毁了圣餐
这一圣礼。本来在这一圣礼中,我们就是要记念基督的受死的。上
帝的圣言是最锋利的斧头,难道还有什么斧子不能砍断的深根吗?
难道还有什么遮盖能如此绚丽,以至于上帝的圣言这一大光也不能
揭露它所掩饰之下的邪恶吗?

43. 首先让我们指出弥撒中令人无法忍受的对基督的亵渎和不　4.18.2
敬。因为圣父把基督分别为圣,使他担任祭司和元首,并不是暂时
性的,像我们在旧约中所读到的那些担任祭司的人一样。他们的祭
司职分不可能是不朽的,因为他们的生命本身就是容易朽坏的。因
此,时时需要有继承人来取代那些死去的人。但是,基督是不朽的,
不需要任何教皇来取代他。因此,圣父宣告基督是"照着麦基洗德的
等次永远为祭司",他所担负的祭司职分乃是永永远远的(来5:

6、10，7：17、21，9：11，10：21；诗110：4；创14：18）。这一奥秘在很久之前就已经由麦基洗德预先表明出来；圣经曾提及他是永生上帝的祭司，此后就没有再提到他，这就是说他的生命是没有结束的。同样，基督蒙召也是按照麦基洗德的等次担任祭司。

但是，如今那些天天献祭的人要求指定祭司为他们献祭，他们要用这些祭司来取代基督为继承者和代表。通过这种代替，他们不仅剥夺了基督的尊容，从他攫取了永恒祭司的特权，也在试图把基督从他天父的右边推倒，因为基督如果不再是永恒的祭司，就不会永远坐在那里。他们也不可说：他们这样设立祭司并不是要取代基督，仿佛基督已经死了，他们所设立的祭司不过是嫉妒永恒性的祭司职分的辅助，因此基督永恒性的祭司职分并没有停止。因为使徒的教训非常明确，他们无可逃避。使徒保罗教导说，之所以有许多其他的祭司成为祭司，就是因为死亡使得他们不再能够继续履行职分（来7：23）。但是，基督不受死亡的阻隔，因此他是独一不二的，不需要任何人与他为伍。

4.18.3　　44. 弥撒的另外一种影响就是：埋葬和抑制了十字架和基督的受苦。显而易见：既然基督已经在十字架上献上自己为祭，目的就是让我们永远成圣，为我们获得永远的救赎（来9：12），毫无疑问，这一献祭的效用会持续存在，不会终结。否则，我们就不会敬重基督胜过那些在律法之下献为祭品的牛羊，这些献祭要经常重复进行，这一事实本身就证明，那些祭物是无效的、软弱的（参见来10：1）。因此，我们就不得不承认：或者是基督在十字架上所做出的献祭缺少力量，不能永远洁净我们；或者是基督一次献上的祭，其功效万代长存。这就是使徒所说的：那位大祭司基督"如今在这末世显现一次，把自己献为祭，好除掉罪"（来9：26）。还有，"我们凭这旨意，靠耶稣基督只一次献上他的身体，就得以成圣"（来

10∶10)。圣经上还说："因为基督一次献祭，便叫那得以成圣的人永远完全。"(来10∶14) 基督在他咽下最后一口气时所说的最后一句话也指出了这个意思，他说："成了。"(约19∶30) 我们一般把人临终时所说的话作为遗言。基督临终时向我们证实，通过他的献祭，关乎我们救恩的一切都已经成全。我们天天把不计其数的布块缝在这样的献祭上，仿佛这献祭是不完全的，但基督已经明确地向我们指明了这一献祭的完全性。上帝的圣言不但证实，并且大声宣告，这一献祭已经一次完成，并且永远有效。既然如此，那些仍然要求另外献祭的人不是在指控基督的献祭不完全，并且软弱乏力吗（参见来7∶28，9∶26，10∶18)？这样一来，每天都有成千上万的献祭在进行，除了要埋没基督把自己一次性地向父献上的受苦，这样的弥撒还有什么别的目的吗？有谁如此瞎眼，竟然看不出这是撒旦在肆无忌惮地抹杀这一明确的真理呢？我也并非不晓得谎言之父招摇撞骗的伎俩，就是伪称这些献祭不是截然不同的献祭，而是同一种献祭在不断地重复进行。但是，这样的烟幕很容易驱散，因为使徒在整个讲论过程中竭力证明的就是：不仅没有别的献祭，而且这一献祭也是一次性地献上，永远不再需要重复的。

45. 现在我来考察弥撒的第三大功用，就是抹杀基督真实的独特的死亡，使人不再记念基督的受死。因为在人中间遗嘱的成立有赖于立遗嘱之人的死亡，同样我们的主也通过他的死亡确立了他与我们所立的遗嘱。通过这一遗嘱，他赐给我们赦罪和永远的义（来9∶15—17)。那些敢于改变或加添这一圣约的人就是在否定基督的受死，认为基督的受死无关重要。弥撒不是一种全新的遗嘱，还是什么呢？为什么这样说呢？每个弥撒不都是在应许新的赦罪、新的称义，从而使得现在有多少弥撒就有多少遗嘱吗？所以，这就是让基督再来，再一次受死来设立新的遗嘱；甚至是通过无数次的弥

4.18.5

撒，无数次的死亡，来设立无数的遗嘱。我一开始不就指出弥撒抹杀了基督真实的独特的受死这一事实吗？弥撒最终所导致的不就是基督的再次被杀吗？因为使徒明说遗嘱的生效必须是在立遗嘱者死亡之后（来9：16）。弥撒所显明的是基督又立了一个新的遗嘱，所以基督必须再次死亡。另外，被献上的祭品要杀死，然后再献祭，这是必不可少的。如果基督在每一次、每一个弥撒中都要被献为祭，他就会在同一个时间在成千上万的地方被人残酷地杀死。这不仅是我个人所辨明的，也是使徒所辨明的：假如基督不得不经常献上他自己，他就当从世界之初就开始不断地受苦了（来9：25—26）。

4.18.6　46. 现在我必须考察弥撒的第四大功用，就是使我们不再承认、思考我们从基督的受死，当然也剥夺了从基督的受死当得到的恩惠。因为当人见到的始终是在弥撒中出现的新的救赎时，有谁还会认为自己的得救是来自基督的受死呢？当人在弥撒中不断见到新的赦罪，有谁会相信他自己的罪已经得蒙赦免呢？另外，我们怎么也不能说我们在弥撒中得蒙赦罪，唯独是因为基督通过其受死已经为我们买赎了这种赦罪。假如这样说，无异是在吹嘘我们得蒙基督的拯救，就是因为我们自己拯救了自己。这种教导乃是撒旦的使者们所广泛散播的。今天，人们用呼喊、刀剑和烈火来捍卫这种教训：当我们在弥撒中把基督献给父的时候，通过这种献祭，我们就获得了赦罪，并且与基督的受死有分。这样一来，基督的受死还剩下什么呢？无非就是他的受死为我们树立了榜样，使我们明白我们就是自己的拯救者。

4.18.7　47. 最后我要说的就是，由于弥撒的出现，主所设立的要记念的受死的圣餐已经被废弃、毁灭。其实，圣餐本身是来自上帝的恩赐，我们当以感恩的心领受。弥撒献祭所表明的是向上帝付上代价,根据补赎之道,上帝当领受这种赎价。因此,在这种献祭和圣礼之间有极大的不同,一是付上,一是领受。我们本来应当承认上帝丰盛的恩赐,并且为此献上感恩,却通过弥撒而使上帝欠我们债,这是人极大的忘恩负义!圣礼应许的是:通过基督的受死,我们不仅得享生命,并且不断得以复兴,因为我们得救所需要的一切都已经成全了。弥撒献祭却是大唱反调,使人认为我们当天天献上基督,这样我们才能得益。

48. 圣餐要在教会的公共聚会中散发,目的就是为了教导我们,我们是在耶稣基督里彼此联结,而弥撒献祭则把这种联结撕为两半。有人认为当代表会众献祭,仿佛圣餐就是交托给了他们。自从这种错误教训占上风之后,圣餐就不再按照主所吩咐的传递给信徒所组成的教会。然后也开始出现私下的弥撒,这种私下的弥撒更像是除教,而不像主所设立的圣徒相通。因为那些可怜兮兮的献祭者为了自己吞吃祭品,就把自己与所有信靠上帝的羊群分离。我称之为私下的弥撒(免得有人误会),不管他是大声喊叫,还是小声嘟囔,因为在这两种方式中都没有会众的参与。

49. 在我结束对弥撒的考察之前,我问我们那些主张弥撒的博士们,既然他们知道上帝所要的是顺服他的话,而不是祭品;上帝要人聆听他的声音,而不是献祭(撒上15:22),他们怎能相信上帝喜悦这种形式的献祭呢?因为这种形式的弥撒献祭没有来自上帝的吩咐,他们不能从圣经中找出一个字母来证明他们的主张。另外,他们听到使徒教训说,任何人都不能自取祭司的尊荣,除非是像亚伦一样得蒙上帝的呼召。事实上,即使基督也没有自行担任祭司,而是顺服他的天父的呼召(来5:4—5)。他们或者是证明自己的祭司职分是来自上帝的创设,或者承认这种尊荣并非来自上帝,他们

4.18.9

并没有得到上帝的呼召，是他们自己咎由自取。他们无法用圣经上的一笔一画来证明自己祭司的职分。没有祭司，就不能献祭。如此说来，他们的献祭到底向何处飘散呢？

4.18.18　　因此，即使瞎眼的人也能看见，耳聋的人也能听到，孩童也能明白，他们所谓的弥撒不过是可憎之物。他们用金杯献上，迷醉了地上所有的君王和民众，不论高低贵贱，都使他们昏昏沉沉，比野兽还愚昧，把自己的救恩之船驶进了这种使人必死的漩涡。撒旦要颠覆基督的国度，它所预备的武器没有比弥撒更强大的。弥撒就是今日那些抵挡真理的人为之争战的美女海伦，他们为之愤怒，为之倾倒，为之倒行逆施，他们在灵命上就是与这个海伦行奸淫，行那极其可憎之事。

　　此处我就不再指责他们那些卑鄙的滥用，因为他们提出种种借口，认为他们神圣的弥撒本来是圣洁的，不过是被人亵渎了。我也不再指责他们所行的种种肮脏的交易，以及他们通过为人主持弥撒而获取的污秽的收益，还有他们为了满足自己的私欲而施行的种种肆无忌惮的贪婪恶行。我只是想简洁地指出弥撒最圣洁的形式到底是什么性质的。正是因为这种所谓的最圣洁的弥撒形式，弥撒才在许多世纪以来一直被人视为是可敬可畏的。因为要一一说明与弥撒相关的这些所谓的极大的奥秘，实在是不胜其烦。我不愿意把这些奥秘和那些摆在众人面前的种种腐败搅和在一起，目的就是希望人们能够明白，即使以其所声称的最纯粹的形式出现，不附带任何东西，也是从头到脚都充满了各样的不敬、诽谤、偶像崇拜和对上帝的亵渎。

4.18.13　　50 为了避免吹毛求疵的人围绕"献祭"和"祭司"两个词和我们纠缠，我就扼要地阐明我在整个讨论过程中用到这两词时的含义。一般而言，"献祭"包括献给上帝的一切。因此，我们一定要有所区分，为了教导的缘故，我们称一种献祭为"感恩祭或赞美祭"，另外一种则是"赎罪祭或除罪祭"。

赎罪祭的目的是为了平息上帝的愤怒，满足他的公义，洗净诸罪，恳求上帝的恩典和拯救。这种形式的献祭唯独由基督成全，因为没有任何人能够做到。这种赎罪祭是一次性的，因为基督所成全的一次性的赎罪祭的效力是永恒的，正如他自己所证实的那样，他说："成了。"（约19：30）这就是说，恢复上帝的恩宠，得到赦罪、称义和救赎所必需的一切，都由基督独一无二的献祭完成了。这一献祭是如此的完全，此后不需要任何祭品来补足任何地方。

因此，如果有人认为通过重复献祭，方能获得赦罪，平息上帝 4.18.14
的震怒，得以称义，这就是对基督及其通过在十字架上的受死所做出的献祭的极其邪恶的侮辱和无法承受的亵渎。举行弥撒，就是借助新的祭品来使我们参与基督的受死，这能做到什么呢？他们的疯狂真是无边无沿，竟然认为他们的献祭乃是为整个教会献祭！当然，他们还可以补充说，到底具体对谁适用，还是由他们根据他们的喜好来选择。或者干脆说，谁愿意付钱买这东西，谁就可以得到。虽然他们不能像犹大那样卖那么高的价钱，但在某些方面，他们和犹大还是有类似之处。犹大出卖耶稣，得到了三十个银币（太26：15）；这些人出卖耶稣，得到了三十个铜币；犹大只是出卖了一次，这些人则是只要有买主，他们就出卖。

祭司要通过献祭在上帝面前为民众代祷，平息上帝的震怒，为罪而赎罪。在这种意义上来说，我们当然不承认他们是祭司。因为基督是新约中独一的元首和祭司（参见来9），所有的祭司职分都已经转移到他身上，也在他身上终止了。即使圣经没有提及基督永恒祭司的职分，当上帝中断过去的祭司职分的时候，他并没有设立任何人，使徒的理由仍然是不容置疑的："这大祭司的尊荣，没有人自取。惟要蒙上帝呼召，像亚伦一样。"（来5：4）这些亵渎上帝的人，以屠杀基督来自吹自擂，竟然称自己是永生上帝的祭司，乃是何等地厚颜无耻啊?!

4.18.16　　51. 第二种献祭就是我们所说的"感恩祭"，包括我们的祷告、赞美、感恩和我们为敬拜上帝所做的一切。实际上，我们自身和我们所拥有的一切都当分别为圣，都当奉献给上帝，这样我们身上的一切都可用于荣耀上帝，彰显他的荣美。

　　这种献祭绝不是要平息上帝的震怒，也不是要得到赦罪，更不是要赢得称义，而是唯独关乎尊崇上帝。实际上，人若非已经得到赦罪，若非已经与上帝和好，被上帝称义，就不能做出这种献祭。对于教会而言，这种献祭乃是必不可少的。因此，这种献祭是始终存在的，只要上帝的子民还在，就会一直有这种献祭。正如先知所写的那样："万军之耶和华说：从日出之地到日落之处，我的名在外邦中必尊为大。在各处，人必奉我的名烧香，献洁净的供物。因为我的名在外邦中必尊为大。"（玛 1：11）我们绝不会废除这种献祭！因此，保罗也盼咐我们说："将身体献上，当作活祭，是圣洁的，是上帝所喜悦的；你们如此侍奉，乃是理所当然的。"（罗 12：1；参见彼前

4.18.19　2：5—6）大卫也是如此祈求，愿他的祷告能够如香陈列在上帝的面前（诗 141：2）。因此，圣经在其他地方称圣徒的祈祷为"香"，先

4.18.16　知称其为"嘴唇的祭"（何 14：2、3）。保罗称其为"敬拜"，这是非常贴切的；因为他心中所想的就是以属灵的方式敬拜上帝，这是他暗中与摩西律法中所规定的那些属血气的献祭相对比的。圣餐本身

4.18.17　就是这样一种献祭。在圣餐中我们所宣告的就是基督的受死（林前 11：26），并且向上帝献上感恩，我们所做的就是献上感恩的祭，除此无他。从这种献祭的职分来看，每个基督徒都得蒙上帝的呼召，担任君尊的祭司（彼前 2：9），因为我们是通过基督向上帝献上感恩的祭："常常以颂赞为祭献给上帝，这就是那承认主名之人嘴唇

的果子。"(来13：15）而且，当我们带着我们的礼物来到上帝的面前的时候，我们并不是没有一位代祷者。为我们代祷的中保就是基督，正是通过基督，我们把我们自身和我们所拥有的一切都献给父上帝。基督就是我们的元首，他已经进入天上的圣所（来13：10），为我们开辟了进去的通道（参见来10：20）。他就是祭坛（参见来13：10），我们把我们的献礼摆在这祭坛上。在基督里，我们刚强壮胆，去从事我们当做的一切。我要强调的就是，正是基督使我们向父成为祭司和圣洁的国度（来1：6）。

52. 我们几乎已经提纲挈领地向读者们阐明了关于这两大圣礼 4.18.19
所当知的一切。这两大圣礼是从《新约》一开始就传递给基督教会的，要施行到世界的末了。这就是说，根据其原意，洗礼就是进入教会，就是接受真道的启迪；而圣餐则是持续性的食物，是基督在灵命上喂养信徒的方式。因此，我们是——一上帝，一信心，一基督，一教会——基督的身体，洗礼也只有一次（弗4：4—6），不能重复进行。但是，圣餐则可以重复发放，使那些已经进入教会的人知道他们要持续不断地接受基督的喂养。

除了这两大圣礼之外，上帝并没有设立别的圣礼。因此，教会不当承认其他任何形式的圣礼，因为圣礼的设立不是出于人的选择。如果我们还记得前面所阐明的，就当晓得：上帝之所以设立圣礼，就是为了教导我们明白他的一些应许，向我们证实他对我们的善意。另外，如果我们牢记没有人能做上帝的谋士（赛40：13；罗11：34），我们就当认识到：上帝能够向我们应许关乎他的旨意的一切，也能向我们保证，并使我们确信他对我们的态度，就是他要赐给我们什么，拒绝我们什么。这就立即表明，任何人都不能设定任何记号来见证上帝的旨意和应许。唯独上帝能够设立记号，能够向我们见证他自己。我要更简洁、更直接、更清楚地说，没有救恩的应许，就绝没有圣礼。即使所有人都聚集在一起，也不能在我们的救恩方面向我们应许什么。所以，任何人都不能自行制造或设立圣礼。

4.18.20 因此，唯愿基督教会满足于这两大圣礼！唯愿教会不仅目前要拒不承认其他任何圣礼，甚至直到世界的末了，也不要渴慕或期盼还有什么别的圣礼！

在这些常见的圣礼之外，上帝也赐给犹太人各种各样的圣礼，都是根据时代的变迁而设定的［比如吗哪（出16：13；林前10：3），从磐石流出的水（出17：7；林前10：4），铜蛇（民21：8；约3：14），等等］。通过这些不同的圣礼，上帝警告犹太人不要因为这些标记而裹足不前，它们存在的条件都是暂时的，为要等待上帝赐给他们的更好的东西，就是那不会毁坏，不会终结。但我们现在的条件完全不同了，对于我们来说，基督已经显明出来，而且"所积蓄的一切智慧、知识在他里面藏着"（西2：3）。我们在基督里既然已经拥有了这样的丰盛，不管是期盼，还是寻求任何新的加添，都是试探上帝，招惹他对我们的震怒。我们现在当做的就是渴慕、寻求、仰望、学习基督，并且唯独这样，直到上帝那向我们完全显明他那荣耀的国度的伟大日子（参见林前15：24），那时他必向我们显明他自己，使我们得见他的本相（约一3：2）。因此，我们目前所处的时代就是圣经中所说的"末时"（约一2：18）、"末世"（来1：2；彼前1：20）。所以，任何人都不要自欺欺人，虚浮地盼望某种新的教义或启示。"上帝既在古时藉着众先知多次多方地晓谕列祖，就在这末世藉着他儿子晓谕我们"（来1：1—2），唯独耶稣基督能向我们显明父（路10：22）。

既然在教会中任何人都不能杜撰新的圣礼，就有人希望尽可能地在上帝所设立的那些圣礼上掺和一些人的发明。正如掺水使得美酒被稀释，撒上面酵就使得整个面团都变酸一样，当然加上自己的东西时，就污染了上帝所设立的奥秘的洁净。我们看到，即使在目前的施行中，圣礼也从其本有的纯洁而产生了退化。到处都是杂多的游行、仪式和闹剧，却没有人提及上帝的圣言，而没有上帝的圣言，圣礼也就不再是圣礼。实际上，上帝所设立的仪式在这纷纷攘攘的人群中无法抬起头来，只能躺在那里被人践踏。在目前的洗礼中，到底人们在多大程度上能显明、能让人看到洗礼本身呢？圣餐已经被人彻底埋葬了，因为圣餐已经变成了弥撒。我们一年一次看到的就是这种残缺、变异的圣餐样式。

四　圣礼的施行

53. 如果这样施行圣礼就会给人带来更大的欣慰：当有人受洗 4.15.19 的时候，要来到会众面前，由整个教会来作为见证观礼，为他祷告，把他献给上帝；按照慕道友所领受的诵读信仰告白，陈明在洗礼中所领受的上帝的应许，奉圣父、圣子和圣灵的名为慕道友受洗，最后用祷告和感恩结束。如果能做到这样，就没有忽略什么；上帝所设立的这一仪式没有被各种稀奇古怪的污染埋葬，就会显出其完全的亮光来。至于受洗的人是不是完全浸到水中，不仅仅是点水，这些细节性的问题并不重要，应当根据各个国家的不同情况，由当地的教会自己决定。当然，"受洗"一词的含义确实是浸水，很显然，古代教会施行的都是浸水礼。

至于圣餐，如果经常在会众面前施行，至少每隔一个礼拜一 4.17.43 次，就是最合适不过了。首先，当以公祷开始，然后应当讲道。接下来，饼和酒要摆放在圣餐桌上，由牧师重述当初耶稣设立圣餐所说的话。然后，牧师当重述上帝借着圣餐所赐给我们的应许，吩咐根据主的禁令不可领受圣餐的人不要领受。此后，牧师应当祷告，祈求以慈爱之心把这一圣洁食物赐给我们的主，也教导我们以信心和感恩之心领受，并不是因为我们自己如何，而是因为上帝的慈爱使得我们配得领受这样的筵席。此时或者是唱诵诗篇，或者是读一些经文，牧师掰饼分杯，信徒就以适宜的方式领受这极其神圣的筵席。当圣餐结束的时候，当有一定的劝勉，就是劝勉人当有真诚的信心和信仰的告白，要有爱心，行事为人与基督徒的身份相称。最后，当向上帝感恩，并唱诗赞美上帝。当这些都结束的时候，应当安静地解散聚会。

到底是信徒自己拿在手里，彼此分饼，还是各人吃分给自己的；到底是把杯还给执事，还是传递给下一个人；到底是用有酵饼，还是用无酵饼；是用红葡萄酒，还是用白葡萄酒，这一切都没有本质性的差异。这些都是无关紧要的事，由各个教会自己决定。但是，无论如何，非常明确的就是古代教会是让所有人都拿在自己手中。基督说："大家分着喝。"（路22：17）历史的记录也表明，在罗马主教亚历山大之前，一般都用有酵饼，亚历山大是第一个喜欢用无酵饼的。但我认为这样做并没有什么特别的理由，无非就是吸引普通人的眼睛来看点新东西，绝不是要在敬虔生活方面教导他们。我要问那些渴慕敬虔度日的人，他们是否清楚地看明，这样领受圣餐与那些死气沉沉、装模作样的繁琐仪式相比，岂不更能彰显上帝的荣耀，更能给信徒带来甜蜜的属灵的安慰吗？那些繁琐仪式的唯一目的不过是欺哄那些已经上当受骗的人的感官而已。他们使人误入歧途，用迷信来愚弄民众，却称这是用宗教来约束群众。如果有人用年代的悠远来捍卫这些私人杜撰的东西，我要提醒他们：我也知道在古代教会中在施行洗礼的时候有抹油和驱魔的仪式；在使徒时期之后不久，圣餐就被人败坏了。但这只不过是人的愚顽鲁莽，禁不住要在上帝的奥秘中耍些小聪明，搞些不负责任的破坏。唯愿我们牢记：上帝所敬重的是顺服他的圣言，甚至叫我们以他的圣言来审判天使和整个世界（林前6：2—3；加1：8）。

第五章　五大伪圣礼

概　述

4.19.1　　1. 我们此前关于圣礼的探讨，足以说服那些有受教之心的明智之人，不可放纵自己的好奇之心，在上帝的圣言之外接受其他的圣礼，唯独应当接受他们已经知道的上帝所设立的两大圣礼。但是，目前几乎每个人都谈及，在各个学校和讲道中都占上风的观点是认为有七大圣礼，这种观念因为年代久远已经深深扎根，目前在人的头脑中仍然是根深蒂固。因此，我想，如果我对这其余的五大仪式一一详尽考察，还是有一定价值的。这五大仪式普遍被人视为主所设立的真正的圣礼。但是，我要揭去各种伪装，让一般人都能认识到，把它们算为圣礼，乃是何等的错误。

4.19.2　　首先，应当牢记此前我们已经以无可置疑的方式证明的结论，那就是设立圣礼的决定唯独来自上帝。实际上，圣礼应当通过上帝明确的应许来鼓励、安慰信徒的良心，而这种明确性是不可能来自任何人的。对我们而言，圣礼应当向我们见证上帝的美意，这种见证是任何人、任何天使都不能胜任的，因为任何人、任何天使都不能为上帝出谋划策（赛40：13；罗11：34）。唯独上帝能够通过他自己的圣言向我们见证他自己。圣礼是一种印记，所印证的是上帝的圣约或应许。但是，任何物质的东西和这个世界的元素都无法印证上帝的圣约或应许，除非由上帝的大能来塑造、设计。所以，人无法设立任何圣礼，因为人没有能力将上帝这样大的奥秘隐藏在这样卑微的东西底下。要使圣礼成为圣礼，首先必须先有上帝的圣言。

一　坚　信　礼

2. 他们所称的坚信礼，首先是出于人的鲁莽、被设为上帝的圣礼的仪式。另外，他们杜撰说坚信礼有能力增加恩典和圣灵，这圣灵是在洗礼中赐予的。再者，坚信礼还能坚固那些在洗礼中重生得生命的人为主争战。在施行这种坚信礼的时候，要有抹油和宣告："我用圣十字架的印记来为你作标记，用救恩的圣油来坚固你，奉圣父、圣子、圣灵之名！"这一切做得是何等美丽迷人啊！但是，上帝那应许圣灵同在的圣言何在呢？他们丝毫不能向我们拿出圣经中的证据来。他们怎能向我们保证他们的圣油真的是圣灵的器皿呢？我们看见了油——不过是油质的液体而已，此外无它。奥古斯丁说："要有上帝的圣言加在象征之上，这样象征就成了圣礼。"我说，如果他们想让我们看到不仅仅是油，还有别的，就让他们先把上帝的圣言拿出来。假如他们承认自己是圣礼的仆人，我们就没有必要继续与他们争辩。作为仆人，第一个法则就是：没有命令，就不要做什么。他们既然这样侍奉，就让他们自己拿出某种命令来吧！如果他们真的能够做到，我就不再说什么。但是，既然他们并没有任何命令，就不能为自己的这种鲁莽的亵渎之罪找出任何借口。正是在这种意义上，主耶稣问法利赛人，约翰的洗礼到底是来自天上，还是来自人间。假如他们回答说"来自人间"，他就证明他们是在说约翰的洗礼是无效的；假如他们回答说"来自天上"，他们就不得不承认约翰的教训。因此，为了避免过分地诽谤约翰，他们就不敢承认约翰的洗礼来自人间（太21：25—27）。所以，如果坚信礼是来自人间，它就是无效的；如果我们的论敌想让我们确信坚信礼是来自天上，他们就当证明确实如此。

4.19.5

4.19.6　　3. 当然，他们也用使徒为例证来为自己辩护，他们认为众使徒不会做任何鲁莽之事。确实如此！假如他们真的证明自己是众使徒的跟随者，我们也不会指责他们了。然而众使徒到底做的是什么呢？路加在《使徒行传》中记载说，在耶路撒冷的使徒们听到撒玛利亚人接受了上帝的圣言，就派彼得和约翰前往。这两位使徒为撒玛利亚人祷告，使他们受圣灵，当时圣灵还没有降在他们中间任何人身上，因为他们只是奉耶稣的名受了洗。彼得和约翰就为他们祷告，按手在他们身上。通过按手，撒玛利亚人就受了圣灵（徒8：14—17）。路加经常提及这种按手（徒6：6，8：17，13：3，19：6）。从中我看到的就是使徒忠心地完成他们的事工。主的旨意就是通过他的使徒们按手这种方式来传递那些可见的神奇的圣灵的恩赐，这些恩赐都是随着圣灵浇灌在他的子民身上而出现的。我认为在这种按手的背后并没有什么更深的奥秘。我的解释就是，他们通过这种仪式，用他们的手势来表明将他们所按手之人交托给上帝。

　　假如当时使徒们所施行的这种侍奉在教会中仍然存在，那就仍然保持这种按手。但是，既然这种恩赐已经不再给予，继续如此按手又有什么意思呢？当然，圣灵仍然与上帝的子民同在，因为没有圣灵的引导，教会就站立不住。因为我们的基督赐给我们永恒不变的应许，他让那些口渴的人就近他，他们就可畅饮活水（约7：37；参见赛55：1；约4：10，7：38）。但是，通过按手而分配的这些施行神迹奇事的能力已经停止，它们只是存续一段时间。因为用这种闻所未闻的超凡的神迹来证实、尊崇福音的新传讲和基督的新国度，是合适的。当主停止这些神迹奇事的运行的时候，他并没有完全抛弃教会，而是宣布说，他的国度的尊荣和他的话语的威严已经充分地、卓越地展现出来。这些表演家到底在哪个方面说他们跟随众使徒呢？他们应该为人按手，让圣灵的大能立时彰显出来，可惜

4.19.7　他们办不到。我们在圣经中读到，按手实际上是使徒们应用的，并

且是用于完全不同的目的。他们为什么还吹嘘自己也能为别人按手呢？假如说这种按手是一种圣礼，那么基督向门徒吹气，使他们受圣灵（约20：22），同样道理，这种吹气也可以说是使人受圣灵的圣礼了。但是，主这样做过一次，他并没有让我们也这样做。同样道理，在主所乐意的时候，使徒们为人按手，使圣灵可见的恩赐在他们祷告的时候就赐下来，但是主的目的并不在于让后来的人一味模仿，没有任何实际的益处，用一些冷酷、虚浮的标记来伪装一番，就像那些猴子表演一样。

4. 然而，即使他们能够证明他们如此按手是跟随使徒的脚踪（实际上他们和使徒的做法没有任何相似之处，只不过是刻意模仿而已），他们那种所谓的"救恩之油"又是来自何处呢？谁教导他们把坚振的能力归于这种油呢？保罗劝诫我们远离这世上无用的小学（加4：9），他岂不也是把这种服从人的规条的做法定为有罪吗（西2：20）？但是，恕我坦言，不是讲说我自己的观点，而是主的教训：那些称这种油为"救恩之油"的人弃绝了在基督里的救恩，他们与基督的国度无分。因为油是为肚腹，肚腹也是为油，但主最终要叫这两样东西都归于朽坏（参见林前6：13）。因为这一切软弱的东西在使用的时候就在朽坏，它们与上帝的国度无关，上帝的国度是属灵的国度，永不朽坏。也许有人质问："难道你用同样的标准来衡量我们在洗礼中所用的水和在圣餐中所用的饼与酒吗？"我的答复是：在主所设立的这两大圣礼中，当注意到两大方面：一是我们所见到的物质，二是上帝的圣言所赐下的形式，而圣礼的效力完全在于上帝的圣言。因此，它们保留物质的属性，我们在圣礼中所用的饼仍然是饼，酒仍然是酒，水仍然是水，在这个方面保罗所说的仍然有效，"食物是为肚腹，肚腹是为食物；但上帝要叫这两样都废坏"（林前6：13）。因为它们正如这个世界上的一切形式的物质一样,最终都会逐渐消失(林前7:31)。但是,至于它们被上帝的圣言分别为圣,成为圣礼,在这个方面,它们并没有把我们限制在肉体之中,而是真正地让我们得到属灵的教训。

4.19.8　　5. 让我们进一步看看这种脂油到底滋养了多少怪物。这些随便给人抹油的人说洗礼把圣灵赏赐给人,使人无罪;坚信礼使恩典加多;在洗礼中我们重生得生命;在坚信礼中,我们为争战而领受装备。他们是如此地无耻,竟然说若没有坚信礼,洗礼就不完全!这是何等的邪恶啊!难道在洗礼中我们不是与基督同埋葬,与他的受死有分,从而使我们与他的复活有分吗(罗6:4—5)?更进一步,保罗解释说,这种与基督同死同活就是治死我们的肉体,得蒙圣灵的更新,因为"我们的旧人和他同钉十字架"(罗6:6),"叫我们一举一动有新生的样式"(罗6:4)。为争战而领受装备,所指的不正是如此吗?但是,在我们此前所引证的那段经文中,路加说那些奉耶稣基督之名受洗的人还没有接受圣灵(徒8:16)。路加这样说,并不是说那些心里相信、口里承认基督的人没有领受任何圣灵的恩赐(罗10:10)。他所想的是领受圣灵,就是领受那种有神迹奇事和可见的恩赐显明的圣灵。圣经上记载使徒们在五旬节那一天领受了圣灵,所说的也是这种意思,因为基督在很久之前就对他们说过:"因为不是你们自己说的,乃是你们父的灵在你们里头说的。"(太10:20)你们这些属上帝的人当在此处注意撒旦邪恶、危险的诡计。为了偷偷摸摸地引诱那些不明白的人偏离洗礼的精义,它就撒谎说在洗礼中已经真正赐下的东西是在坚信礼中赐下的。既然这种教训断除本来属于洗礼的应许,转移到其他地方,还有谁怀疑这不是来自撒旦的教训呢?现在我们发现了这种所谓奇妙的抹油到底是建立在什么根基上。上帝的圣言说:"你们受洗归入基督的人都是披戴基督了。"(加3:27)但这些随便为人抹油的人却说:"在洗礼中人没有领受任何装备我们作战的应许。"既然前者是来自真理的声音，后者必定是来自虚妄的声音。因此，我现在比他们更能够对坚信礼下一个明确的定义：坚信礼就是对洗礼公开的攻击，是要模糊、废掉洗礼的功用；它是来自魔鬼的虚妄的应许，引诱我们偏离上帝的真道。如果你喜欢，这种坚信礼就是被魔鬼的谬妄玷污的膏油，欺骗那些单纯的人，使他们陷入黑暗之中。

6. 另外，他们还说，在受洗之后，所有信徒都当通过按手而接受圣灵，这样他们就能成为完整的基督徒，因为不通过主教在坚信礼中抹油，就不会成为基督徒。这些都是他们自己所说的话。但我认为与基督教相关的一切都已经写在圣经里面了。但是，他们却主张，正统宗教的形式要在圣经之外寻找、学习。这样，上帝的智慧、属天的真理、基督的整个教训只不过是开始使人成为基督徒，只有抹油才能使他们完全。这种主张使得众使徒和许多的殉道士都被定罪，因为他们一定没有接受过这种抹油，因为当时还没有圣油倒在他们身上，使他们在基督教一切细节上都得以完全，也没有通过抹油使那些不是基督徒的人成为基督徒。但是，即使我们沉默不言，这些人也足以自己驳倒自己。因为在跟随他们的人中，到底有多少人是他们在施洗之后抹油的呢？既然他们能够很容易解决各样的瑕疵，为什么还任凭这些似是而非的基督徒在他们的羊群中呢？为什么他们如此怯懦，任凭人们忽略那些倘若忽略必犯大罪的事呢？既然这事对于得救而言必不可少，为什么他们不更加严格地要求施行，膏抹所有的人，除非因猝死而不能参加的呢？既然他们任凭这个仪式随随便便地受到忽略，那就是在默认这个仪式并不是像他们所声称的那样重要。 4.19.9

7. 最后，他们主张抹油当比洗礼更受重视，因为抹油唯独由主教之类的高级祭司进行，而洗礼通常是所有祭司都能主持的。他们 4.19.10

如此喜欢自己杜撰出来的东西，竟然轻看上帝所设立的圣礼，这样做简直是丧心病狂，此外你还能说什么呢？你们这些亵渎上帝的人啊，你们竟然用被你们嘴中的臭气所污染、出于你们嘟哝出来的咒语之下的油脂，与上帝的圣言所分别为圣的水相比吗？但是，你们竟然如此猖狂，竟然轻看这水，因为你们更喜欢油！这些就是所谓的教皇的教导，就是来自使徒传承的三角台的圣谕。当然，他们中间也有些人开始稍稍冷静地对待这种疯狂的教训，因为他们也认为这种说法超出控制。他们认为，抹油之所以当受到更大的重视，也许并不是因为这个仪式本身所传递的力量和益处更大，而是因为抹油本身是由更高级的祭司进行，并且也是抹在身体更高贵的部分，也就是前额；也许是因为抹油本身更能促进美德的发展，而洗礼所带来的则是罪得赦免。但是，他们所提出的第一个理由显明他们是多纳徒派，他们认为圣礼的效力来自施行圣礼之人的德行。我姑且承认坚信礼由主教的手施行，当受到更大的敬重。但是，如果有人问主教的这种更大的权柄到底来自何处，他们如果不承认这是出于自己的捏造，又能摆出什么理由呢？他们说唯独使徒行使这样的权柄，因为唯独他们能够分赐圣灵。难道唯独主教才是使徒吗？事实上，主教本身真的是使徒吗？即使我们姑且同意他们这样的主张，他们在圣餐上主张唯独主教能够领受基督的血，平信徒不能领受。为什么他们不以同样的理由说，之所以如此行，是因为主唯独把他的血赐给了使徒们呢？假如只是赐给了使徒们，为什么他们不推论说，基督的血只是赐给了主教呢？但是，在涉及圣餐的时候，他们强调使徒们只是祭司。他们真是昏了头，竟然走向另外一个方向，以至于把使徒们换成了主教。最后，亚拿尼亚并不是使徒，但上帝仍然派他去见保罗，让保罗可以复明、受洗、被圣灵充满（徒9：17—19）。另外，我要进一步质问他们，既然这一个职分是上帝赐给主教们的权柄，正如在贵格利的书信中所见到的那样，为什么他们竟敢把这一职分托付一般的长老呢?

8. 他们又说，坚信礼之所以比洗礼更重要，那是因为坚信礼是用油抹在前额部分，而洗礼是把水洒在头顶上，仿佛洗礼是用油施行的，而不是用水施行的！这种理由是何等无聊、愚蠢啊！我呼吁一切敬畏上帝的人共同见证：这些流氓是否竭尽全力要用他们的恶酵败坏圣礼的纯洁，不达目的誓不罢休。我在此前已经说明，圣礼已经被人的各种杜撰包围起来，上帝的吩咐只能在裂缝中稍稍透漏一点微光。如果有人在此事上并不信任我，愿他至少相信自己的老师。请注意，他们忽略水，不把水算作什么，他们注重的只是洗礼中所用的油！相反，我们主张，在洗礼中人的前额当被水湿润。比较起来，不管是在洗礼中，还是在坚信礼中，我们认为你们所用的油不值一片粪土。但是，如果有人主张可以卖更高的价钱，我们的回答就是：不管你怎么卖，都不过是欺诈、偷窃，没有任何价值。

4.19.11

他们的第三个理由就是坚信礼比洗礼更能够促进人的美德，这种说法暴露了他们的不敬。当初使徒们为人按手，是要把圣灵可见的恩赐传递给人。这些人所抹的油到底在什么方面有益处呢？不要再理会这些所谓的专家了，他们不过是用许多的亵渎来遮掩一个亵渎。这就如戈尔迪之结（Gordian knot），最好的处理方法就是一刀断开，不用费劲解来解去。

9. 现在，他们认识到自己在圣经上完全没有依据，也缺乏任何合理的证明，所以，他们就老调重弹，伪称这是极其古老的做法，是许多世纪的惯例都肯定的。圣礼并不是出于地上，而是出于天上；不是出于人，而是唯独出于上帝。如果他们想把坚信礼视为圣礼，就必须证明这一礼仪是出于上帝。但是，古代的神学家都一致认可两大圣礼，并不认可别的，他们为什么还声称坚信礼具有古老

4.19.12

性呢？假如我们要从人身上为自己的信仰寻找避难所，那么我们就有一个坚不可摧的城堡，因为古人从来没有承认他们所伪称的圣礼为圣礼。古人当然谈及按手，但他们有没有把按手称为圣礼呢？奥古斯丁公开强调说，按手不过是祷告而已。现在，也许他们要对我吼叫，拿出他们那种可憎的划分：奥古斯丁在此所说的按手并不是坚振性质的，而是医治或和好性质的。奥古斯丁的这本著述并未散失，仍然在世间流通，假如我真的歪曲奥古斯丁的原意，他们不仅可以像他们通常所做的那样对我谩骂，甚至可以向我吐口水。

4.19.13　　10. 我也希望保持坚信礼这一怪胎出现之前古代基督徒之间存在的古老传统。这种传统当然不是所谓的坚信礼，因为若是称之为坚信礼就是对洗礼的伤害。这种传统乃是教理问答式的，让青少年在教会面前陈述他们的信仰。当然，最好的教理问答方式是专门起草一本基督教信仰概要，以简洁的方式概括基督教信仰的基本条款，也就是教会中所有信徒都当同意、毫无争议的基本教理。十岁大的孩子可以在教会面前表明他的信仰，根据基本条款逐项考察，逐项回答。如果他一无所知，或了解得不够清楚，他就要继续接受教导。这样，整个教会都是见证人，孩子宣告独一的真信仰，所有相信的人都是同心合意敬拜独一的上帝。假如这种训练在今日教会中仍然施行，就肯定会激发一些懒惰的父母更加殷勤地用真道教育自己的孩子。他们忽略用真道教育孩子，仿佛这对他们毫不相关。假如有这样的信仰告白，他们的忽略就会使他们在教会面前蒙羞。如果坚持这种教理问答，基督徒之间在真理上也会更加同心合意，就不会有这么多人仍然没有领受教训，处于无知状态了。如果坚持这种教理问答，一些信徒就不会如此轻率地被种种古怪新奇的教训卷走了。总之，如果坚持教理问答，所有人都会在基督教教义上受到系统的教训。

二　补　赎　礼

11. 他们的下一个圣礼就是补赎礼。他们在这个方面的教导非常混乱，使人的良心得不到任何确定的东西。我们首先根据圣经简略地介绍圣经中所说的悔改，然后我们再考察我们对手的教导，继而阐明他们如何无聊透顶，毫无理由地把圣经中所启示的悔改搞成补赎礼这种所谓的圣礼。 4.19.14

12. 很久以前就有人精研何谓悔改，阐明悔改的意思有两个部分，一是治死老我，一是活出新我。他们解释说，治死老我认识到自己的罪和上帝的刑罚，由此而在心中生发痛悔和忧伤之情。因为当人真正对罪有所认识的时候，就开始真正地恨恶罪；然后他就会发自内心地恨恶自己，承认自己是愁苦和失丧之人，希望自己成为另外的人。更进一步，他就感受到上帝的审判（知罪使人必然如此），然后他就受到打击，并且崩溃，就谦卑下来，恐惧战兢；这样他就变得沮丧不安，充满绝望。这是悔改的第一部分，通常称之为"痛悔"。"活出新我"，他们认为这就是从信心而来的安慰。这就是说，当人因为认识到自己的罪，并且因为害怕上帝的刑罚而降卑的时候，他就开始通过基督仰望上帝的慈爱——上帝的怜悯、恩典、救恩，这种仰望也使他振奋起来，再次恢复了勇气，就如出死入生一般。 3.3.3

13. 也有些人看到这个词在圣经中有不同的含义，就提出了两种形式的悔改。为了加以分辨，他们称其中一种悔改为"律法性的悔改"。通过这种悔改，罪人被知罪感刺痛，惧怕上帝的震怒，处于这种困境之中无法自拔。他们称另一种悔改为"福音性的悔改"。通过这种悔改，罪人确实处于痛苦之中，但能超越痛苦，抓住基督为医治自己的创伤的良药、脱离惊恐的安慰和摆脱愁苦的港湾。"律 3.3.4

法性的悔改"的例子有：该隐（创 4：13）、扫罗（撒上 15：30）和犹大（太 27：4）。圣经向我们记载了他们的悔改，他们承认自己犯罪的严重性，也害怕上帝的震怒。但是，他们只是把上帝视为报应者和审判官，也正是这种想法使得他们最终完全崩溃。因此，他们的悔改不过是带领他们进入地狱的通道，这其实是他们在今生就已经进入了的，在上帝大而可畏的震怒临到之前，他们就已经开始承受上帝的惩罚了。那些为罪的毒钩蜇伤，然后信靠上帝的怜悯，从中得到振奋和更新，最终归向主的人，所经历的则是"福音性的悔改"。当希西家王听到他即将死亡的消息，就陷入恐惧之中。但他流泪祈求，仰望上帝的怜悯，就重新获得信心（王下 20：2；赛 38：2）。尼尼微人面对可怕、毁灭的威胁，就惊恐不安。他们就披麻蒙灰祷告，祈求上帝转离他的烈怒（拿 3：5、9）。大卫承认自己在擅自数点民数之事上犯了大罪，祈求上帝说："耶和华啊，求你除掉仆人的罪孽。"（撒下 24：10）当大卫受到拿单的责备的时候，大卫就承认自己犯奸淫的罪，并在上帝面前俯伏祈求，等候上帝的饶恕（撒下 12：13、16）。那些听到彼得讲道的人觉得扎心，就信靠上帝的慈爱，说："弟兄们，我们当怎样行？"（徒 2：37）彼得自己也是这样悔改的，他痛哭流泪（太 26：75；路 22：62），但是并没有放弃盼望。

3.3.5　　14. 虽然这一切都是真实的，但是，根据我对圣经的领会，"悔改"这个词应当从其他方面理解。因为他们将信心放在悔改之下，并不合乎保罗在《使徒行传》中的教训："又对犹太人和希腊人证明当向上帝悔改，信靠我主耶稣基督。"（徒 20：21）此处保罗把悔改和信心视为两回事。这到底怎么说呢？难道悔改能在信心之外成立吗？绝非如此。但是，尽管悔改和信心两者不能分开，但两者却是有所不同。因为正如信心必然伴随盼望，但信心和盼望仍然不相同一样，悔改和信心尽管是不可分开的，它们应当同负一轭，但不可混淆。因此,根据我的判断,悔改就是治死我们的肉身和老我,这是对上帝真正纯粹的敬畏在我们心中生成的。不管是古代的先知,还是后来的使徒,他们在自己所处的时代讲道劝人悔改,就是这种意义的悔改。因为他们致力于一件事,就是让人因着自己的罪而感到局促不安,同时又因为害怕上帝而惊恐,这样他们就降卑、谦卑在上帝的面前,转向正道,悔改。因此,这些词语交叉应用,其实都是同样的意思:"当归向上帝","当悔改"(太3:2)。约翰也说:"你们要结出果子来,与悔改的心相称。"(路3:8;参见徒26:20;罗6:4)行事为人要与真正的悔改和归正相称。

15. 另外,整个福音要道都包含在悔改和赦罪之下。上帝差派施洗约翰行在基督之前,为他预备道路(太11:10;参见玛3:1),宣告说:"天国近了,你们应当悔改!"(太3:2,4:17)通过呼求他们悔改,约翰劝诫他们承认自己是罪人,他们的一切都在上帝面前被定罪,好使他们一心追求治死他们的肉身,寻求靠着圣灵得以重生。通过宣告上帝的国度,他呼召他们信靠上帝,因为他所教导的临近的上帝的国度就是指赦罪、救恩、生命以及我们在基督里得到的一切。因此,我们在其他福音书中读到:"约翰来了……传悔改的洗礼,使罪得赦。"(可1:4;路3:3)难道不就是吩咐那些在罪的重负之下疲惫不堪的人,应当转向上帝,盼望自己得到赦罪和救恩吗?因此,基督在开始传道的时候也是如此宣告:"上帝的国近了。你们当悔改,信福音!"(可1:15)首先他宣告上帝怜悯的宝库已经借着他打开了;然后他要求人悔改;最后,他吩咐人信靠上帝的应许。所以,当基督要简述整个福音信息的时候,就说:"基督必受害,第三日从死里复活,并且人要奉他的名传悔改、赦罪的道。"(路24:26,46—47)在基督复活之后,众使徒传讲说:"上帝且用右手将他高举,叫他作君王,作救主,将悔改的心和赦罪的恩

3.3.19

赐给以色列人。"（徒 5：30—31）通过教导福音，人听到他们所有的思想、所有的倾向、所有的努力都是败坏和邪恶的，这就是奉基督的名传悔改之道。如此一来，如果他们要进入上帝的国度，就必须重生。更进一步，重生的方式就是：他们与基督有分，在他的死中，我们败坏的欲望也死了；在他的十字架上，我们的老我也被钉死；在他的坟墓中，我们的罪身也被埋葬（罗 6：6）。我们要教导人，使他们知道，为了他们，基督成为救赎、公义、赎罪和生命（林前 1：30）；因着基督的名，他们在上帝的眼中被白白地算为义，算为无罪。这样的教导就是在传讲罪得赦免。总之，我对悔改的解释就是治死老我。

3.3.9

3.3.19

3.3.20　　这种悔改首先使我们能够认识基督，而基督唯独只向那些贫穷、受苦的罪人显明他自己。他们呻吟、劳苦、担负重担、饥渴、在忧伤痛苦之中憔悴不堪（赛 61：1—3；太 11：5、28；路 4：18）。因此，我们必须追求的就是这种悔改，一生一世致力于这种悔改，竭力追求不懈。柏拉图强调说，哲学家的一生，就是沉思死亡的一生；我们可以更准确地说，基督徒的一生，就是持续不断地竭力治死肉身的一生，直到这肉身彻底死亡。因此，我认为那些学会对自己极其不满的人大大得益，当然不是仅仅对自己不满，然后就裹足不前，而是进一步归向上帝，渴慕与基督的死联结在一起，从而使他可以对悔改默想不止。这种思想最最简洁，对我来说，与圣经中所启示的真理最最相合。

3.4.1　　16. 现在我要考察经院派诡辩家关于悔改的教训。在这个方面我将尽量简短阐述，因为我的目的不是面面俱到，免得我想保持简洁的这本小册子最后失控。本来问题并不那么复杂，但他们却用许多卷书来讨论，一旦稍微陷入他们的泥潭，就不容易抽身。首先，他们对悔改的定义表明他们从来就没有理解悔改到底是什么。因为他们引用的古人书籍中的一些套话，根本不能表达悔改的含义。比如说："悔改就是为以前的罪哭泣，并且不再犯为之哭泣的罪"；又说："悔改就是为过去的恶行悲伤，并且不再犯那些为之悲伤的恶行"；还说："悔改就是某种痛悔性的自我惩罚，为自己所犯的罪痛悔"；还说："悔改就是为自己所犯或赞同的恶行感到难受、痛苦"。让我们姑且同意教父们所说的这些话都是对的（其实，若有人要驳斥，并不困难），但他们说这些话的时候并不是要给悔改下定义，只是规劝听众不要再陷入他们已经被救拔出来的各种罪恶之中。

他们对悔改的界定隐约难辨，然后又把悔改分为三个部分：心灵的痛悔、口中的认罪和行为的补赎。这种划分丝毫不比他们的定义更合乎逻辑，尽管他们巴不得让别人看出来自己一辈子都是在搞三段论。试想如果有人根据他们的定义推理——这种推理在辩证家中间是非常盛行的，有人为以前所犯的罪哭泣，并且不再犯当为之哭泣的罪；有人为过去的恶行悲伤，并且不再犯当为之悲伤的恶行；有人为自己所犯的罪难过，并且惩罚自己，等等。但是，尽管如此，他并没有用口承认自己的罪。在此类情况下，他们这种划分还能成立吗？因为只要他真心悔改，尽管没有用口承认，仍然是真正的悔改。如果他们回答说，这种划分仅仅适用于和圣礼相关的悔改，或者可以理解为整全的悔改。这是他们没有涵盖在他们的定义之中的，没有任何理由来责备我，让他们自己责备自己吧，因为他们自己没有更准确、清楚地下定义。按照我个人的愚见，若是有任何争议，我就首先回到定义本身，因为定义乃是整个争论的关键和根基。让这种做法成为这些老师们的特权吧！现在我们一一考察。

17. 现在我想请读者明白我们不是在为子虚乌有的事情争来争去，我们现在所谈及的是极其严肃的事，就是罪得赦免的问题。因为他们不仅主张悔改包括三大方面——内心的痛悔、口中的认罪和 3.4.2

行为的补赎，同时也教导说要获得赦罪这一切都是必不可少的。在我们整个基督教信仰中，最需要我们清楚地明白、真实地掌握的首要事项就是赦罪：到底根据什么理由、什么法则、什么条件、难易如何，我们的罪才能够得以赦免？若非我们清楚、确定地获得这种知识，我们的良心就不得平安，我们就不能与上帝和好，我们就没有确信和安全；我们的良心只能不断地颤抖、摇动、翻腾，受折磨，被搅扰，骚动不安，充满仇恨，逃避上帝的面。但是，假如悔改是以他们所附加的东西为条件，我们就更悲惨、无望了。

18. 他们将痛悔视为罪得赦免的第一步，并且他们要求这种痛悔必须是相当程度的痛悔，就是真正的、完全的痛悔。但是，他们并没有指出一个人何时才能断定他自己的痛悔是真正的痛悔。这样一来，当人感受到为罪痛悔之心临到自己的时候，处于愁苦中的良心就受到极大的折磨和困扰。他们无法把握自己债务的程度，所以心中也就不能分辨自己是否已经付清了当付的债务。假如他们说我们必须尽自己心中所能去做，我们总是回到同样的问题。有谁胆敢确保自己已经竭尽自己所有的力量为罪忧伤了呢？因此，尽管人的良心与自己长期摔跤，在这漫长的争战中不断操练，但是，仍然不能发现可以安息的港湾。结果，为了使自己平静下来，至少部分平静下来，他们就强迫自己忧伤，用劲挤出眼泪来，使他们由此可以

3.4.3　完成自己的痛悔。如果说我对他们的指责是虚妄的，就请他们找出一个人来，这人在他们这种关于痛悔的教义指导下，既没有陷入绝望之中，也没有用伪装的痛悔来面对上帝的审判。我们在前面已经说过，没有悔改，就没有赦罪，因为只有那些真正认识到自己的罪，为自己的罪所压伤、苦恼的人，才会真心求告上帝的怜悯。但是，我们同时补充说，悔改并不是赦罪的原因。更进一步，我们消除了他们让我们把悔改当作责任来执行，因而给我们的灵魂带来的

各种折磨。我们教导说，罪人不能把注意力集中在自己的懊悔和眼泪上，而是应当唯独举目仰望主的怜悯。我们提醒罪人，上帝差派基督传福音给贫穷的人，医治受伤的心灵，宣告被掳的得释放，受压制的得自由，安慰悲哀的人（赛61：1；路4：18），基督所呼召的就是那些"劳苦担重担的人"（太11：28）。这就把法利赛人和亵慢人排除在外。法利赛人满足于自己的义，并不承认自己的贫穷。亵慢人不晓得上帝的震怒，也不为他们自身的邪恶寻求解决之道。这样的人既不劳苦，也不肩负重担，不伤心；也不是被掳或被囚之人，也不悲伤。因此，此处有两种截然不同的关于赦罪的教导。一种教导说赦罪是由真正的完全的痛悔赢得的，而这种痛悔是你根本不能做到的；另一种教导则劝诫人渴慕上帝的怜悯，使他们承认自己的愁苦、摇摆、疲惫和被掳，从而得到更新，得享安息和自由。总之，这种关于赦罪的教导的核心，就是教导人谦卑地把荣耀归给上帝。

19. 关于认罪，教会法律师和经院派神学家之间始终存在巨大的争议。后者主张认罪是来自上帝的律法的吩咐，而前者则声称认罪不过是来自教会法规的吩咐。在这一争议中，经院派神学家的无耻是非常显著的，为了达到自己的目的，他们败坏、强解所引证的经文段落。当他们认识到即使这样歪曲圣经也无法实现他们所要达到的目的时，那些希望自己显得比别人更聪明的人就诉诸规避这种伎俩，主张认罪在其精义上是出自上帝的律法，后来就以教会立法的形式确定下来。当然，在善于诡辩的律师中，即使极其无能的人也能这样引证上帝的律法，因为圣经中说："亚当，你在哪里？"（创3：9）当然也有例外，因为亚当的回答就是例外："你所赐给我、与我同居的女人，她把那树上的果子给我，我就吃了。"（创3：12）在这两种情况下，认罪的形式都是来自民刑律。让我们来考察他们到底用什么证据证明这种认罪——不管是正式的，还是非正式的——是来自上

3.4.4

帝的吩咐。他们声称，上帝吩咐麻风病人去祭司那里（太8：4；可1：44；路5：14，17：14）。真的吗？上帝真的是让他们去认罪吗？到底有谁听说上帝指定利未支派的祭司听人认罪（申17：8—9）？因此他们就用寓意解经来逃避问题：摩西律法中规定祭司应当分辨麻风病的轻重（利14：2—3）。罪就是灵命上的麻风病，所以祭司有责任宣判罪的轻重。在我回答这种主张之前，我要顺便问一个问题，如果这段经文使祭司成为灵命上的麻风病的判断者，他们还承担确认身体上的麻风病这样的责任吗？假如这种推理不是嘲笑圣经——摩西律法把确认麻风病的责任委托给利未支派的祭司，让我们也这样运用——罪是灵命上的麻风病，让我们也成为审断罪的人吧！我的回答就是："祭司的职任既已更改，律法也必须更改。"（来7：12）所有的祭司职分都已经转给基督，并且已经在基督里成全。祭司的权柄和尊荣也已经转给了他，并且唯独归于他。如果他们真的这么热衷于寓意解经，就当把基督视为唯一的祭司，把无限的管辖万物的权柄集中在他的审判座上。我们很愿意他们这样做。另外，在他们的寓意解经中，他们把民刑律算在礼仪律中，这也是不合适的。

既然如此，基督为什么打发那些麻风病人去见祭司呢？目的就在于不让祭司指控他违背摩西律法，因为在摩西律法中规定痊愈的麻风病人当让接受祭司的检查，并且通过献祭来赎罪。基督吩咐那些痊愈的麻风病人按照律法所吩咐的去行。他说"你们去把身体给祭司察看"（路17：4）；"献上摩西所吩咐的礼物，对众人作见证"（太8：4）。其实，这个神迹就是针对他们的证据。他们已经宣布他们是麻风病人，现在他们再宣布他们已经痊愈。尽管他们不愿意，也不得不成为基督所行的神迹的见证人。基督任凭他们调查他所行的神迹。他们无法否定。但是，因为他们还想回避，那些已经痊愈的麻风病人就是针对他们的无法否定的证据。因此，在另一段经文中说："这天国的福音要传遍天下，对万民作见证。"（太24：14）又说:"你们要为我的缘故被送到诸侯君王面前,对他们作见证。"(太10:18)这样,当上帝的审判临到他们的时候,他们的罪就更重了。

  他们从同样的来源,也就是寓意解经,得出了第二个证明,仿佛寓意解经在证实任何教义的时候都有巨大的价值!就让他们高举寓意解经吧,我通过这些象征能够证明我的主张,远超过他们所能做的。他们主张:基督吩咐门徒解开已经复活的拉撒路,让他走(约11:44)。首先,他们这种说法是错误的,因为我们在圣经中读不到基督这样吩咐门徒。更有可能的是,他对当时在场的犹太人这样说,目的就是证明他所行的神迹是真确的,毋庸置疑;并且显明他的大能,因为他仅仅通过他的声音,不需要他任何身体性的碰触,就能使死人复活。因此,我这样解释这个事实,为了消除犹太人的疑虑,就让他们搬开石头,闻闻尸体的恶臭,看看那些死亡的标记,看到拉撒路确实是只有在基督的吩咐下才活了过来,并且首先触摸到复活的拉撒路。退一步来说,即使我们承认基督是这样吩咐门徒的,我们的论敌又能从中得到什么呢?难道是主赐给使徒们释放的权柄吗?假如我们说,通过这种象征,基督是想教训他的众门徒,让他们释放那些他已经复活的人,也就是不再记念他们所犯的主已经忘记的罪,不再把那些主已经赦罪的人定为有罪,不再为那些主已经饶恕的事而责备他们,不再严厉地责罚那些主乐意怜悯、赦免的人!就让他们这样絮絮叨叨、无边无际地按寓意解经吧!

3.4.5

  20. 他们认为以下的见证非常清楚地支持他们的立场,就用这些见证来与我们进行更加激烈的争战:那些来接受约翰的洗礼的人都承认自己的罪(太3:6)。雅各吩咐我们"要彼此认罪"(雅5:16)。因此,那些当时希望受洗的人,都承认了自己的罪!因为正如以前所述,"约翰……传悔改的洗礼"(可1:4)。他用水为人施洗,引领人悔改。除了那些承认自己是罪人的人之外,他还为谁施过洗

3.4.6

礼呢？洗礼本身就是罪得赦免的标记。假如不承认自己是罪人，又怎能接受这样的标记呢？因此，为了接受洗礼，他们首先承认自己的罪。因此，雅各盼咐我们"彼此认罪"（雅5：16），这是很有道理的。但是，假如他们注意接下来的经文，他们就会明白这节经文本身并不支持他们的主张。雅各说："你们要彼此认罪，互相代求。"（雅5：16）此处雅各将彼此认罪和互相代求联系在一起。假如我们必须向祭司认罪，并且唯独向祭司才能认罪，那么我们也必须为他们祷告了。怎能从这节经文中得出唯独向祭司认罪的结论呢？实际上，雅各希望我们彼此认罪，他是唯独向那些能够互相聆听彼此认罪的人说这段话的。"彼此"就是"互相"、"交替"、"相互"的意思。

还是让我们离开这种无聊的说法吧！让我们回到使徒保罗的观点，他的说法简单明了：我们应当彼此担当各自的软弱，互相劝勉，互相怜悯，互相安慰。如果我们知道了弟兄的软弱，就当向主为他们代求。既然我们如此强调宣告上帝的怜悯，为什么他们还引用雅各的说法来反对我们呢？但是，任何人都不能宣告上帝的怜悯，除非他首先承认自己的愁苦。更进一步来说，不论是谁，若非在上帝面前、在上帝的天使面前、在教会面前，也就是在所有人面前，承认自己是个罪人，我们就宣布他处于上帝的咒诅之下。因为上帝已经把众人"都圈在罪中"（加3：22），"好塞住各人的口"（罗3：19），使世上所有具有血肉之躯的人都谦卑在上帝的面前（参见罗3：20；林前1：29）。唯独这样的人才是上帝所称义和高举的（参见罗3：4）。

3.4.7　21. 但是，我真的惊叹我们的论敌竟敢争辩说他们所谈及的认罪是上帝设立的，这是何等的无耻啊！当然，我们承认认罪这种做法古已有之，但是我们很容易就能证明这种认罪乃是个人自由的认罪。很确定，在英诺森三世之前，即使他们自己的历史记录中也表明没有任何有关认罪的教规。不管是在历史记录中，还是在古代作者的著述中，都有非常清楚的见证。这些见证都一致表明，认罪这种做法既不是基督的吩咐，也不是众使徒的规定，而是主教们自己制定的规条。我只是指出这诸多见证中的一个，就能为这事提供清楚的证明了。索宗曼（Sozomen）认为殷勤遵守主教的这种规定的只是西方教会，特别是罗马教会。这就意味着认罪并不是所有教会普世性的做法。另外，他还指出，教会特别指定众长老之一担任这种职分。这就彻底驳斥了那些人的错误主张，他们认为基督把天国的钥匙赐给了所有的祭司。实际上，这并不是所有祭司都做的事，而是唯独归于主教所挑选的祭司的职能。然后，他又补充说，这种做法也是始于君士坦丁。后来有一个已婚妇女，伪装认罪，却被人发现是在认罪的幌子之下与某个执事有私情。因为这个犯罪，涅克塔里乌（Nectarius）——当时一位以圣洁和博学而著名的人，担任教会的主教——就把认罪这种仪式废除了。让这些驴子竖起耳朵来吧！假如口头认罪是上帝的法度，为什么涅克塔里乌竟敢把它彻底废除呢？涅克塔里乌是上帝的圣仆，这是古人一致赞同的，难道他们指控他是异端分子和分裂教会的人吗？假如他们这样判定涅克塔里乌，他们也就把整个君士坦丁时期的教会定为有罪了，因为索宗曼指出，认罪这种做法不仅在一段时间内被人们忽略，并且根据他的记忆，甚至是彻底废弃了。实际上，假如他们实话实说，他们不仅指控君士坦丁时期的教会如此，也包括整个东方教会，都忽略了上帝对所有基督徒吩咐的不可违反的律法。

22. 为了使整个问题更加简单明了，我们首先要忠实地阐明圣经中所教导的到底是什么类型的认罪。然后我们再指出他们在认罪方面所加上的个人的杜撰，当然不是阐明他们所有的杜撰，因为他们杜撰的东西如汪洋大海，很难一一阐明，我们只能简要地把他们

3.4.9

所主张的认罪的核心内容指出来。此处我不需要指出，圣经中很多地方在谈及"认罪"（confession）这个词的时候是指"赞美"的意思。因此他们极其无耻，竟然不教授这些段落，声称认罪所代表的就是心灵的愉悦，正如《诗篇》中所言："用欢呼称赞的声音。"（诗42：4，41：5）唯愿头脑简单的人牢记这个意思，仔细分辨认罪和赞美的不同，免得上当受骗。

23. 在认罪方面，圣经教导我们如下：既然是主赦免、忘记、除掉我们的罪，所以我们当向主认罪，使我们罪得赦免。他是医生，让我们把伤口向他敞开。我们犯罪所伤害和冒犯的是主，我们当向他寻求平安。他晓得人心，知道我们的一切心思意念（参见来4：12）。让我们在他面前倾心吐意。最后，呼召罪人的也是他，我们当来到他的面前。大卫说："我向你陈明我的罪，不隐瞒我的恶。我说：我要向耶和华认我的过犯，你就赦免我的罪恶。"（诗32：5）大卫在另外一个地方也是这样承认自己的罪的："上帝啊，求你按你的慈爱怜恤我。"（诗51：1）同样，但以理也是这样认罪的："我们犯罪作孽，行恶叛逆，偏离你的诫命典章。"（但9：5）圣经还在其他地方谈及认罪。约翰说："我们若认自己的罪，上帝是信实的……必要赦免我们的罪。"（约一1：9）我们当向谁认罪呢？当然是向上帝认罪。如果我们以忧伤和谦卑之心俯伏在他的面前，在他面前一心自责，定我们自己有罪，我们就当寻求通过他的慈爱和怜悯得蒙赦罪。那能在自己心中和上帝面前承认自己的罪的人，如果需要在人中间宣讲上帝的仁慈，当然也会预备好舌头在人面前认罪。他不仅会一次性地向一个人耳中述说自己心中的隐秘，也会常常公开、无伪地向世人讲述自己的贫穷和上帝的丰盛。当大卫受到拿单的责备的时候，他的良心就被刺痛，就在上帝和世人面前承认自己的过犯："我得罪耶和华了。"（撒下12：13）这就是说，我现在不找任何借口，不想避免被所有人定为罪人，也不想阻止我试图向上帝隐瞒的事公之于众。

另外，圣经认可两种形式的私下认罪：一是为我们自己的缘故，雅各吩咐我们彼此之间互相认罪（雅5：16）。他的意思就是说，我们彼此之间要互相分享自己的软弱，并且用各种建议和安慰互相帮助。另外一种形式的私下认罪是为了我们邻舍的缘故，如果因为我们的过错使他受到了伤害，我们就当请求他的原谅，与他重新和好。基督在《马太福音》中这样说："你在祭坛上献礼物的时候，若想起弟兄向你怀怨，就把礼物留在坛前，先去同弟兄和好，然后来献礼物。"（太5：23—24）如果我们这样承认我们自己所犯的过错，请求对方原谅，就能修复被我们的过犯破坏的爱。圣经中并没有教导其他任何形式的认罪。3.4.12

3.4.13

24. 我们的论敌说什么呢？他们规定：所有人，不论男女，一旦达到具有分辨能力的年龄，就当每年至少一次向自己的神甫承认自己的罪；如果他们不坚定地认罪，他们的罪就不得赦免。如果他们在有机会这样认罪的时候却不想去做，乐园的大门就不会向他们开放。他们主张，神甫拥有天国的钥匙，有捆绑和释放罪人的权柄，因为基督的话必不落空："凡你们在地上所捆绑的，在天上也要捆绑；凡你们在地上所释放的，在天上也要释放。"（太18：18）其实，他们自己内部也就这样的权柄争论不休。有人说，在本质上只有一把钥匙，就是捆绑和释放的权柄，要善用这把钥匙当然需要知识，但知识是辅助性的，并不是本质性的。其他人鉴于各种滥用，就主张有两把钥匙：分辨和权柄。也有人为了约束神甫的败坏，就杜撰出其他钥匙：分辨的权柄是用于发出判断，施行他们的判断的权柄；他们还把知识列为顾问。但是，他们却必然不敢把这种捆绑和释放的权柄解释为赦罪的权柄，因为他们听到主通过先知宣布：3.4.15

"唯有我是耶和华；除了我以外没有救主。唯有我为自己的缘故涂抹你的过犯。"（赛43：11、25）但是，他们仍然坚持说，祭司的责任就是宣布谁是被捆绑的，谁是被释放的；宣告谁的罪被赦免了，谁的罪未被赦免。另外，祭司有责任通过听人认罪，通过发出革除教籍或接纳人领受圣礼的判断，来宣布人的罪到底是赦免了还是继续存在。最后，我们认为他们也知道自己并没有解决这个难题，还是有反对他们的异议，就是不配之人却经常得到他们的神甫的捆绑和释放，但实际上他们并没有因此就在天上被捆绑或释放。他们最后的回避办法就是辩解说，在理解交付钥匙的时候要知道这是有一个限制的，就是基督应许说神甫的判断在他的审判座前会得到认可，条件就是那被捆绑或释放的人所受到的判断是公正的，合乎各人当受的。现在，他们声称，这些钥匙已经由基督赐给了所有的祭司，是由主教们在按立的时候传给他们的。但是，这些钥匙只有那些仍然在履行教会职分的人手中有用，而在那些被除教和停职的神甫手中则是生锈的、无效的。与那些打造新钥匙，主张教会的宝库已经被人用这些钥匙锁起来的人相比，坚持上述说法的人还可以说

3.5.2　是比较中道、理智的。我们的论敌把基督的功德、众使徒、彼得、保罗、殉道士等人的功德称为"教会的宝库"。他们伪称这一宝库的主要监护权已经委托给了罗马主教，由他来掌管这些功德的分配，因此他既可以亲自分配，也可以委派别人来分配。因此，赦免一生之罪的赎罪券以及赦免一定年数之罪的赎罪券，都是由教皇发出的；赦免一百日之罪的赎罪券出自大主教，而赦免五十天之罪的赎罪券则是出自主教。

3.4.16　　25 我要简短地回答以上各点。至于他们是否具有捆绑信徒的灵魂的权柄，我目前暂不作答，留待以后合适的地方再论。但是，令人极其不能忍受的是，他们制定规条要求人详述自己一切的罪；

除非具有坚定的向神甫认罪的意愿，否则罪就不能赦免；并且如果忽略向神甫认罪，就不会进入乐园。这实在是令人无法苟同的。

我们需要详述一切罪吗？我相信大卫也曾经思考过认罪的问题，他说："谁能知道自己的过失呢？愿你赦免我隐而未显的过错。"（诗19：12）在另外一个地方，大卫说："我的罪孽高过我的头，如同重担叫我担当不起。"（诗38：4）大卫非常清楚我们罪恶的泥潭是何等的深，我们的过犯的形式是何等的多，这条九头蛇到底有多少脑袋、多长的尾巴。因此，他并没有试图一一列举。但是，他在自己罪恶的深处向上帝呼求："阴间的绳索缠绕我。"（诗18：5）"我陷在深淤泥之中，没有立脚之地……求你搭救我出离淤泥，不叫我陷在其中。"（诗69：2—3、15—16）当人看到大卫也无法数算自己的罪的时候，又怎能认为自己能够一一数算呢？对于那些对上帝仅仅有某种意识的人而言，这种屠杀极其残暴地撕裂他们的良心。首先，他们开始数算自己的罪，把自己所犯的各种罪根据他们的公式分门别类，分为树干、树枝、树叶，等等。然后就衡量各种罪的本质、数量和环境；就这样详细分类。但是，当他们进一步深入的时候，就发现四周是海阔天空，但却没有可以停靠的港湾。他们越是向前，就发现眼前的波浪洪涛越是浩瀚，仿佛如高山耸立；即使已经长途跋涉，也丝毫没有逃脱的盼望。这样他们就陷在无能为力的困境之中。最后的结果只能是绝望而已。此时这些残酷的屠夫为了医治他们给人带来的创伤就使用某些救治的方法，声称每个人都当自己竭尽全力。但是，这只能给人带来新的忧虑。实际上，新的折磨又落在那些本来已经绝望的人身上，"我没有花足够的时间"；"我没有专心认罪"；"我粗心大意，忽略了很多事情，我这样粗心忘事真是不可原谅的"！

还有其他一些灵药用来减轻这种痛苦。为你的疏忽悔改；只要你的疏忽不是完全的疏忽，就会被饶恕。但是，这些东西并不能遮

3.4.17

盖伤口，更不能减轻人的伤痛，无非是掺和着蜜的毒药，让人服用的时候不觉得难受，但在没有觉察之前就渗透其中了。因此，那种可怕的声音仍然在四处催逼、回旋："承认你所有的罪！"若非有真正的安慰，这种恐惧是无法消除的。

3.4.18 　　尽管有许多人吹嘘这种致命的毒药效果不错，但这并没有使他们相信这些奉承话就能满足上帝的要求，甚至真正满足他们自己的良心。其实，效果不过就是在深海中抛锚，能够提供的只是航行过程中短暂的休息；或者就像是精疲力尽的旅客在路边暂时休息。我不想费力证明此点。每个人对此都能自证。我想简述这种规条到底是什么种类的规条。首先，这是不可能做到的；因此，只能毁坏人，将人定罪，使人迷惑，陷于毁灭和绝望之中。然后，这种规定剥夺了罪人对他们的罪的真正认识，使他们成为假冒为善的人，既不认识上帝，也不认识自己。实际上，他们忙于数算罪的类别，同时却忘记了隐藏的腐败、自身隐秘的过犯和心中的污秽。只有明白这些，才能使他们真正认识自身的悲惨。

　　26. 在认罪方面，有一个很明确的原则，就是当承认我们罪恶的渊薮超出我们自己的认识。那位税吏就是按照这个原则承认自己的罪的："上帝啊，开恩可怜我这个罪人！"（路18：13）他仿佛是在说："我是何等大的罪人啊！我完完全全是个罪人！我的心思无法把握，我的舌头无法诉说我的罪恶之大！唯愿上帝无限的怜悯消除我这罪恶的深渊。"

　　你或许会问，难道我们不当承认每一个罪吗？难道不说"我是一个罪人"这句话，上帝就不会接受我们的认罪吗？并非如此，准确地说，我们应当竭尽所能在上帝面前倾心吐意，不仅用一句话来承认我们是罪人，也要真诚地承认我们确实如此；不仅要竭尽心思承认我们的罪污是何等大，也要承认我们的罪污表现在很多方面；

不仅要承认我们自身是不洁的，也要承认我们的不洁到底是什么种类的、达到什么程度、具有什么形式；不仅要承认我们是欠债的人，也要承认我们的债务是何等的重，我们的责任是何等的多；不仅要承认我们被罪压伤，也要承认我们受伤的致命程度。当罪人如此认罪，把自己完全地倾倒在上帝的面前的时候，也当急切、真诚地思考仍然残余的罪，他们罪恶的深度超出自己所能够测度的。因此，他当和大卫一同说："谁能知道自己的错失呢？愿你赦免我隐而未显的过错。"（诗19：2）

我们绝不要接受他们的主张，他们宣称只有人目的坚定地承认自己的罪，罪才能得以赦免；对于那些忽略认罪的机会的人而言，乐园的大门是关闭的。因为认罪的方式始终是一样的，并没有别的认罪方式。不管我们在圣经中什么地方读到基督赦免人的罪，我们都没有读到他们对着神甫的耳朵来承认自己的罪。很显然，没有向神甫告解认罪的人，没有认罪这种仪式，认罪是不可能的。因为若干世纪之后，我们没有听说过这种形式的认罪，但是罪仍然得到赦免。我们不要在这种令人疑惑的事上争来争去，其实上帝的话语非常清楚，永远长存："恶人若回头离开所作的罪恶……他所犯的一切罪过都不再被记念。"（结18：21—22）那些在这话上任意加添什么的人，最终所捆绑的并不是罪，而是上帝的怜悯。

27. 难怪我们把这种听认罪的仪式定为有罪，想把它在我们中间彻底废除，因为这种意识实在是流毒极大，在很多方面危害教会！即使这个仪式本身是无关紧要的，但是，因为它没有任何用处和效果，并且衍生出很多不敬、亵渎和谬误，有谁不想立即把它废除呢？当然，他们也吹嘘说这种仪式在某些功用方面还是很有效的，其实这些所谓的益处不是虚假的，就是完全没有任何价值的。在这些所谓的益处中，他们特别强调的一个功用就是：认罪者所产生的羞愧感

3.4.19

是一项沉重的惩罚，由此使得罪人以后更加谨慎；同时，通过惩罚自己，罪人也就离开上帝的震怒。仿佛我们呼召罪人来到至高天庭面前，接受上帝的审判，仍不足以使人惧怕，仍不足以使人羞愧一样！假如我们因为人的羞愧感就停止犯罪，对于上帝见证我们在良心上的罪恶却不感到羞愧，这是多大的得益啊！

然而，这个仪式本身也是完全虚假的。向神甫认罪之后，人就认为自己能够把嘴一擦，说"我没有行恶"（箴30：20）。很显然，没有什么比这更使人放纵犯罪了。在向神甫认罪之后，在一年多时间里他们不再认罪，这使得他们不仅大胆犯罪，也从不向上帝叹息，从不回转，而是罪上加罪，直到他们最后在神甫面前再次把自己所犯的罪都吐出来。他们吐露出自己的罪恶之后，仿佛自己就卸下了重负，觉得已经把上帝的审判转移到别处，就是放到了神甫身上，他们这样让神甫秘密地听取自己的罪恶，就让上帝忘记了他们的罪恶。其实，谁高高兴兴地期盼认罪之日的到来呢？谁以急切之心快快地来认罪呢？难道人们不都是不情愿，勉勉强强，仿佛被拉入监牢一样吗？也许神甫们例外，他们彼此之间很喜欢交流各自的犯罪逸事，仿佛就是令人发笑的故事一般。我不想玷污纸张，更多地谈论这些神甫之间彼此认罪所导致的种种极其可憎之事！我只想说，那位圣者因为淫乱的谣言就把认罪这种仪式从他的教会取消了，甚至把这种做法从他牧养的人心中彻底消除，这显然是明智的做法。今天，面对无限的淫乱、通奸、乱伦和卖淫，我们所受到的警戒就是必须废除这种做法。

3.4.20　　28. 现在我们来考察钥匙的权柄到底是什么。那些以认罪为圣礼的人把他们整个的理论依据都寄托在这钥匙的权柄上。他们追问说：上帝赐给钥匙就没有任何目的吗？耶稣说："凡你们在地上所释放的，在天上也要释放。"（太18：18）难道耶稣的这个说法就没有任何根据吗？难道我们要废除基督的话吗？我的回答是：上帝赐下钥匙，当然是有重要的理由的。

在圣经中有两段经文，基督在其中见证说，他的门徒在地上所捆绑和释放的，在天上也要捆绑和释放，虽然这两段经文意思略有不同，但都被这些猪毫无品位、毫无知识地给搞乱了，猪通常是什么事都做。一段经文是在《约翰福音》中，当差派门徒外出宣教的时候，基督向他们吹气（约20：22），说："你们受圣灵！你们赦免谁的罪，谁的罪就赦免了；你们留下谁的罪，谁的罪就留下了。"（约20：23）此前，基督把天国的钥匙许给了彼得（太16：19），现在不仅把天国的钥匙赐给了他，也一同赐给了其他使徒。现在彼得和其他使徒一同领受的，和当初他领受的都是同样的东西。此前基督对彼得说："我要把天国的钥匙给你。"现在基督也向其他使徒说这些话，使他们可以宣告福音，就是向那些通过基督归向天父的人打开天国的大门，同时也向那些偏离这一道路的人关闭、封锁天国的大门。基督向他们说："凡你们在地上所捆绑的，在天上也要捆绑；凡你们在地上所释放的，在天上也要释放。"现在基督对众使徒们说："你们赦免谁的罪，谁的罪就赦免了；你们留下谁的罪，谁的罪就留下了。"捆绑就是留下罪；释放就是赦免罪。很显然，通过罪得赦免，人的良心就从最严酷的锁链中得到了释放；相反，通过留下人的罪，他们就被罪禁锢的约束牢牢捆绑住。

4.11.1

29. 关于天国的钥匙，我要做出的解释既不复杂，也不强解，更不扭曲，而是简单、自然、流畅、朴素的解释。这一关乎赦免人的罪和留下人的罪的吩咐，以及耶稣向彼得所做出的捆绑与释放的应许，都是唯独指向话语的侍奉，因为当主把他的侍奉托付给众使徒的时候，也同时装备他们，使他们能够担负捆绑与释放的职分。福音的总纲不就是我们这些一直做罪和死亡的奴仆的人通过在基督耶稣里的救赎而得到释放和自由,而那些不承认、不接受基督为他们的释放者和拯救者的人则被定罪,判处永刑吗?(犹6)当主把这种大使的责任托付给他的使徒们,使他们到万国之中担任他的使者的时候(太28:19),为了证实他们的职分确实来自他自己,是从他而来,是接受他的吩咐,他就用这种崇高的见证来尊荣这一职分,而且他这样做,既是为了给使徒们特别的安慰,也是给那些聆听他们讲道的人特别的安慰。使者的职分本来就是为那些前来聆听真道的人而设立的。对于使徒们而言,在他们传道的时候,心中具有持续的、完全的确信是非常重要的,因为他们不仅要承受无限的劳苦、挂虑、愁烦和危险,最后甚至要用他们自己的鲜血为印证。我认为这种确信不是虚妄的,而是充满力量的。对于他们而言,在这样的焦虑、困难和危险之中,要确信自己是在从事上帝所吩咐的工作,是非常重要的。另外,在全世界都反对他们、攻击他们的时候,承认上帝站在他们身边,这种看见也是非常重要的。对于他们而言,他们所传讲的一切教义的创始者基督虽然不在地上,不在他们的眼前,但是他们深知他在天上证实他们所传的真道,这种认知也同样是非常重要的。另一方面,为他们的听众提供无谬的见证,证明福音的教导不是出自使徒们,而是出自上帝自身,不是出自地上的声音,而是从天上降下的声音,这样的见证也是必不可少的。因为这些事情——罪得赦免、永生的应许、救恩的好消息——都不是出自人的权柄和能力。所以,基督见证在传福音的时候,使徒们所做的不过是服侍性的工作,是上帝亲自通过他们的嘴唇说话,宣告各样的应许,他们不过是上帝使用的工具而已。他见证他们所传讲的赦罪是来自上帝的真正的应许;他们所宣告的定罪也是来自上帝的确定的判断。更进一步而言,这种见证赐给了各个时代,始终是坚定不移的,目的就是要使所有人都更加确信福音之道不管由谁传讲,都是来自上帝的圣言,是上帝在其至高审判台上发出的,也记载在生命册上，并且在天上得到批准和坚立。因此，我们的结论就是，天国的钥匙的权柄就是福音的传讲。对人而言，这本身并没有多大的权柄，不过是服侍而已。因为基督实际上并没有把这种权柄赐给任何人，而是赋予了他的圣言，也借着他的圣言，使人成为他话语的执事。

30. 另一段经文是在《马太福音》中，我们已经说过这段经文 4.11.2
有别的意思。在这段经文中，基督说："若是不听他们，就告诉教会；若是不听教会，就看他像外邦人和税吏一样。我实在告诉你们，凡你们在地上所捆绑的，在天上也要捆绑；凡你们在地上所释放的，在天上也要释放。"（太18：17—18）我们不想把这两段经文截然对立起来，其实它们之间具有相当大的联系和相似之处。这两段经文都是一般性的陈述，谈到的都是同样的捆绑和释放的权柄，都是通过上帝的圣言达成的，是同样的吩咐，也是同样的应许。但这两者之间也有不同，前者特别与讲道有关，就是关乎牧师的讲道；后者则是特别针对除教这一教会的劝惩措施，这种权柄是委托给教会的。但是，教会所捆绑的是教会予以除教的人，并不是把他抛掷到永远的灭亡和绝望之中，因为除教所谴责的是他的生活和道德，并且警告他，若不悔改，就必灭亡。教会接纳人进入团契，就是释放他，因为这使他享有在基督里的合一。因此，任何人都不可顽固地藐视教会的判断，也不可在信徒投票判他有罪之后，认为这种判断是无关紧要的。主耶稣证实，信徒所做出的这样的判断就是宣告主自己的判断，凡他们在地上所做出的一切，都在天上得到认可。因为他们有上帝的圣言，而上帝的圣言则判断悖逆之人有罪。他们有上帝的圣言，上帝的圣言也接纳那些悔改蒙恩之人进入教会的团契。当然，他们不能错误判断，不能违背上帝的判断，因为他们只能唯独根据上帝的律法进行裁决，上帝的律法是明确的，不是来自地上之人的意见，而是出于上帝圣洁的旨意和来自天上的谕令。另外，基督并没有把少数卑鄙的僧侣、剃光头、穿麻布的人称为教会，而是把奉他的名聚集的广大的会众称为教会（参见太18：20）。也不要听那些冷嘲热讽的人所说的话，他们争辩说：教会分散在世界各地，怎能让教会来解决任何争议呢？基督说得非常清楚，他在谈及基督徒教会的时候说，教会要建立在各个地方和省份，"无论在哪里，有两三个人奉我的名聚会，那里就有我在他们中间"（太18：20）。

3.4.20　31. 我已经对这两段经文做出了简明、可靠的解释。这些疯子被自己的轻率搞得不知所云，他们一会儿用这两段经文来支持忏悔，一会儿又用于证明除教、教会的司法权、创制法律的权力，还用于证明发行赎罪券的合理性。但是，我一刀斩断他们做出此类主张的依据，那就是他们的祭司既不是当初使徒们的代表，也不是他们的继承人！这一点我们要在合适的地方详细阐明。他们本来极其希望巩固自己的主张，就设立了一个攻城的装置，却攻破了他们自己所杜撰的各种谬论。因为基督并没有在把圣灵赐给使徒之前就把捆绑和释放的权柄赐给他们。因此，我认为，任何没有领受圣灵的人，都没有使用基督所赐的钥匙的权柄。我认为，除非圣灵首先来教导人，告诉人如何行，任何人都不会使用这样的钥匙。他们吹嘘自己拥有圣灵，但实际上却否定了圣灵的工作。他们想入非非，认为圣灵是无用的。但是，我们不会相信他们的说法。通过强调圣灵的工作，我们就彻底推翻了他们的主张。不管他们吹嘘自己拥有打开什么大门的钥匙，我们一定要质问他们的就是他们是否领受了圣灵，唯独圣灵才是天国的钥匙的裁判者和掌管者。如果他们回答说已经领受了圣灵，就再问他们圣灵是否会犯错。他们当然不敢直接这样说，虽然在他们的教导中有此类模糊的暗示。因此，我们必须推论说，任何祭司都没有这种掌管天国的钥匙的权柄，他们不可不加分辨地一再释放主定意要捆绑的人，捆绑主吩咐要释放的人。

通过这些很明确的证据，他们也认识到自己犯了随意捆绑和释放的罪，他们没有知识，却篡夺上帝的权柄。尽管他们不敢否定要善用这种权柄是需要知识的，但他们仍然主张这种权柄本身已经赐给了邪恶的执行者。当然，这确实是一种权柄："凡你在地上所捆绑的，在天上也要捆绑；凡你在地上所释放的，在天上也要释放。"（太16：19，18：18）或者是基督的应许是虚假的，或者是那些被赋予这种权柄的人公正地捆绑和释放。 3.4.21

他们也不能回避说：基督的应许是有限的，要根据进行捆绑和释放的人的功德而定。我们当然也承认，只有那些配得捆绑和释放的人才能得到捆绑和释放；但是，福音使者和教会衡量这种配得的标准乃是上帝的圣言。通过上帝的圣言，福音使者可以通过信心向所有人应许在基督里罪得赦免；他们也可以向那些拒不接受基督的人宣告上帝的定罪。教会是根据上帝的圣言发出宣告："无论是淫乱的、拜偶像的、奸淫的、做娈童的、亲男色的、偷窃的、贪婪的、醉酒的、辱骂的、勒索的，都不能承受上帝的国。"（林前6：9—10）教会用极其坚韧的绳索来捆绑这样的罪人。同样，通过上帝的圣言，教会也释放并安慰那些悔改之人。但是，假如不知道要捆绑和释放什么，这种权柄又是什么样的权柄呢？不知道你要捆绑或释放什么，又怎能捆绑或释放呢？既然他们的赦罪是不确定的，为什么他们还说他们是根据赐给他们的权柄进行赦罪呢？既然是无用的，这种想象出来的权柄对我们又有什么意思呢？根据这段说法，我认为这种权柄或者不存在，或者很不确定，当被视为乌有。因为既然他们承认相当多的祭司并没有正确地使用这些钥匙，没有合法地使用，这种权柄就是无效的，谁能使我确信那释放我的人是一个正确使用钥匙的人呢？既然他本身就是邪恶的，他进行的所谓的释放不就是空的吗?!"我不知道在你身上到底应当捆绑或释放什么,因为我不能正确使用这些钥匙;但是,如果你配得,我就赦免你的罪。"我没有说是"平信徒"这样做,因为他们无法承担听到这样的话。然而,我要说,即使是土耳其人或魔鬼,也能这样做。因为这就是说:我没有上帝的圣言这关于释放的明确标准,但上帝已经赐给赦罪的权柄,条件就是你自己配得这样的赦罪。他们把钥匙界定为分辨和执行的权柄,而要正确使用这些钥匙,还要加上知识为谋士。他们做出这种主张的目的清晰可见,就是想说,他们希望自己在上帝及其圣言之外放荡任意地施行统治。

我将简洁地阐明他们如何把他们的钥匙用于许许多多的锁和大门,有时候用于支持他们的管辖权,有时用于主张忏悔是一个圣礼,有时用于支持他们的宪章,有时用于支持各样的礼仪。基督在《约翰福音》中向门徒发出了赦免人的罪和留下人的罪的吩咐,此处基督并不是在任命立法者、负责忏悔的秘书、官员、主教,而是为那些他所设立为圣言之仆的人佩戴独特的见证。在《马太福音》中,当基督把捆绑和释放的职分转给他的教会的时候,他并没有吩咐那些戴着冠冕的主教或长着两只角的人通过他们的权柄消灭那些不想得到释放的可怜的人,通过击钹燃烛,用各样的威吓来咒诅他们。准确地说,基督所吩咐的乃是通过除教这种劝惩方式来纠正邪恶之人的罪恶。这要通过上帝的圣言的权威和教会的侍奉来完成。

3.5.1　　32. 但是,那些疯子幻想教会的钥匙是要传递基督和殉道士的功德,是由教皇通过他的法令和赎罪券来分配的。这样幻想的人最好还是由专门治疗精神疾病的药物来治疗,而不是与他们争辩。也不需要大力驳斥他们的赎罪券,因为赎罪券本身受到来自他们自己人的很多猛烈的攻击,并且在这种攻击之下已经是气息奄奄,不断衰残。很显然,赎罪券长期以来无人触及,这种不受约束、疯狂地发放赎罪券的做法如此之久没有受到任何惩治，这一事实表明几个世纪以来人是如何沉浸在谬误的暗夜之中。人看到自己公开地、不加任何掩饰地受到教皇及其传令官的嘲弄，他们灵魂的救赎成为有钱可赚的交易对象，救赎的价值被算为几个小钱，不花钱是得不到什么的。通过这样巧立名目地赚钱，他们看到自己的奉献被人骗走，被人用于肮脏的吃喝嫖赌。同时，他们也看到，那些最热心地推销赎罪券的人也是最藐视赎罪券的人；这个怪物日渐凶残，四处作孽，无边无沿；新的赎罪券不断翻新，越来越多的钱财被卷走。但是，他们仍然用极其崇敬之心领受赎罪券，崇拜它们，买下它们。那些比其余人更有分辨力的人把赎罪券视为虔诚的欺诈，虽然有人上当受骗，但最终还是得到一些好处。最后，随着世人变得开化一些，赎罪券就开始受到冷遇，逐渐冻结，最终彻底消亡。

33. 虽然许多人已经识破那些贩卖赎罪券的人嘲弄、欺哄我们所惯用的卑鄙伎俩、诡诈、偷窃和贪婪，但他们仍然还没有认识到导致这种不敬虔做法的本源是什么。因此，我们不仅应当指出赎罪券的本质是什么，也要揭露赎罪券在各种掩饰之后的真面目。现在我们要一一细说，就是：亵渎基督的宝血，是来自撒旦的嘲讽；诱使基督徒偏离上帝的恩典，偏离在基督里的生命，偏离真正的救赎之道。他们否定基督的宝血足以赦罪、使人与上帝和好、满足上帝的公义的要求，除非其缺乏得到另外的补充，否则就会枯干衰竭，还有比这更令人厌恶地亵渎基督的宝血的说法吗？彼得说："众先知也为他作见证，说：'凡信他的人，必因他的名得蒙赦罪。'"（徒10：43）赎罪券通过彼得、保罗和殉道士把赦罪赐给人。但是，约翰说："耶稣的血洗净我们一切的罪。"（约一1：7）赎罪券用殉道士的血来洁净人的罪。但是，保罗说："上帝使那无罪的，替我们成为罪（就是赎罪），好叫我们在他里面成为上帝的义。"（林后5：21）

3.5.2

赎罪券却强调以殉道士的血来赎罪。保罗向哥林多教会的人宣告并证实说,唯有基督为他们被钉死在十字架上(林前1:13)。赎罪券宣布:"保罗和其他人为我们死了。"保罗则在另一处说:"基督用自己的血买来教会。"(徒20:28)赎罪券以殉道士的血为另外的赎价,但使徒保罗宣布:"基督一次献祭,便叫那得以成圣的人永远完全。"(来10:14)赎罪券宣称:"成圣是由殉道士来完全的,否则就不充分。"约翰说:"这些人……曾用羔羊的血把衣裳洗白净了。"(启7:14)赎罪券则教导说,他们是在圣徒的血中洗净自己的衣裳的。

3.5.3　　　很显然,虽然他们的一切交易都是由各种可怕的亵渎拼凑出来的,但这一点要比其余的亵渎更令人震惊。

34. 让他们认一认这是不是他们的判断:殉道士通过死亡所奉献给上帝的更多,赔得超出他们自己所需要的东西,他们拥有极大的剩余的功德,可以传递给其他人。因此,为了使这种极大的善不至于漫溢,他们的血就和基督的血掺和在一起;从这两种血的混合中,教会建造了一个功德库,可以由此而赦免人的罪,为罪做出补赎。"现在我为你们受苦,倒觉欢乐;并且为基督的身体,就是为教会,要在我肉身上补满基督患难的缺欠"(西1:24)。保罗的这句话,就应从这种意义上理解。

这种说法岂不是给基督留个空名,让他成为众多圣徒中的一个,和其他圣徒几乎没有任何不同,此外还是什么呢?唯有基督配得传扬;唯有基督配得宣告;唯有基督配得颂赞;当谈及赦罪、除罪、补赎的时候,唯有基督配得仰望。但是,让我们来听听他们各种扭曲的诡辩吧。为了使殉道士的鲜血不至于白白地倾洒,就让我们推断说这是为了教会的共同益处。真的如此吗?他们通过自己的死亡来荣耀上帝是无益的吗?他们用他们的鲜血见证真理,通过轻看此生来见证他们寻求一个更美的生活,通过他们的持守不变来坚固教会的信仰，打破仇敌的冥顽，难道这一切对教会都没有益处吗？但是，事实上，如果唯有基督是挽回者，唯有基督为我们的罪而死，唯有基督为救赎我们而被献上为祭，他们就认为殉道士的鲜血没有什么效用了。

3.5.4　他们是何等邪恶地扭曲保罗所说的补足基督受苦的缺欠这节经文啊（西1：24）！因此保罗所说的这种缺欠或补足并不是指救赎、除罪和补赎之工，而是指基督的肢体所受的那些痛苦，也就是所有的信徒，只要他们还活在肉身之中，必要在各样的痛苦中受到操练。因此，保罗在谈及基督的痛苦的时候就说，基督曾经亲自为所有信徒受苦，如今每天在他的肢体上受苦。基督用这种尊荣来把我们与世人分别开来，他把我们的痛苦算为他自己的痛苦。因此，当保罗说他"为教会"受苦的时候，并不是说为教会的救赎、与上帝和好与补赎而受苦。正如他在别处所说的那样，他为选民凡事忍耐，叫他们可以得着那在耶稣基督里的救恩（提后2：10）。

千万不要认为保罗在谈及基督受苦的缺欠的时候是指在公义、救恩和生命的整全上，也不要认为保罗是要在这些方面加添什么！因为保罗非常清楚地传讲说，丰富的恩典已经借着基督充充足足地浇灌下来，远远胜过一切罪恶的权势（参见罗5：11）。正像彼得有力见证的那样（参见徒15：11），所有圣徒的得救是单靠上帝的恩典，而不是他们的生死功德。因此，如果有人不是单单依靠上帝的怜悯，而是依靠任何圣徒的功德，就是轻看上帝和他的受膏者。揭露仇敌古怪的谬论就是胜过仇敌，因此我们不需要继续探讨，仿佛仇敌的谬误仍不清楚一样。

3.5.5　我要略过这些可憎的谬论，只是要问一个问题，是谁教导说教皇用铅锡和卷轴封闭耶稣基督的恩典呢？因为主的意愿是要通过福音的传讲来传递他的恩典。很显然，或者是上帝的福音错了，或者是赎罪券错了，两者必居其一。上帝通过福音把基督赐给我们，带着一切丰盛的属天的好处，他一切的功德、公义、智慧和恩典，毫无例外。他们却把这一切的一部分附加在赎罪券上，从教皇那里发出，用铅锡和卷轴，放在特定的地方，这就是把恩典从上帝的圣言中夺走。

3.4.25　35. 他们把赎罪放在补赎的第三个部分，我们只用一句话就能推翻他们的妄言。他们主张，赎罪者仅仅脱离过去的罪恶，改善他的行为是不够的，还需要为他所犯的罪向上帝做出补赎。而且他们还说，我们要赎罪有很多帮助，比如流泪、禁食、奉献及其他善举。我们必须通过这些做法来平息上帝的愤怒。我们必须通过这些做法来向上帝的公义还债。我们必须通过这些做法为我们的过犯做出补偿。虽然主已经通过他的大怜悯赦免了罪债，但是通过他公义的管教，主继续进行惩罚。而人的补赎所要赎回的就是这种惩罚。

36. 针对这样的谎言，我强调的就是上帝所赐给的白白的赦罪，这是圣经中最清楚的教训（赛52：3；罗3：24—25，5：8；西2：13—14；提后1：9，多3：5）！首先，什么是赦罪呢？不就是出于上帝的慷慨的恩赐吗？因为还钱之后，债权人给开一个收据，这并不是赦免；但是，债务人没有还钱，债权人出于仁慈而自愿地取消债务人的债务，这才是真正的赦免。"白白"这个词不就是指不要考虑由自己做出任何补偿吗？他们所主张的补赎已经被这大能的霹雳击破，他们还有什么信心坚持这样的主张呢？另外，既然所有圣经都是为基督作见证——借着他的名，我们得蒙赦罪（徒10：43），难道这还不排除其他所有名字吗？如果有赎罪，也只有通过基督的赎罪才有罪得赦免。假如不是唯独借着基督之名，他们怎能教导赦罪是用赎罪之名而领受的呢？这难道不是在否定赦罪是唯独借着基督之名才能领受吗？当圣经中提及"藉着基督之名"的时候，是指我们自己没有带来什么，我们不能靠自己主张什么，而是唯独仰赖基督的举荐。正如保罗所宣告的那样，"这就是上帝在基督里，叫世人与自己和好，不将他们的过犯归到他们身上"（林后5：19）。

然而，他们如此顽梗，竟然主张赦罪与和好都是通过基督在我们蒙恩受洗的时候一次性成就的；在受洗之后，我们必须通过自己的赎罪而不断复兴；如果不是通过教会的钥匙分配给人，基督的宝血就没有什么功效。但约翰所说的截然不同，"若有人犯罪，在父那里我们有一位中保，就是那义者耶稣基督。他为我们的罪作了挽回祭"（约一2：1—2）。约翰还说："小子们哪，我写信给你们，因为你们的罪藉着主名得了赦免。"（约一2：12）此处约翰当然是给信徒写信，他强调耶稣基督就是他们的挽回祭，并且阐明要消除上帝因人犯罪所导致的愤怒，只有基督的补赎才能做到。他并没有说："上帝已经藉着基督一次与你们和好；现在为你们自己去寻求其他的和好途径吧。"相反，上帝使基督永远为我们的中保，目的就在于通过他的代祷，他可以一直使我们重新得享父的恩宠。他是我们永远的挽回祭，使我们得以除罪。因为约翰所说的非常真确："看哪，上帝的羔羊，除去世人罪孽的！"（约1：29，1：36）我认为，唯独基督，没有其他任何人，能够除去我们的罪。这就是说，既然唯独他是上帝的羔羊，也唯独他能够为罪献上，也唯独他能够除罪，唯独他能够为我们的罪做出补赎。此处我们要考虑的两件事就是：确保基督的尊容完整，不受任何减损；人的良心在确信罪得赦免之后可以与上帝和好。

3.4.26

3.4.27

以赛亚说，父将众人的罪孽都归在子身上（赛53：6），要通过他的鞭伤使我们得医治（赛53：6，5）。彼得也以不同的言词重复同样的教训：基督被挂在木头上，亲身担当了我们的罪（彼前2：24）。保罗写道：基督替我们成为罪，就在他的肉身中把罪定罪（加3：13；罗8：3）。这就是说，当基督被当作祭品献上时，他担负了我们所有的罪，包括罪所带来的咒诅和污秽、上帝的审判、死亡的刑罚。因此，罪的权势和咒诅都在基督的肉身中被除掉了。

3.4.30　　当保罗谈及救赎是通过基督而成就的时候，他习惯上称之为 ἀπολύτρωσιν（罗 3：24；林前 1：30；弗 1：7；西 1：14）。这就是保罗为何写道"基督舍自己作万人的赎价"（提前 2：6）。

3.4.27　　现在，如果主张赦罪是靠人的作为，上边所说的一切还会在基督那里不受损害吗？或者说我们的罪都归在基督的身上，好使我们的罪在他里面被涂抹，或者说我们的罪是由我们的作为被涂抹；或者说基督为我们的罪做了挽回祭，或者说上帝必须由我们自己的作为来挽回。这两种说法是截然不同的！但是，如果涉及使良心平安这一问题，假如人听说自己的罪要通过自己的赎罪来救赎，他的良心能平安吗？他最多只能确信自己能够做出一定程度的补赎，在这种情况下，他的良心能平安吗？他会一直怀疑自己是否拥有一位仁慈的上帝，他会始终忐忑不安，恐惧战兢。那些依赖自己微不足道的补赎之工的人实在是轻看上帝的审判，也轻看了罪的重负是何等的大，正如我们在其他地方所阐明的那样。即使我们承认他们通过自己所做出的适宜的赎罪确实赎了一些罪，但我们仍然要问，当他们为众多的罪压倒，即使活上一百辈子，专心赎罪，也不足以赎自己的罪的时候，他们怎么办呢？

3.4.28　　37. 此时他们就用一个愚蠢的划分来逃避问题：一些罪是轻罪，而另外一些罪则是重罪，重罪需要重价的赎罪，而轻罪则可以通过一些比较轻松的补救方法来洁净，比如通过念诵主祷文，往身上洒圣水，通过参加弥撒得到赦罪等。他们就是这样戏弄上帝。尽管他们一直在讲重罪和轻罪之分，但他们自己也分不清楚，只是把心灵的不敬和不洁视为轻罪。但是，我们强调，根据圣经中所教导的义与不义的独一标准，罪的工价就是死（罗 6：23）；"惟有犯罪的，他必死亡"(结18：20)。但是，信徒的罪确实都是轻罪，并不是因为这些罪不该死，而是因为通过上帝的恩典，"如今，那些在基督耶稣里的就不定罪了"(罗8：1)，因为上帝不再将罪归算在他们身上，因为通过上帝的赦罪，他们的罪已经被涂抹（参见诗32：1—2）。

38. 我知道他们如何不公正地毁谤我们所传讲的这一教义，因为他们称之为斯多葛派的诡辩，就是说罪都是同等的，但我们用他们自己所说的话就能轻松地驳倒他们。因为我要问的就是在他们所说的重罪之中，他们自己也认为有轻有重。因此，不能直接推论说重罪都是同等之罪。既然圣经精确地说"罪的工价就是死"(罗6：23)，而顺服上帝的律法则是生命之路（参见利18：5；结18：9，20：11、13；加3：12；罗10：5；路10：28），违背上帝的律法所导致的就是死亡（参见罗6：23；结18：4、20），这个结论是他们无法回避的。既然罪如此之多，由人来赎罪会造成什么样的后果呢？如果需要一天的时间来为一个罪进行赎罪，当他们思考这罪的时候又犯了七次罪（我这是在说最公义的人）；如果他们约束自己，做出七次赎罪，他们又积累了四十九次罪（参见箴24：16）。因此，人断不能为自己的罪做出赎罪。为什么他们还这样固执己见呢？他们怎敢认为自己能够为自己赎罪呢？

当然，他们也试图脱离这样的困境，但是，正如俗语所言："常在河边走，怎能不湿鞋。"他们可以区分刑罚和罪债。他们承认上帝以其怜悯所免除的是人的罪债，尽管他们教导说我们要通过自己的祷告和眼泪来赢得这样的赦免；但是，在罪债被赦免之后，上帝的公义所要求的惩罚仍然存在。因此，他们所主张的赎罪是正确的，因为赎罪所关涉的是刑罚的免除。 3.4.29

但是，我们在圣经中所领受的赦免直接反对这种区分。这就是上帝在基督里与我们所立的新约，就是他不再记念我们的罪（耶

31：31，34）。我们可从另一位先知晓得他说这些话的意思，主在这里是说："义人若转离义行而作孽……他所行的一切义都不被记念"（结18：24）；"恶人若回头离开所作的一切罪恶……他所犯的一切罪过都不被记念"（结18：21—22；参考27节）。主说"他所行的一切义都不被记念"，在道德意义上乃是这样：他必不根据他们所行的奖赏他们。因此，主说"他所犯的一切罪过都不被记念"的意思也是说，他不会降罚在他们身上。我们在圣经的其他地方还可以看到类似的话，"得赦免其过、遮盖其罪的"（参见诗32：1—2）。基于这样的表述，倘若我们专心听他，圣灵必向我们阐明他的意思。当然，如果上帝惩罚罪，他就把罪归在我们身上；如果上帝发怒，他就记念他们的罪；如果他施行审判，他就不会遮盖他们的罪。

然而，让我们来听听另一位先知谈及上帝根据什么律法赦罪："你们的罪虽像朱红，必变成雪白；虽红如丹颜，必白如羊毛。"（赛1：18）我在这里必须纠正读我这本书的人，不要只注意我的阐释，要多多留意上帝的圣言。

3.4.30　现在我要问你，倘若对罪的刑罚还要求我们偿付，那基督赐给我们什么益处呢？因为当我们说"他被挂在木头上，亲身担当了我们的罪"（彼前2：24），我们的意思只是表明他为我们的罪承担了惩罚和报应。对此，以赛亚更加意味深长地表明了这一点，他说："因他受的刑罚，我们得平安。"（赛53：5）倘若基督没有代替我们受刑罚，那我们在能够与上帝和好之前，就必须自己为罪受刑罚，那这种因他受的刑罚，我们所得的平安到底是什么呢？对，你明确看到基督承担罪的刑罚乃是要拯救他的子民脱离这刑罚。

唯愿我们真正理解基督向那些信他的人所应许的到底是什么！"那听我话、又信差我来者的，就有永生，不至于定罪，是已经出死入生了。"（约5：24）保罗所宣告的就是对这种应许的确信："如今，那些在基督耶稣里的就不定罪了。"（罗8：1）

39. 我这样不从永罚的角度来理解审判和定罪，肯定会导致他们的嘲笑。但是，这确实与他们所教导的通过现世的惩罚来偿付的赎罪没有关系。但是，假如他们没有定意抵挡圣灵，他们就必感受到基督和保罗的话语的大能，就是信徒已经通过基督脱离了罪的咒诅，在上帝的眼中他们显为洁净。

但是，既然他们用圣经中的见证来武装自己，我们就确实需要看看他们所提出的到底是什么样的证明。他们说，大卫因为奸淫和谋杀就受到了先知拿单的责备，虽然得蒙赦罪，但在此后仍然受到了惩罚，就是他犯奸淫所生的儿子死了（撒下12：13—14）。他们教导我们说，我们的罪债被赦免之后，仍会有刑罚加在我们身上，使我们通过这样的赎罪来做出赔偿。因为但以理吩咐尼布甲尼撒用施舍来赎自己的罪（但4：27）。所罗门也写道："爱，能遮掩一切过错。"（箴10：12；彼后4：8）在《路加福音》中，主谈及那个犯罪的妇人时，说"她许多的罪都赦免了，因为她的爱多"（路7：47）。他们一直这样论断上帝的作为，是何等的悖谬啊！

3.4.31

40. 然而，假如他们注意到上帝的审判有两种——这是他们完全不应忽略的，他们就会认识到大卫所受到的责备并不是刑罚和复仇。为了教导的缘故，我们称其中一种审判为报应性的审判，而另一种审判则是管教性的审判。通过报应性的审判，主把他的愤怒倾注到那注定沉沦的人身上，报应他们，使他们迷惑，把他们驱散，使他们最终归于无有。正确地说，这就是对罪的审判和报应。这也可以称为"刑罚"。在管教性的审判中，上帝并不施行刑罚，也不发怒，也不报应，而是教训他的子民，警戒他们，斥责他们，使他们警醒。这不是刑罚，也不是报应，而是纠正和劝诫。一种审判是审判官的行为，另一种则是父亲式的。当审判官惩罚犯罪之人的时

3.4.32　候，他所谴责的是犯罪本身，并且要按罪量刑。当父亲非常严厉地纠正自己的儿子时，他并不是要报应他，也不是要粗暴地对待他的过犯，而是要教导他，使他以后提高警惕。简言之，何处有刑罚，何处就有上帝的咒诅和震怒，但上帝使咒诅和震怒远离信靠他的人。管教是上帝的祝福，见证上帝的慈爱。我们读到圣徒常常向上帝所祈求的就是转离愤怒，当他们领受上帝的管教的时候则是保持平静的心情。"耶和华啊！求你从宽惩治我，不要在你的怒中惩治我，恐怕使我归于无有，愿你将愤怒倾在……"等等（耶10：24）。尽管我不反对把这种对过犯的惩罚称之为"管教"，但我注意的是如何理解。

3.4.33　　因此，当上帝剥夺扫罗的王国时，上帝是惩罚他（撒上15：23）。当上帝把大卫的小儿子取走时（撒下12：18），他是在责罚大卫。我们就是要在这种意义上理解保罗所说的话，"我们受审的时候，乃是被主惩治，免得我们和世人一同定罪"（林前11：32）。这就是说，作为上帝的儿女，我们在天父的手下受苦的时候，这并不是一种使我们迷惑的惩罚，而是上帝教导我们学习功课的管教。

3.4.34　　当遭遇患难苦楚之时，信徒一定要从这样的认识得到坚固。"因为时候到了，审判要从上帝的家开始"（彼前4：17），要在求告他名的地方开始（参见耶25：29）。

　　假如上帝的儿女相信他们所感受到的严厉是上帝的报应，他们会怎样行呢？因为被上帝的手击打的人，如果认为上帝是惩罚性的审判官，就会认为上帝是发怒的上帝，是与他为敌的上帝，他就会憎恨上帝的鞭打，视之为咒诅和定罪。总之，认为上帝仍然想惩罚他的人，绝不会说服自己相信上帝爱他。不管这刑罚是永远的，还是现世的，都没有什么区别。因为战争、饥馑、瘟疫、疾病，正如永死的审判一样，都是来自上帝的咒诅。

3.4.35　　41. 除非我被欺骗，现在大家都认识到了主惩罚大卫的目的。这是要证明谋杀和奸淫是上帝极不喜悦的。他亲自宣告这样的罪行极大地冒犯他，让大卫学到功课，此后不要再犯这样的罪。但大卫所受到的并不是他当赔偿上帝的刑罚。我们也当如此判断上帝对大卫的另外一个管教，就是大卫不顺服上帝，数点民数，结果上帝就以可怕的瘟疫击打他的百姓（撒下24：15）。上帝虽然白白地赦免大卫的罪债，但是，为了树立公开的典范警戒各个时代的人，也为了使大卫受辱，这样的罪行不能不受到惩罚，因此上帝极其严厉地用鞭子责罚他。但是，让人感到奇怪的是他们为什么把眼目集中在大卫这一个例子上，却不受其他许多例子的触动，在这些例子中他们本来可以思考上帝白白地赦免人的罪。我们在圣经中读到税吏离开圣殿，被上帝称义，并没有附加任何刑罚（路18：14）。彼得也曾经罪得赦免（路22：61）；安波罗修说，圣经记载了他的眼泪，但我们却没有读到他做出任何补赎。而且那个瘫子听到"放心吧，你的罪赦了"的话（太9：2），他也没有受到任何惩罚。圣经中所提到的赦罪都是白白的赦罪。我们应当从这些更常见的例子中得出规律来，而不是从一个具有特殊性的例子中得出通用的规律。

但以理劝诫尼布甲尼撒王以施行公义、怜悯穷人来补偿他的罪过（但4：27）。这并不是说对人的公义和怜悯就能平息上帝的愤怒，补偿自己犯罪当受的惩罚。千万不要以为在基督的宝血之外还有别的赎价！但以理所谈及的"做出补偿"是指对人，而不是指对上帝。他仿佛是在说："国王啊，你一直施行不义的暴政，压迫那些可怜的人，剥削那些贫乏的人，你残酷不义地对待你自己的百姓。现在你当用怜悯和公义取代你的恶行、暴政和压榨。"同样，所罗门说"爱能遮掩一切过错"（箴10：12），不是在上帝面前，而是在人中间。这整节经文说："恨，能挑启争端；爱，能遮掩一切过错。"（箴10：12）在这节经文中，所罗门用他惯用的对比的方式，说明从仇恨生发各样恶事，从慈爱结出各种善果。他是说那些彼此仇恨的人就会互相吞咬、掠夺、责骂，总是找对方的毛病；而那些彼此相爱的人

3.4.36

则是互相遮掩很多事情，不计算他人的过错，凡事宽容，这并不是说赞同他人的错误行为，而是宽容忍耐，通过劝诫的方式来化解，而不是通过责骂来予以扩大。无疑，彼得也是以同样的意思来引证这节经文，除非我们指责他存心诡诈，强解圣经（参见彼前4：8）。

3.4.47　　对于《路加福音》中的那段经文（路7：36—50），任何有理智的人在读过主耶稣所讲的那个比喻之后，都不会故意找我们的毛病。那个法利赛人自己认为主耶稣并不认识那位他所接纳的妇人。因为他觉得如果主耶稣知道这个妇人是何等的罪人，就不会这样接纳她了。由此他就得出结论，认为主耶稣并不是真正的先知，因为他竟然上当受骗到这种程度。主耶稣之所以举了一个比喻，就是要说明他已经赦罪的人就不再是罪人。"一个债主有两个人欠他的债；一个欠五十两银子，一个欠五两银子；因为他们无力偿还，债主就开恩免了他们两个人的债。这两个人哪一个更爱他呢？西门回答说：我想是那多得恩免的人。所以我告诉你，她许多的罪都赦免了，因为她的爱多；但那赦免少的，他的爱就少"（路7：41—43、47）。从这些话中，你可以看到，耶稣并没有把这个妇人的爱视为她罪得赦免的原因，而是凭据。因为这些话是从欠债的比喻中取出来的，债主赦免了一个欠他五十两银子的人的债。他并没有说，因为你对我的爱多，所以我就赦免了你的债。他之所以对债主的爱多，是因为他的债被赦免了。很有必要如此应用这个比喻中的话：你认为这个妇人是个罪人，但是你当认出她并不是罪人，因为她的罪已经被赦免了。她用她的爱来表达她的感恩，她的爱应当使你确信她的罪已得赦免。这就是由果及因的推理。主耶稣清楚地说明了她获得赦罪的方式，他说："你的信救了你。"（路7：50）因此，通过信心，我们获得赦罪；通过爱，我们献上感恩，见证主的恩慈。

3.4.38　　42. 古时神学家在其著述中所广泛表达的关于赎罪的意见对我

并没有多大的影响。其实，我甚至可以说，他们中间的一些人，在流传至今的这些著述中，几乎所有著作在赎罪论上都有所偏颇。当然，我也不会说他们如此肤浅，写出如今我们这些主张赎罪论的人所理解的那些东西来。因为他们在很大程度上称赎罪不是向上帝做出的赔偿，而是一种公开的见证，见证那些被教会开除教籍的人，如果想重新被教会接纳，就必须使教会确信他们确实已经悔改。因为有禁食和责任加在这些悔改的人身上，使他们用以证明他们确实发自内心地厌恶他们从前的生活，也使人不再记念他们从前的恶行。因此，他们的补赎不是向上帝做出的，而是向教会做出的。现今所用的忏悔和赎罪的仪式就是源于这古代的仪式。但是，如今这些毒蛇的后裔（太3：7，12：34），连过去那种美好形式的影子也没有保存下来！我知道古代神学家有时说得很尖刻。正如我此前所述，我不否定他们也犯过错误。但是，他们的著述中不时出现的点点滴滴的错误经过这些肮脏之手的处理，就变得完全污秽了。如果我们一定要根据教父、古代神学家和慈爱的上帝的权威来争辩，这些人就真的信任我们吗？伦巴德是他们的领袖，他把这些神学家的著述拼凑在一起。这些东拼西凑起来的东西则是来自某些修道士的胡言乱语，借用安波罗修、哲罗姆、奥古斯丁和克里索斯托的大名。在目前有关问题的争论中，伦巴德几乎所有的证据都取自奥古斯丁的《论悔改》一书，然而此书是由某个狂热分子从一些良莠不齐的神学家的著述中用拙劣的手法拼凑起来的。实际上，这本书有奥古斯丁之名，但是，即使受过一般教育的人也不会承认这本书真的是奥古斯丁的作品。 3.4.39

43. 现在，他们不可再以所谓的"炼狱"来搅扰我们，因为斩断赎罪券的斧头也会把炼狱说的根基彻底劈开斩断。有些人认为此时我们应当在炼狱说上掩饰自己的立场，不要碰这个问题。他们说，争论这个问题只能造成激烈的争议，但却没有什么积极的造 3.5.6

就。当然，假如炼狱说没有造成严重的后果，我自己也会建议把此类琐屑的问题略过不提。但是，因为炼狱说处于诸多的亵渎之论，并且每日都有新的亵渎之说加进来支持它；因为炼狱说使人犯下诸多大罪，显然我们不可等闲视之。有人也许一时能用某种方法遮掩这样的事实：炼狱说是在上帝的圣言之外，是由人用古怪、鲁莽的方式捏造出来的；人相信炼狱说是因着撒旦靠其诡计所杜撰出来的所谓的"启示"；为了证实炼狱说，圣经中的某些段落遭到了无知的扭曲。然而，上帝严厉禁止人肆无忌惮地窥探上帝隐秘的判断，禁止人不顾他的圣言，从已经死去的人那里探索真相（申18：11）。他更不允许他的圣言被人如此不敬地败坏。

44. 让我们姑且认为这一切并不那么重要，可以暂时容忍。但是，当人要在基督的宝血之外寻求除罪，当人开始到别处寻找赎罪的时候，保持沉默就是非常危险的了。因此，我们必须大声疾呼，甚至要呼天抢地：炼狱说是出自撒旦的致命的谎言，使基督的十字架完全失效，推翻、毁坏我们所信的真道。另外，他们所说的炼狱不就是死人的灵魂要为自己赎罪吗？但是，既然正如我们在前面所考察的那样，唯独基督的宝血才能补赎信徒的罪，唯独基督的宝血才能除掉人的罪，也唯独基督的宝血才能洁净人，那么所谓的炼狱不就是对基督的亵渎吗？至于人为了捍卫炼狱说天天亵渎上帝，以及炼狱说在敬虔方面所滋生的各种次要的问题，还有从这个不敬的源头所常常生发的其他无数的邪恶，我就略过不谈了。

4.19.15　为了结束目前探讨的这个题目，我们还是重新回到忏悔这个所谓的圣礼。他们想方设法、迫不及待地要在此处发现一个圣礼。其实，他们不过是在鸡蛋里挑骨头。然而，无论他们怎样竭尽全力，这个事情仍然是困惑重重，众说纷纭，没有定见。因此，他们就说：或者说外在的补赎就是圣礼，而且如果是的话，就当被视为内心悔改的标记，也就是伤心痛悔的标记，这是圣礼的本质；或者外在的补赎和内心的悔改加在一起成为一个圣礼，不是两个圣礼，而是一个完整的圣礼。但他们又主张：唯独外在的赎罪才是圣礼，内心的悔改既是圣礼的本质，也是圣礼本身。另外，赦罪不过是本质，并不是圣礼本身。那些还记得我们在此前对圣礼所下的定义的人，应当考察罗马天主教人士所说的圣礼是什么。他们就会发现，罗马天主教人士所说的圣礼并不是主所设立的坚固我们的信心的外在的仪式。当然，如果他们回答说我的定义并不是他们必须遵从的法律，那就让他们听听奥古斯丁的说法吧，因为他们把奥古斯丁视为极其神圣。他说："上帝设立可见的圣礼，是为了属血气的人，好使他们通过圣礼一步一步地从肉眼可见的事转向那些心里明白的事。"他们所说的"赎罪之礼"能让人看见，向人显明什么类似的事呢？奥古斯丁在别处还说："圣礼之所以称为圣礼，是因为在圣礼中眼睛所看见的是一回事，而心灵所明白的则是另外一回事。眼睛所见到的是物质的形式，而心灵所明白的则是人在灵命上所结的果子。"这些话语绝不符合他们所幻想的补赎礼，因为在忏悔中并没有物质的形象来代表属灵的果子。

我们用子之矛，攻子之盾。假如忏悔是一种圣礼，那么鼓吹祭 4.19.16
司的告解是一种圣礼，不管是外在方面，还是内在方面，不是显得更加合理吗？因为很容易说这是一种在赦罪方面坚固我们的仪式，有"钥匙的应许"，正如他们所引证的，"凡你们在地上所捆绑的，在天上也要捆绑；凡你们在地上所释放的，在天上也要释放"（太18∶18，16∶19）。但是，有人或许反对说，许多人得到了祭司的赦罪，但最终通过这样的赦罪并没有得到什么，尽管根据他们的教义，新律法的圣礼当成就其所代表的。何等荒谬啊！既然他们设定圣餐有两种吃法，一是圣礼性的吃法（善人和恶人同样参与），二是属灵的吃法（唯独善人才能参与），为什么他们就不会教导告解也有两种呢？到目前为止，我仍然不能理解他们这种教义到底是什么意思，我们所做的就是在面对有关争论的时候解释清楚这种教义如何偏离上帝的真道。我在此只是指出这种顾虑并不拦阻他们称自己的神甫所做的告解为一种圣礼。因为他们会借用奥古斯丁的话来回答：在可见的圣礼之外，仍然有成圣；没有内在的成圣，仍然有可见的圣礼。奥古斯丁还说："唯独在选民身上圣礼才会成就它们所代表的。"他还说："有人以领圣餐来披戴基督，有人以成圣来披戴基督。至于前者，善人和恶人都同样披戴；至于后者，只有善人才如此披戴基督。"很显然，他们的愚蒙胜过上当受骗的孩子，他们在阳光之下却仍然视而不见。虽然他们也在努力看见，但是，对于众人都显而易见的东西，他们确实熟视无睹。

4.19.17　　　为了免得他们自高自大，不管他们把自己所主张的圣礼建立在什么基础上，我都否定补赎礼算是真正的圣礼。首先，因为补赎礼没有上帝的应许存在，而圣礼唯一的根基就是上帝的应许。其次，因为此处每个仪式所展现的都不过是人自己杜撰的东西，而我们已经证明唯独上帝才能设立圣礼的仪式。他们所杜撰的补赎礼不过是虚假的赝品。他们还给这个伪造的圣礼添加了一定的装饰，称这个伪圣礼是"船难之后的第二条船板"，因为若是有人因为犯罪而玷污了受洗时所领受的纯洁的衣裳，就可以通过补赎礼来恢复。他们还主张这是哲罗姆的说法。不管这是出于谁的说法，这个伪圣礼所显明的不敬虔都是无可推诿的。假如人犯罪就把洗礼消除了，当人想到赦罪的时候就不会想起洗礼，从而重新振作，刚强壮胆，坚固自己的信心。这样他就会得到在洗礼中所应许的赦罪！既然补赎礼给那些悔改之人带来安慰，你们干脆就称洗礼为补赎礼吧！这也许是极其合适的！

三　临终抹油礼

4.19.18　　　45. 第三大伪圣礼就是临终抹油礼，这是唯独祭司才能施行的。就是在人临终的时候，神甫用主教所祝圣的膏油为人抹油，并说这样的话："愿上帝通过这圣膏油，因着他的大怜悯，赦免你通过眼见、耳听、鼻闻、手触、嘴尝所犯的一切罪。"他们幻想这一圣礼有两大功效，一是赦罪，二是在合宜之时减轻人患病时身体上的痛苦；如果不合宜，就给人带来灵魂的健康。另外，他们还主张这一圣礼是由圣雅各设立的，他所说的话就是："你们中间有病的，他就该请教会的长老来，他们可以奉主的名抹他，为他祷告。出于信心地祈祷要救那病人，主必叫他起来；他若犯了罪，也必蒙赦免。"（雅5：14—15）这种抹油正如我们前面所说的按手一样，不过是表演而已，他们想用这种方式来模仿众使徒，是没有任何道理和益处的。马可记载使徒们在第一次外出传道的时候，根据他们从主耶稣所领受的吩咐，使死人复活，赶出污鬼，洁净长大麻风病的，医治有病的人，用抹油的方式医治病人。马可说："他们用油抹了许多病人，治好他们。"（可6：13）雅各吩咐请长老来，为病人抹油，他所指的就是这个吩咐。那些注意到主和使徒们如何自由地行这些外在之事的人，就会断定在这些仪式之下并没有隐藏着更深的奥秘。主要使那个瞎眼的人复明，就把唾沫和泥抹在瞎子的眼睛上（约9：6）；主也曾经用触摸的方式来医治人（太9：29）；有时候他仅仅用一句话（路18：42）。同样，使徒们也曾经仅仅用话语就医治了一些疾病（徒3：6，14：9—10），有时通过触摸（徒5：12、16），有时通过抹油（徒19：12）。

但是，正如其他方法一样，这种抹油并不是不加任何分辨的。我承认：抹油并不是医治的工具，而是一种象征，使那些没有受过教育的无知之人知道这种大能的来源，不把功劳归到使徒们身上。众所周知，膏油所代表的就是圣灵及其恩赐（诗45：7）。

但是，医治这种恩赐，正如其余的神迹奇事一样，是主定意暂时使用的方式，目前已经消失了，目的就在于使福音的传讲成为奇妙，直到永远。

4.19.19　46. 因此，即使我们完全承认抹油是当初使徒们所使用的具有各种权能的圣礼，现在也和我们没有任何关系，因为上帝并没有把这样的权能托付给我们。

圣经向我们提到了许多标记，他们却单单把抹油定为圣礼，难道有什么更强有力的理由吗？为什么他们不把西罗亚池子视为圣礼（约9：7），好叫病人在那里洗濯得医治呢？当然，他们说那样做是徒然的。然而，再没有比他们所说的抹油更虚妄的了。既然保罗曾经伏在一个死去的孩子身上，让他复活了（徒20：10），为什么他们不干脆也伏在死人上面呢？为什么唾沫和泥土所和的泥巴就不是圣礼呢？当然，他们回答说，其他都是个别性的例子，但抹油则是来自雅各的盼咐。这就是说，雅各是为那时仍然享受上帝这样的祝福的教会说的。但是，他们却主张今天在他们的抹油中仍然继承了这样的权柄，但我们的经验告诉我们并非如此。现在不要对于他们如何胆大妄为嘲弄人而感到惊奇。他们知道上帝的话语就是生命和真光，没有上帝的话语，人就变得盲目、迟钝。但是，他们毫不羞耻，竟然要欺骗人身上活泼的有感受的感官。因此，当他们吹嘘自己拥有这种医治的恩赐的时候，就使他们自己变得非常可笑。主确实在每个时代都与他的子民同在，他现在仍然按其必要来医治他们身体的软弱，并不比古时差。但是，如今他不再使出这些如此彰显的大能，也不再借着使徒们的手彰显这样的神迹了。

4.19.20　因此，通过抹油这一象征，使徒们说明托付给他们的医治的恩赐，不是来自他们自身的能力，而是来自圣灵的大能。他们这样行是有良好的理由的。相反，那些人将腐朽的没有效果的油视为圣灵的大能，实在是冤枉圣灵本身。这仿佛就是在说所有油都是圣灵的大能，因为圣经上是用此名来称呼油的（约一2：20、27）；每个鸽子都是圣灵,因为圣灵曾经以这种形式显现(太3:16;约1:32)。还是让他们好好考察这些事情吧。

47. 至于我们,我们现在已经确定他们的抹油不是圣礼,这就足够了,因为这种抹油既不是上帝设立的仪式,也没有上帝的任何应许。实际上,我们要求圣礼必须同时具备两项条件,既是上帝设立的仪式,也有来自上帝的应许,同时也要求确定是上帝把这仪式交给我们,把这应许落实在我们身上。因为现在没有人坚持说割礼就是基督教会的圣礼,尽管割礼本身不仅是上帝设立的,还附加有上帝的应许。因为上帝并没有吩咐我们行割礼,也没有把割礼所附带的应许赐给我们。我们已经清楚地证明他们所强烈地坚持的临终抹油礼并不是上帝赐给我们的,他们自身的经历也已经充分证明。只有那些具有医治的恩赐的人才可以运用这个仪式,这些屠夫只能够屠杀,却不能够医治,显然不可运用这个仪式。

当然,即使他们能够在他们的论点上得胜(事实上他们远远做不到),就是说雅各所吩咐的抹油仍然适用于目前的时代,他们仍然不能够证明他们用于丑化我们的抹油具有合理性。 4.19.21

48. 雅各希望所有患病的人都受到抹油(雅5:14);但这些人居然不是把自己的膏油抹在病人身上,而是抹在奄奄一息、半死半活的尸体上,这就是他们所说的临终抹油。假如说他们的圣礼确实是大有能力的良药,能够减轻病人痛苦的功效,或者至少能够给人带来某种安慰,那么他们一直没有医治人就是太残酷了。雅各本来是让那些教会中的长老为人抹油,然而这些人却唯独让祭司为人抹油。他们把《雅各书》中的"长老"解释为"祭司",并幻想此处的复数形式不过是尊称,仿佛那时教会中充满了献祭的人,因此他们排队前行,人人手中都拿着圣膏油,这是极其荒谬的。雅各的吩咐很简单,就是为那些患病的人抹油,我认为此处的抹油就是普通的油,并且在马可的记载中也是如此(可6:13)。这些人不用别的油,只是用主教祝圣过的油。主教祝圣时,要吹气温暖圣油,然后念一串长长的咒语,而且跪下来九次向圣油致敬:跪三次,喊"向圣油欢呼";再跪三次,喊"向圣膏药欢呼";再跪三次,喊"向圣香膏欢呼"。他们是从什么人那里学来的这种魔法呢?雅各说,为病人抹油,为他祷告,如果他有罪,就必蒙赦免(雅5:14—15),这并不是说人的罪是由膏油免除的,而是通过信徒的祷告。信徒借着祷告把患病的弟兄交托给上帝,他们的祷告必不会归于徒然。这些人亵渎上帝,谎称通过他们的"圣"油,人的罪就得以赦免。其实他们所谓的"圣"油,不过是受咒诅的油。他们根据自己的私意,如此肆无忌惮地滥用雅各所说的话,不过是为了使他们自己得益!

四 圣职授任礼

4.19.22　　49. 在他们的圣礼名单中,圣职授任礼排在第四位。但是,这个圣礼非常多产,生出了另外七个圣礼。令人感到可笑的是,他们虽然强调只有七个圣礼,最后数来数去却是十三个。他们不会因为这些圣礼都是由祭司主持的,并且最终也是一步一步地走向祭司制度的步骤,就称这些圣礼为一个圣礼。因为非常清楚,每个圣礼都有自己不同的仪式,而且他们还说这些都是不同的恩赐,因为,毫无疑问,如果接受他们的意见,它们就应当被称为七个圣礼。既然他们明确地声称具有七个圣礼,为什么我们还把它们视为可疑的东西来争论呢?

圣职人员共有七品,就是:守门人、读经员、驱魔者、辅祭员、副执事、执事、神甫。之所以有七品圣职人员,乃是和圣灵的七大恩赐相应的。当圣职人员在这七品圣职中不断擢升的时候,圣灵的恩典就不断增加,更加丰盛地倾注在他们的身上。

50. 其实，他们所分别为圣的"七"这个数字本身也是来自他们对圣经的曲解，因为他们认为他们在《以赛亚书》中读到圣灵具有七大能力，实际上以赛亚提到的只有六种（赛11：12）。先知以赛亚并没有想把圣灵的大能都放在这段经文中。因为上帝在别处称圣灵为"生命的灵"（结1：20），"圣善的灵"（罗1：4），"使人得儿子的名分的灵"（罗8：15）。在《以赛亚书》中则称之为"使人有智慧和聪明的灵、谋略和能力的灵、知识和敬畏耶和华的灵"（赛11：2）。

然而，更有判断力的人则主张不是七品圣职，而是九品圣职，因为他们认为这数字与得胜的教会类似。他们之间也有争议，因为有人主张削发为僧是第一品，担任主教是最后一品；也有人把削发为僧排除在外，把大主教列在圣品中。伊西多尔（Isidore）用另外一种方式划分圣品：他把唱诗者和读经员分开。他让唱诗者负责唱诗，而读经员负责读圣经，教导会众。这种划分得到了教会法的认可。

既然圣品的划分各式各样，他们希望我们遵守还是回避呢？我们应当主张有七种圣职吗？伦巴德大师就是这样教导的；但是，大多数博学多识的人则有不同的主张。无论如何，他们自己内部也是众说纷纭。另外，极其神圣的教会法则把我们带到另外的方向。很显然，离开上帝的圣言，人在此类神圣的事情上是无法达成一致的！

51. 现在，当他们为他们的圣职制度的起源争辩的时候，他们岂不也像那些男孩一样荒唐可笑吗？他们根据抽签被称为"圣职人员"，或者因为主掣签选中他们，或者因为他们是主怀中的签，或者是因为他们以上帝为自己的产业。但是，无论如何，他们把这个本来属于整个教会的称呼用在自己身上，就是亵渎上帝。因为这产业是出于基督，是父所赐给的（参见彼前5：3）。彼得并没有称少数几个剃光头的人为"圣职人员"，这是出于他们自己邪恶的幻想，彼

4.19.25 得是称上帝的子民这一整体为"圣职人员"。他们是这样行的：圣职人员要剃光头，这种冠冕表明王者的尊严，因为圣职人员当作王，统治自己和他人。因为彼得这样讲说他们，"惟有你们是被拣选的族类，是有君尊的祭司，是圣洁的国度，是属上帝的子民"（彼前2：9）。此处我再次证明他们是错误的。彼得所说的是整个教会，这些人却扭曲为仅仅指少数人，仿佛上帝唯独对他们说，"你们要圣洁"（彼前1：15—16；利20：7，19：2），唯独他们才是被基督的宝血所买赎的（彼前1：18—19），唯独他们借着基督成为上帝的国度和祭司（彼前2：5、9）！然后他们又举出了其他原因：头顶要剃光是表明他们的心思意念向主是敞开的，好让自己能够"敞着脸得以看见主的荣光"（林后3：18），或者教训他们必须除去口舌和眼睛所导致的过犯，或者剃光头代表舍弃现世的事；但四周围绕皇冠所留的头发则是留下来的好东西，之所以留下来，是为了表明他们的存留。一切都在符号中，这是因为"圣殿里的幔子"还没有"裂为两半"（太27：51）。他们认为自己既然通过他们的皇冠来表明此类的事情，就是他们尽了自己当尽的本分。他们用此类的欺骗和诡诈来欺哄自己要到几时呢？通过剃掉几根头发，圣职人员就表明他们已经舍弃了许多现世的好处，他们所思想的是上帝的荣耀，他们已经治死了来自耳朵和眼目的私欲。还有哪一个阶层的人比他们更贪婪、更愚昧、更充满邪情私欲吗？为什么他们宁肯用一些虚谎的符号做一些外在的表演，却不愿意展现出真正的圣洁呢？

4.19.26 他们还说自己这种圣职人员的冠冕在起源和依据上是来自拿细耳人，这岂不是承认他们所谓的奥秘不过是来自犹太人的仪式，也即不过是出于犹太教？

另外，他们还辩解说，百基拉、亚居拉以及保罗自己也曾经许愿，为了洁净自己而剃头（徒18：18），他们所显明的就是自己粗俗的无知。因为圣经中没有任何地方记载百基拉剃过头，至于亚居拉是否剃过头更是不确定；因为那里记载的剃头既可以指保罗，也可以指亚居拉。但是，我们不能任凭他们以保罗为例证来坚持他们的主张，因为只要阅读圣经，都会注意到保罗从来没有为了任何成圣的缘故剃头，他这样做不过是迁就当时那些软弱的弟兄们。我的习惯就是称此类许愿为爱的誓愿，不是敬虔的许愿，也就是说不是为了敬拜上帝而许的愿，而是为了温柔地对待软弱之人的愚昧，正如保罗自己所说的那样，对于犹太人，他就做犹太人，等等（林前9：20）。但是，他这样做是为了迁就当时的犹太人。当这些人毫无目的地要效法拿细耳人的时候，除了兴起犹太教，还能成就什么呢（民6：18，6：5）？

在古代法令性的教牧书信中，也有同样的宗教上的顾虑，根据使徒的教训，禁止他们留长发，要求他们把头剃成球状。这就仿佛是使徒保罗教导所有男人当怎样行这段经文（林前11：4），所关乎的就是圣职人员要剃成球状的光头！

52. 让我的读者由此来判断其他那些圣品吧，他们的起源竟然如此！但是，最最愚昧的还是他们把基督与他们的每个圣品联系起来。他们说，首先，当基督以绳为鞭，把那些买卖人赶出圣殿的时候，他所完成的就是守门人的职分（约2：15；太21：12）。同时，当基督说"我就是门"时（约10：7），他所表明的就是自己是守门人。当他在会堂中读《以赛亚书》的时候，他所担负的就是读经员的职分（路4：17）。基督吐唾沫抹那个耳聋舌结之人的舌头，就使他恢复了听力，这就是基督在执行驱魔者的职分（可7：32—33）。基督说"跟从我的人就不在黑暗里走"（约8：12），此处他所见证的就是他是辅祭。他束腰为门徒洗脚，就是在执行副执事的职分（约13：4—5）。他在晚餐中向使徒们分发身体和血，就是在执行执事的角色（太26：26）。他在十字架上把自己当作祭品献给

4.19.23

父，就是在执行祭司的职分（太 27：10；弗 5：2）。任何人听到此类事情都会捧腹大笑。让我感到惊奇的是写下这些东西的作者竟然自己没有笑。假如作者真的是人，肯定自己也会笑起来。他们把"辅祭员"（acolyte）这一头衔说得玄之又玄，称其为"举烛者"，一个魔法性的词，这是在各个国家和语言中都闻所未闻的，因为在希腊文中 ἀκόλουθος 这个词的意思就是"走狗"。

4.19.24　　53. 但是，如果我不严肃地驳斥这些谬论，我也会受到嘲笑，因为这些谬见是如此的琐碎、荒谬。为了使他们不再蒙蔽妇女，一定要把其谬妄之处揭露出来。他们用华丽、庄严的方式炮制了读经员、唱诗者、守门人、辅祭员等职分，但在具体履行这些职分的时候，他们却随意指定小男孩或他们所称的"平信徒"来做这些事。因为经常点燃蜡烛、把酒和水倒进容器的，就是小男孩或借此赚钱谋生的可怜的平信徒。带领唱诗的不就是这些人吗？在教会里关门开门的不也是这些人吗？谁见过辅祭员或守门人在他们的教会中做这些事呢？还是小男孩的时候就履行守门员的职分，真正长大成人便担任守门员的职分，他就不再履行开始时教会召他去做的事了。因此，当他们正式就职的时候，看来就故意地抛弃职分了。可见，为什么他们坚持一定要通过圣礼来分别为圣，一定要领受圣灵呢？就是为了无所事事！

　　如果我们诡称这是因为时代的悖谬，使得他们放弃、忽略了他们的职分，就让他们同时也承认：就是在今天，他们所高举的圣品在教会中也没有什么益处，并且他们的整个教会都充满了来自上帝的咒诅，因为他们任凭小男孩和卑鄙的大人们点燃蜡烛、往圣杯中倒酒。除非已经被祝圣为辅祭员，他们本来是不可碰这些东西的。他们还让这些小男孩读经，这本来是唯独那些已经被祝圣的人才能做的事。

另外，他们的祝圣驱魔员，目的何在呢？我听说是因为犹太人有驱魔员，但我注意到，他们是在赶鬼之后才被称为驱魔者的（徒19：13）。谁听说过这些虚假的驱魔员真正一次做过他们的行当呢？他们假装有能力为那些癫狂的人、初信教的人和被鬼附身的人按手赶鬼，但他们并不能说服邪灵相信他们真的有这样的能力，因为邪灵并不听从他们的吩咐，甚至还吩咐他们听话！因为你在他们中间找不到十分之一的人不受邪灵的驱使。无论如何，他们对他们的圣品制度夸夸其谈，不管是他们算为六种还是五种，这一切都不过是无知且无聊的谎言。

我把副执事也算在此类圣品之中，尽管在一大群次要的圣品出现之后，副执事就被转移到高级圣品的行列。很显然，不当把这些所谓的圣品视为圣礼这一层次，因为我们的论敌们也承认初期教会并不知道这些东西，这些都是许多年之后被人设计出来的。但是，既然真正的圣礼一定包含上帝的应许，那么它们就不能由天使或人设立，而是唯独上帝才能设立，因为只有上帝才能赐给应许。 4.19.28 4.19.27

至于剩下的两大圣品，它们似乎有来自上帝的圣言的认可，正是因为这一原因，他们特别称这两大圣品为"圣洁的职分"，就是为了更加敬重它们。但是，我们必须认识到他们如何不诚实地加以滥用，为他们自己寻找借口。

54. 我们首先探讨长老或祭司的职分。因为这两种名称所指的是同一件事。他们称这些人的职分就是：在祭坛上将基督的身体和血献为祭、祷告，以及称颂上帝的恩赐。因此，在按立的时候，他们领受的是圣餐杯和圣餐盘，作为他们有权向上帝献上赎罪祭的标记（参见利5：8）。同时，他们的双手被抹油，表明他们理解他们被赐给祝圣的权柄。这些做法在圣经上都没有依据，他们邪恶地败坏上帝所设立的圣职真是无以复加了。首先，我们在前面的讨论中所 4.19.28

断定的当是公认的事实：凡是为了施行赎罪祭而称自己为祭司的人都是得罪基督的。父已经将基督分别为圣，起誓指定他为祭司（来7：20），这是按照麦基洗德的等次（来5：6，6：20，7：17；诗110：4），没有终结，也没有继承者（来7：3）。他只一次将自己献上，作为永远的赎罪与和好之祭（来7：27，8：3）。如今，他已经进入天上的圣所（来9：24），替我们代求（来7：25）。在他里面，我们都是祭司（启1：6；彼前2：9），向上帝献上赞美和感谢，就是把我们自己和我们所拥有的都献给上帝。通过自己的献祭，消除上帝的愤怒，为人赎罪，这是基督独有的职分。他们的祭司职分除了亵渎上帝之外，还有什么呢？

4.5.4　　55. 但是，既然他们如此恬不知耻地吹嘘自己是众使徒的继承者，我们就确有必要考察他们在履行职分方面的可信性如何。假如他们真的渴望可信性的话，他们就会彼此保持一致了。现在主教们、托钵僧和那些可怜的献祭者们为了争夺使徒的继承权残酷斗争。主教们争辩说，当初十二个人是由单一的特权任命为使徒的。普通的长老与旧约时代的七十个长老相对应，是在此后由主任命的（路10：1）。这种说法实在荒谬，显然不需要长篇驳斥。实际上，他们在桌面上也承认这一点。

4.4.2　　教会中曾经出现过可恶的分裂，有人说"我是属亚波罗的"，还有人说"我是属矶法的"（林前1：12）。在此之前，长老和主教并没有任何分别。那些认为这种分别的出现来自异教的人很有道理。异教徒有他们的祭司、国家祭司、祭祀畜牧神的人、舞蹈祭司、大祭司，等等，各有不同的等级。托钵修士吹嘘自己是众使徒的代表，因为他们到处奔波（这恰恰表明他们与使徒相去甚远），接受别人的供养。当初的众使徒并没有漫无目标地四处游荡，正如流浪汉一样，而是前往主所呼召他们去的地方传讲福音的果子；而且他们也不是无所事事，靠着别人的劳动养生，而是根据主所赐给他们的自由，善用他们在真道上教导之人所提供的好处。这些修士不必挂羊头卖狗肉，仿佛没有这方面的见证，其实保罗给他们的头衔已经足够了。"因我们听说，在你们中间有人不按规矩而行，什么工都不作，反倒专管闲事"（帖后3：11）。在另一处还说到，"那偷进人家，牢笼无知妇女的，正是这等人。这些妇女担负罪恶，被各样的私欲引诱"（提后3：6—7）。我已经说到，他们有合法的权柄使用这些称号，还是让其他人担负使徒的职分吧，他们实在与使徒有天壤之别。

因此，让我们从总体上看一看祭司这一圣品到底如何与使徒的职分相合。在教会还未成型之前，我们的主就已经吩咐使徒们传福音给万民听，为归信的人施洗，使他们罪得赦免（太28：19—20；可16：15）。另外，他在此前还吩咐他们效法他的榜样，派发代表他的身体和血的圣餐（路22：19）。丝毫没有提及献祭！这就是圣洁的、不可触犯的、永远有效的法则，是主加给那些众使徒的继承人的，由此他们领受了传福音和施行圣礼的吩咐。因此，那些不忠心地传福音，施行圣餐的人，就是在邪恶地冒充使徒。另外，那些献祭的人还虚妄地吹嘘自己的侍奉是与使徒一样的侍奉。 4.3.6

56. 当初的使徒们和今天那些管理教会的人是有不同之处的。首先，名称上不同。即使根据词义和出处，两者都可以称为"使徒"，因为都是主所差派的（罗10：14，路6：13），但前者是主所特别拣选的十二个人，使他们在全世界重新传讲福音。而且主的旨意是让他们特别被称为"使徒"，因为那些肩负要把崭新的闻所未闻的东西传讲出去的使命的人，必须确知他们的使命，这是极其重要的。后者则称为"长老"或"监督"。其次，他们的职分不同。虽然他们都传讲福音，施行圣礼，但主吩咐那十二个人在世界各地传福音，不受 4.3.5

4.3.4

4.3.7

任何地理位置的局限（徒1：8）。对于后者，他们所接受的差派乃是在具体的个别性的教会中侍奉。

当然，不容否认，负责一个教会的人也可以帮助别的教会，或是别的教会遇到问题需要他到场，或是不需要他到场，他的著述就能教导别人。但是，要使教会保持安稳，这个次序是必需的，就是每个人都有自己特定的服侍，这样就不至于出现纷争，避免了混乱的产生，同时也使人不至于没有特定的侍奉，毫无目的地狂奔乱行，随随便便就在一个地方聚会，放弃自己在自己所属教会中的侍奉。保罗确实写明了这种分别，他写给提多的话如下："我从前留你在克里特，是要你让那没有办完的事都办整齐了，又照我所吩咐你的，在各城设立长老。"（多1：5）路加在《使徒行传》中也是这样记载的，他记载说保罗如此吩咐以弗所教会的众长老："圣灵立你们作全群的监督，你们就当为自己谨慎，牧养上帝的教会，就是他用自己血所买来的。"（徒20：28）他也这样吩咐歌罗西教会中的亚基布监督（西4：17），也同样如此吩咐腓立比教会中的众位监督（腓1：1）。

4.3.15

4.3.8　　57. 在适当考察完以上诸般事项之后，我们现在就可以界定长老的职分了，到底谁当在长老的范围内，或者说这个职分通常到底指什么。这一职分是为了传讲福音、施行圣礼的。（现在我略过长老当在行为上正直、公义以及他们之间当如何互相对待，因为我们目前的任务并不是要阐明好牧者的恩赐到底如何，而是要辨明那些称自己为牧师的人到底应当称呼什么。）监督就是得蒙上帝呼召传讲圣言、主持圣礼的人，他要本于真道完成自己的职分。我称监督和长老的职分毫无分别，都是"教会的仆人"。长老的呼召本身就是长老的职分。

4.3.10/11　　58. 现在我们阐明长老这一呼召的具体含义。这一呼召包括两个方面，首先我们应当理解的就是，是谁设立监督或长老，其次就是设立的仪式。合法的设立的证据不能从当初那些使徒们的设立来寻找，因为他们无需等待任何来自人的呼召，而是唯独主的吩咐使他们做好了从事他们的使命的装备。足够清楚的是，使徒们并不是自己担负这样的职分的，保罗是个例外，我们此前曾经引证说他留下提多在克里特各城设立长老（多1：5）。在另外的地方，他建议提摩太在为人按手的时候不可仓促而行（提前5：22）。在《使徒行传》中谈及保罗和巴拿巴在路司得、以哥念和安提阿各个教会中设立长老（徒14：22—23）。历代教皇一直强调圣经中的这些段落，因为他们习惯上认为这些段落是支持他们的主张的。他们从这段经文中引申说，按立和祝圣长老的权柄唯独属于他们。为了使他们的祝圣在那些没有受过教育的人面前显得更可敬、更敬虔，他们就加上许多仪式来装点。他们认为，既然自己是在根据保罗的法则进行祝圣和按立，这种祝圣和按立就是为一个教会选立长老和牧师，他们这种想法显然是错误的。他们如此行，不过是极其邪恶地根据自己的幻想来扭曲保罗所写的这些经文。很显然，他们所行的远非保罗所教导的。因为他们并不是设立监督，而是任命祭司。他们振振有词地说，我们这样指定他们从事教会的侍奉。但是，他们真的认为教会的侍奉就是上帝的圣言的侍奉吗？我知道他们确实反复强调：他们那些可鄙的献祭者就是教会的牧者。但是，任何有理智的人都不会相信真的如此。事实上，圣经中所启示的真理击败他们，圣经中所承认的只是传讲上帝的圣言的使者，并不承认其他任何人为教会的牧者。上帝呼召那些传讲上帝的圣言的人来治理教会，有时他们被称为"监督"（徒20：28），有时被称为"长老"（徒14：23），间或被称为"牧师"（彼前5：4）。

4.3.13

4.3.7

4.5.4

59. 他们反对说，教会法禁止授人圣职，却不给人职称，此事参见4.5.4　我并非不知。但是，我认为他们所推出的职称是不合法的。他们的职称中更好的部分不就是尊严、住所、法规、薪俸、主持、优先以及修道院吗？这些东西不是一部分来自有教堂的教会，一部分来自由两个牧师以上共同主持的教会，一部分来自被人遗弃的圣所，一

参见4.5.5　部分来自修道院吗？这一切我都认为是来自撒旦的杂七杂八的东西，并且勇敢地坚持这样的主张。因为这一切岂不都是用来把基督献祭的吗？总之，他们所按立的人都是献祭的，并不是向上帝分别为圣，而是先给鬼魔的。唯一真正的按立则是呼召经过考验、善于教导的人来治理教会，任命他从事这样的侍奉。保罗所写的这些经文当从这种意义上来理解：不管这种呼召包含什么仪式，都是与这种呼召本身相伴的。当然，至于仪式本身，我们会在合适的地方再做讨论。

4.3.15　　60. 我们现在要考察的就是：教会中的牧师到底是由谁来按立，也就是由谁来呼召？何时按立？保罗把委任权交给提摩太和提多，正如现在那些君王行使权柄一样吗？断乎不是。当保罗吩咐他们各人在他们所在的省份设立、召聚教会的时候，他督促其中的一位不要任凭教会荒凉无序，警告另外一位不要随便同意人参与侍奉，唯独让那些已经经过考验的人参与进来。难道保罗和巴拿巴把教会的财产授予任何人，像目前那些大主教所做的那样吗？当然没有。另外，在此我也不想评论那些他们强行按立的人。他们没有让教会知道和同意，便把那些自己看好的人硬加给教会。本来他们应当与教会商议，然后再把那些他们认为在教义上比较纯正、在生活上比较正直的人呼召到教会的侍奉中来。如果他们确实希望教会继续持守真道，当教会要选择一个牧师的时候，在进行选举之前，他们就当请附近教会中一两个在生活圣洁和教义纯正方面比较杰出的监督来，和他们一起讨论到底应当选谁来做牧师。到底是整个教会

聚集在一起选监督,还是由几个受托负责的人来投票选举,还是由执政官来决定,这方面并没有确定的法则。但是,应当注意的就是要参考当时的环境和民众的风俗。西普里安强调,除非是由所有会众一起投票,否则就是不正当的选举。各个历史记录也都一致见证那时在许多地方确实是这样做的。 4.4.15

61. 但是,因为人多的时候很少能够意见一致地解决任何问题,通常人群都是根据不同的利益而分化。因此,对我来说,最好还是由执政官、参议院或众监督来执行选择牧师的职分,由一些大家都尊重的信仰纯正、行为正直的监督来担任顾问。但是,在紧急情况下,那些内心敬虔的王侯或自由城邦的官员能够更好地选择牧师的人选。当然,那些傲慢的主教们用他们的委任、介绍、代表、住房以及其他专断性的权柄,已经彻底败坏了牧师按立之事的纯正。 4.4.12

62. 但是,他们说,这是败坏的时代的要求,因为在选择监督的时候,在人们和官员中间盛行的不是正直与合理的判断,而是仇恨和结党的纷争,所以应当把此类事务的决定委托给少数几个为首的监督。很显然,这是因为处境太令人感到无望,事情极其邪恶,才不得不采取的补救办法!但是,当这药物比疾病本身还要令人致命的时候,为什么不纠正这新出现的邪恶呢? 4.5.2

63. 同时,教会法也非常清楚地警告监督不要滥用他们的权柄来毁坏教会。实话实说,这些教会法本身就是燃烧的木头,燃烧着要毁坏全地,而不是提醒人们在纪律方面保持中道。我在此并不想涉足此事。但是,对我而言,这些教会法不过是对其作者本身的嘲讽,尽管他们喜欢它们。

难道我们真的怀疑过去普通人聚集选举监督的时候,不明白他们是在最为神圣的律法的约束之下吗?因为他们已经在上帝的圣言中看到了上帝所立定的法则。事实上,对于人民而言,上帝所说的一句话胜过小小教会法中成千上万无数条。然而,在可耻的情欲的败坏下,他们丝毫不顾及法律和公平。正如今天一样,即使起草了最好的法律,这些法律也是一直被埋葬在文件之中。同时,公共道德也容让理发师、厨师、赶骡子的人、私生子和诸如此类的人渣被立为教会的牧师。我并没有夸大事实:监督职位成了勾引、奸淫之人的赏赐。因为当这些职位交到猎人的手中时,我们却认为事情进展可敬可贺!教会法所捍卫的就是此类极不名誉的事。当然,我也要指出,原来人们是有一套很好的教会法的,这套教会法是由上帝的圣言规定的,就是监督必须无可指责,善于教导,不争竞,不贪婪,等等(提前3:1—7,参见多1:7—9)。既然如此,为什么选择牧师的责任从人民的手中转移到了这些官员的手中呢?因为人民中间的喧嚣和纷争使得上帝的圣言不再被人注意。今天,为什么不把这权利重新从监督的手中移转到人民的手中呢?因为这些监督不仅作奸犯科,而且毫无羞耻之心,放荡不羁,自私自利,野心勃勃,把人的东西和上帝的东西混为一谈。

4.5.6 　　这些人从来没有见过他们羊群中的一个人,他们把教会的财产视为敌人的财物而加以抢夺,或是通过诉讼的方式,或是通过购买的方式,或是通过溜须拍马的方式,或是通过从父辈和亲属那里继承的方式。听到"教会的牧师"落到这些巧取豪夺的人身上,怎能让人忍受呢?

4.5.7 　　平信徒当然也是腐败之人,无法无天,然而平信徒的放荡岂能超过他们呢?在我们的时代,亲眼目睹教会沦落到这样的光景。如果我们能复兴教会,却置之不顾,其残酷和不敬肯定超过所有的人。

64. 现在我们来考察呼召长老方面的次要事项,就是按立他们的仪式的种类。在差派使徒们出去传福音的时候，我们的主就向他们吹气（约20：22）。通过这一符号，他所表示的就是把圣灵的能力赐给了他们。这些所谓的善人一直坚持这种吹气，仿佛他们正在从自己的喉咙中喷出圣灵来，他们就这样对着那些即将担任祭司的人嘟囔说："你们受圣灵。"（约20：22）他们荒谬地模仿一切来造假：我不是说他像演员一样，一举一动都有一定的理由。相反，他们像大猩猩一样随意模仿，没有任何分辨力。他们声称自己正在效法基督，以基督为榜样。但是，问题在于主耶稣做了很多事情，但他并不想让我们效法。主耶稣对门徒们说："你们受圣灵。"（约20：22，武加大译本）他也对拉撒路说："拉撒路出来！"（约11：43，武加大译本）他对那个瘫子说："你起来行走。"（太9：5，武加大译本；参见约5：8）为什么他们不向死人和瘫子说同样的话呢？主耶稣向众使徒们吹气，使他们充满圣灵的恩惠，是要显明他神圣的大能。假如他们也要这样做，就是与上帝竞争，向上帝发出挑战，要与上帝比赛。他们所做的没有任何效果，他们此类愚蠢的举止不过是在嘲笑基督而已。他们竟然如此地无耻，以至于主张他们也是在向人传递圣灵。但是，这到底在何等程度上是真的呢？经验告诉我们，那些他们所分别为圣的祭司不过是从马变成了驴子，从傻瓜变成了疯子。尽管如此，我不想在这点上和他们争来争去。我只是责备这种仪式本身，吹气受圣灵这是基督所行的象征性的特别的神迹，不可作为榜样来效法，他们这样效法基督，并以此来为自己的做法辩护，实在是没有任何借口的！

  最后，他们到底是从谁领受了恩膏呢？他们回答说是从亚伦的后裔领受的，他们祭司的职分是从亚伦开始的。他们宁肯用各种悖谬的例证来为自己辩护，也不肯承认他们是在鲁莽地运用他们自己所杜撰的东西。同时，他们也没有注意到，当他们承认自己是亚伦的后裔的时候，他们是在冒犯基督的祭司的职分，古代一切祭司的

4.19.29

4.19.30

职分不过是基督的祭司职分的预表而已。因此，这些祭司职分都是包含在基督里，在基督里成全，也在基督里终止，正如我们所反复强调的那样，这也是《希伯来书》的明确见证。另外，既然他们喜欢摩西律法中的仪式，为什么他们不用公牛、牛犊以及羔羊献祭呢？确实，他们在相当大的程度上保留了古代会幕的样式和整个犹太人敬拜的做法；但是，在他们的敬拜中仍然没有以牛犊和公牛献祭。有谁不会注意到这种抹油的做法比施行割礼更危险，尤其是他们又加上了迷信和法利赛式的对行为的价值的强调？犹太人凭着割礼来确信自己已经称义；而这些人则是通过抹油来使人确信得到圣灵的恩赐。

4.19.31　　他们以为这就是圣油，具有不可磨灭的特征。仿佛这油用尘土和盐都不能去掉，甚至用肥皂也不能洗掉！但是，他们告诉我们，这油的特性是属灵的。油与人的灵魂有什么关系呢？难道他们忘记了自己鹦鹉学舌般重复的奥古斯丁的话了吗？奥古斯丁强调说："如果没有上帝的圣言，洗礼中所用的水不过是水，没有别的什么；使其成为圣礼的就是上帝的圣言。"当然，他们说上帝曾经吩咐摩西膏抹亚伦的儿子（出30：30；参见28：41，29：7）。但上帝在袍子、以弗得、头巾、公义的冠冕等方面也有吩咐，这些都是亚伦要穿戴的（利8：7、9），还有头巾，这是亚伦的儿子当佩戴的（利8：13）。上帝还吩咐亚伦要宰杀公牛，焚烧脂油（利8：14—16），宰杀公绵羊作为燔祭（利8：18—21），还吩咐摩西把血抹在亚伦及其儿子的右耳垂上和大拇指上（利8：22—24），以及其他的礼仪。因为这一切都已经过时了，我不晓得他们为什么单单喜欢其中的抹油。假如他们真的喜欢洒什么东西的话，为什么他们洒油，而不洒血呢？很显然，他们在试图发明什么新的东西，就是从基督教、犹太教和外邦异教中拼凑出一种新的宗教来。因此，他们的膏油是腐臭的膏油，因为缺乏盐，也就是上帝的圣言。

65. 剩下的就是按手了，很明显，使徒们当初在接纳人进入教牧的侍奉的时候是遵守按手这一仪式的。在这个方面，保罗称这种众长老的按手为"按立"，提摩太就是这样担任监督的职分的（提前4：14）。尽管我知道有些人把这段经文中的"众长老"理解为长老的聚集，但我看来在侍奉方面可以有更简单的理解。我认为此处的仪式来自希伯来人的习惯做法，当他们希望某人得到上帝的祝福，并分别为圣的时候，就通过按手这一方式把人带到上帝的面前。雅各就是这样做的，当他要祝福以法莲和玛拿西的时候，就按手在他们的头上（创48：14）。我认为，犹太人根据律法的吩咐，按手在他们后代的头上，就是这样的意思（民8：12，27：23；利1：4，3：2，8：13，4：4、1、24、29、33，等等）。因此，使徒们也如此按手，目的就是要把他们按手的对象交托给上帝。这又怎么说呢？难道他们是在追逐律法的影子吗？当然不是。当他们运用这一象征性的仪式的时候并没有任何迷信的成分，因为他们按手在那些人身上，祈求圣灵从主降临。他们通过这种仪式来侍奉上帝，目的就是要教导人们，圣灵的降临并不是出自他们，而是出自天上。总之，这种按手不过是一个符号，他们由此把那些他们为之祈求圣灵的恩赐的人交托给上帝。然后上帝就会按照他自己的美意在他们的侍奉中不断施恩。但是，无论它是什么，可以把它视为一个完全的圣礼吗？使徒们跪下祷告（徒7：60，9：40，20：36，21：5，26：14）；因此，人若不跪下，这还是圣礼吗？据说使徒们当初是向着东方祷告；向着东方祷告也当是我们的圣礼。保罗希望各地的人都举起圣洁的手祷告（提前2：8），而且过去那些圣人确实是举手祷告（诗63：4，88：9，141：2，143：6）；这种举手也当成为圣礼。这样一来，圣徒的各种姿势就都成了圣礼，这显然是不合理的。

先把各种争议放在一边，我先简述我们不可把按手这个仪式用于什么方面。如果我们要把这个仪式用于传递圣灵的恩赐，正如过去使徒们所做的那样，我们所行的就是愚蠢的。因为主耶稣并没有把这个奥秘交托给我们，他也没有把它设为圣礼。但是，教皇和他那些仆从们不断搬动这块石头，仿佛他们深信自己是在通过此类的记号传递圣灵一样，我们在考察他们的坚信礼时对此探讨得更加详尽。当然，如果有人在教会的聚集中间被按立为监督，并接受关于这一职分的训诲，然后众长老为他按手祈祷（不用其他仪式，除非是让被按立的人感受到是把他作为仆人交托给上帝），教会一起祷告把他托付给上帝，任何有理智的人都不会反对这种按手的。

4.3.9　　66. 路加在《使徒行传》（徒6：3）中描述了执事的来源、按立和职分。因为那时候在希腊人中间有传言，说在救济穷人方面，他们中的寡妇受到了忽视。使徒们就说，他们不能同时完成两大功用（传讲上帝的圣言，管理饮食）。所以，他们就要求群众选举七个正直的人，把管理饮食的事托付给他们（徒6：1及以下）。这就是执事的职分：照顾穷人，服侍他们；他们的职分之名也是由此而来。因为如此称呼他们，就像称呼牧师一样。然后，路加就陈述了他们就职的过程。他说，那些得到众人选举的人就当着使徒们的面接受按立，由使徒们为他们祈祷按手（徒6：6）。今日教会仍然还有这样的执事，仍然可以通过这样的仪式来按立他们，也就是通过按手的仪式。在这个方面，我们说得已经很充分了。保罗也曾谈及执事：他希望他们端庄，不一口两舌，不好喝酒，不贪图不义之财，在真道上坚定不移（提前3：8—9），只做一个妇人的丈夫，好好管理儿女

4.19.32　和自己的家（提前3：12）。但是，这些人所杜撰的执事到底与圣经中所说的执事有什么相似之处呢？此处我所说的并不是人，免得他们抱怨我是根据人的错误来判断他们的教义。我所争辩的是，用使徒时期教会所按立的执事为榜样，来见证我们的对手在其教义中所

主张的执事,是无耻的。他们坚持说,他们的执事的职分就是"帮助祭司;辅助圣礼中所做的一切,就是洗礼、临终抹油礼、圣餐盘和圣餐杯;举十字架,向百姓宣读福音书和教牧书信"。在此处这些话中有一个词属于真正的执事的职分吗?

现在让我们来看看他们是如何按立的:"在按立执事时,唯独监督为他按手。这就是说,他把一块围巾,也就是圣带,披在被按立者的左肩上,使他明白自己已经领受了主的轻轭(太11:30),从而使他在与自己左肩相关的一切事务上敬畏上帝。监督把福音书交给他,使他明白自己已经成为福音的宣讲者。"这一切与执事有什么关系呢?教皇派的这种做法正如有人说自己被按立为使徒,但得到的指派却是去烧香、打扫圣像上的灰尘、清洗教堂、抓老鼠、赶狗。有谁会把这种类型的人称为使徒,并且把他们与基督当初所设立的那些使徒相比呢?因此,他们最好以后不要虚幻地说这些人是执事,他们按立他们为执事不过是演戏而已。他们甚至称他们为利未人,把设立执事的缘由追溯到利未的子孙。只要他们证实他们这样回复到利未人的仪式与摩西律法的影子,就是否定了基督,我就不否认他们的说法。

67. 现在让我们一劳永逸地确定到底什么是神职授任礼吧。当然,我们不需要重复我们已经在上边详尽阐明的内容。对于那些持守中道,有受教之心的人而言(我想教导的就是这样的人),这已经足够了:任何仪式,若是没有上帝的应许相伴,就不能成为上帝所设立的圣礼。在神职授任礼这种仪式中,丝毫找不到上帝明确的应许;因为,试图用一种仪式来证实上帝的应许也就没有任何意义。另外,上帝也没有在这个方面设立任何仪式。所以,在这个方面,是没有什么圣礼可言的。

4. 19. 33

五 婚 礼

4.19.34　　68. 最后就是婚姻。所有人都承认，婚姻是上帝设定的（创 2：21—24；太 19：4 及以下）。但是，并没有人把婚姻本身视为一个圣礼，直到格列高利的时代才开始这样行。哪一个有理智的人会这样想呢？婚姻当然是好的，是上帝设立的制度。但是，耕耘、建造、做鞋、理发都是来自上帝的合法的行业，但这一切都不是圣礼。因为要成为一个圣礼，不仅要有上帝的作为，还要有上帝制定的仪式来确认上帝的应许。即使小孩子也能看出来，在婚姻中并没有此类的东西。

69. 但是，他们却说，婚姻"是圣事的标记，表明基督与教会的联合"。如果他们所说的"标记"是指上帝摆放在我们面前的符号，目的是要提升我们对自己的信心的确信，他们显然是谬之千里；如果他们认为"标记"一词不过是通过比较的方式得出的，我会证明他们的推理何其荒谬。保罗说"这星和那星的荣光，也有分别。死人复活也是这样"（林前 15：41—42），这里你可以搞出一个圣礼。基督说"天国好像一粒芥菜种"（太 13：31，武加大译本），你也可以根据这节经文搞一个圣礼。另外，基督还说"天国好像面酵"（太 13：33，武加大译本），你可以根据这节经文搞出第三个圣礼。以赛亚说"耶和华必像牧人牧养自己的羊群"（赛 40：10—11，参见武加大译本），此处你可以搞出第四个圣礼。以赛亚还说"耶和华必像勇士出去"（赛 42：13，参见武加大译本），此处你也可以搞出第五个圣礼。最后，这样还有完吗？按照这种推理方式推理下去，任何东西都会成为圣礼。在圣经中出现多少比喻和类比，就会有多少圣礼。事实上，偷盗也会成为一个圣礼，因为圣经上写道："主的日子来到，好像夜间的贼一样。"（帖前 5：2，武加大译本）这些诡辩家如此无知地乱说一通，有谁能够忍受他们呢？我承认，每当我们见到葡萄树的时候，想起主耶稣所说的话是好的，"我是葡萄树，你们是枝子"（约15∶5，武加大译本）；"我父是栽培的人"（约15∶1）。每当我们遇到带着羊群的牧羊人，我们就会想到主耶稣所说的话，"我是好牧人"（约10∶14，武加大译本），"我的羊听我的声音"（约10∶27，武加大译本），这也是好的。但是，如果有人从这些比喻中分出圣礼来，就当把他送到精神病院里去。

70. 但是，他们用保罗的话来压我们。他们说，根据保罗的话，"圣礼"这个词对婚姻是适用的："爱妻子便是爱自己了。从来没有人恨恶自己的身子，总是保养顾惜，正像基督待教会一样，因我们是他身上的肢体。为这个缘故，人要离开父母，与妻子连合，二人成为一体。这是极大的奥秘，但我是指着基督和教会说的。"（弗5∶28—31，武加大译本）如此解经就等于把天和地混为一谈。保罗要向那些已经结婚的男人说明当如何单单爱自己的妻子，就以基督为原型向他们说明这样的道理。因为正如他把他那神圣的怜爱倾注在他所娶为妻的教会身上一样，他也希望每个男人都当这样爱怜自己的妻子。圣经上所说的就是："爱妻子便是爱自己了……正像基督保养顾惜教会一样。"（弗5∶28）为了教导基督如何爱教会如己，甚至基督如何将自己与教会，也就是他的新娘合一，保罗把摩西所记载的亚当与夏娃的合一应用在基督身上。因为当初夏娃被带到亚当面前的时候（亚当知道这是用他的肋骨造成的），他就说"这是我骨中的骨，肉中的肉"（创2∶23）。保罗证实这一切都属灵地在基督里和在我们身上得到了成全，因为基督说我们就是他身体的肢体，就是他肉中的肉，骨中的骨，也因此而与基督成为一体。最后，保罗总结说："这是极大的奥秘。"为了避免有人误会他的话，他就解释说他所讲的并不是男女肉体上的合一，而是指基督和教会

4.19.35

之间在灵命上的婚姻。确实，这是一个极大的奥秘，就是基督让他的一根肋骨取下来造了我们。这就是说，他本来是刚强的，却愿意成为软弱的，目的就在于我们可以得到坚固。这样，我们现在不仅活着，并且他应当在我们里面活着（加2：20）。

4.19.36　　当然，"圣礼"（sacrament）一词欺骗了他们。但是，难道让整个教会来为他们的无知受罚吗？保罗当然说过"奥秘"一词。如果不熟悉拉丁文，翻译者本来可以不把这个词翻译出来，或者翻译为"秘密"。但是，在拉丁文武加大译本中，译者却把这个词翻译为"圣礼"（弗5：32，武加大译本）。保罗在希腊文中在同样意义上使用过"奥秘"这个词。此时他们也许会大声地斥责这一切不过是语言上的技巧，尽管这个方面的无知已经使他们在众所周知的明显之事上犯下了令人羞耻的错误。但是，为什么在一个地方如此强调"圣礼"这个词的意思，在其他时候却置之不顾呢？因为在保罗写给提摩太的第一封书信中（提前3：9），以及在同一封致以弗所人的书信中（弗1：9，3：3、9），武加大译本的译者一直把这个词翻译为"奥秘"。

71. 即使我们在此处的疏忽中放过他们，但撒谎的人至少应当有好的记性。

但是，他们先是把婚姻冠以圣礼的名称，此后又称婚姻是不洁净的，是污染，是属血气的污秽。这种轻浮也未免太令人眼花缭乱了！如果他们说自己并不禁止参加这个圣礼，但却禁止自己参与夫妻交媾的色欲，他们并没有甩掉我。因为他们教导说，男女交媾本身就是圣礼的一部分，而且唯独这是我们与基督合一的比喻，这是与自然一致的，因为夫妻是通过肉体上的交媾而成为一体的。当然，他们中间也有些人主张此处存在两个圣礼：一是在上帝与灵魂之间，就是新郎与新娘的关系；二是在基督和教会之间，乃是丈夫和妻子的关系。无论如何，这种夫妻之间的交媾仍然是圣礼，禁止任何基督徒这样行都是非法的。除非主张基督徒的各种圣礼是不和谐的，是彼此对立的。在他们的教导中，还有另外一个荒谬之处。他们主张在圣礼中所传递的是圣灵的恩赐；同时，他们教导说，夫妻交媾也是一种圣礼；同时，他们又否定在夫妻交媾中有圣灵的同在。他们不仅是在一件事情上嘲笑教会，而是为了坚持这个错误，他们制造了一系列的错谬、谎言、欺诈和恶行。因此，你可以说，当他们把婚姻也变为圣礼时，他们不过是在寻求污秽的巢穴。因为他们一旦把婚姻变成圣礼之后，就攫取了婚姻案件的庭审权；仿佛这是属灵的事务，世俗的审判官不得触及此类事情。然后，他们就制定法律，巩固他们的专权，这类的法律一方面对上帝是公开的不敬，另一方面对人则是极其不公平。此类法律有：未成年人不经父母同意所缔结的婚姻仍然有效。亲属之间的婚姻，哪怕是第七亲等之间的婚姻，也是不合法的；一旦缔结，当予解除。他们所杜撰的法律，既不合乎万国的法律，也违背摩西律法中的规定（利18：6）；妻子犯了奸淫，男人与之离婚，就不得再婚；教父教母不可以结婚；从复活节的七旬斋到节后第八天，在施洗约翰生日前三个星期内，从降临节到显现节，不可庆祝结婚；无数此类的规定简直是数不胜数。总之，我们必须脱离他们的泥潭，我不喜欢继续在他们这种泥潭中继续探讨下去。无论如何，我相信我已经有所成就，最起码把他们这些驴子身上的狮子皮扒掉了一部分。

4. 19. 37

第六章 基督徒的自由、教权与政权

一　基督徒的自由

3.19.1　　1. 现在我们来考察基督徒的自由。任何关于福音教导的综述都不应忽略对这个题目的解释。基督徒的自由是首要之事，不知道基督徒的自由，人的良心在任何事情上都会畏缩不前，常常踌躇不决，瞻前顾后，不断摇摆，充满惧怕。我们在上面对这个题目只是一掠而过，此处我们对此进行比较详尽的探讨。之所以我们延迟到此处才详尽探讨基督徒的自由，是因为一提及基督徒的自由，不是情绪激愤，就是一片喧嚣，除非我们及时抵挡那些放纵之人，他们极其邪恶地败坏了世上最美好的事物。之所以如此，一部分原因是因为以这种自由为借口，人们摆脱对上帝的顺服，一味放纵自己的私欲；另一部分原因是因为他们藐视基督徒的自由，认为这种自由破除了各样的中道、秩序和选择。处于这种困境之中，我们在此处到底当做什么呢？难道我们对基督徒的自由说再见，就可以排除此类的危险吗？但是，如前所述，除非我们真正抓住这种自由，否则我们对基督和福音都不会有正确的认识。因此，基督徒的自由是基督教教义中必不可少的一部分，我们不可压抑这一真理；同时，我们也当排除常见的各种反对基督徒自由的奇谈怪论。

3.19.2　　2. 据我看来，基督徒的自由包括三个部分。第一部分：信徒的良心在上帝的面前寻求自己称义的确信的时候，当超越律法，忘记一切靠自己行律法而得的义。因为我们在他处已经证明，在律法面前，任何人都不是义人，我们或者是没有任何称义的盼望，或者是从律法之下释放出来。因为即使有人认为自己要称义，就当带来自己的某些工作，他也无法断定到底他当带来多大程度的工作才能使自己称义，最终他不过使自己欠了整个律法的债。因此，当我们谈及称义的时候，不仅不要提及律法，也要把对工作的考量放到一边，当唯独接受上帝的恩典，把我们的注意力从自己转向基督，并且唯独仰望基督。因为问题的根本并不是我们如何成义，而是我们这样不义和不配的人如何被算为义。如果我们的良心要在称义一事上得到任何的确信，就不要给律法保留任何余地。当然，任何人都不要因此就得出结论，认为对于基督徒而言，律法是多余的，因为律法仍然在教导、劝勉、激励他们行善，尽管在上帝的审判台前律法在他们的良心中并没有地位。因此，这两个方面是完全不同的，我们必须正确地有意识地做出明确的区分。基督徒整个的一生就是操练敬虔，因为我们蒙召就是要成为圣洁（帖前4：7；参见弗1：4；帖前4：3）。律法的功用就在于：通过警戒人的责任，激励他们追求圣洁和纯真。但是，当良心担心自己在接受上帝的审判的时候如何得蒙上帝的恩宠，如何回应，并且凭什么站立得稳的时候，我们就不当考虑律法要求什么，而是唯独以基督为我们的义，他超越一切律法上的完全。

几乎整卷《加拉太书》的内容都是围绕这个问题展开的。有人教导说保罗所争辩的就是基督徒脱离礼仪的自由，这种解释是非常荒唐的，我们可以从保罗自己的经文来证明这一点。这样的经文段落如下：基督"为我们受了咒诅"，目的就是要"赎出我们脱离律法的咒诅"（加3：13）。同样，"基督释放了我们，叫我们得以自由。所以要站立得稳，不要再被奴仆的轭挟制。我保罗告诉你们：若受割礼，基督就与你们无益了。我再指着凡受割礼的人确实地说，他是欠着

3.19.3

行全律法的债。你们这要靠律法称义的,是与基督隔绝,从恩典中坠落了"(加5:1—4)。这些段落所包含的内容肯定要比仅仅脱离仪式的自由更崇高!

3.19.4　　3. 第二部分要依赖第一部分,就是良心遵守上帝的律法,不像是受到律法的必然性的约束才不得不行,而是脱离了律法之轭,甘心乐意地遵行上帝的旨意。因为除非他们已经得享这种自由,否则他们就始终处于律法的支配之下,一直生活在担心惧怕之中。通过一个例证,我们就可以简洁明了地把握其中的含义。上帝的律法规定"我们当尽心、尽性、尽力爱我们的上帝"(申6:5)。要做到这样,我们的灵魂必须提前倒空其他感觉和想法,我们的心灵应当清除各样的欲望,我们的力量应当集中凝聚在这一点上。那些在守主日方面比其他人大有进步的人,仍然离目标很远。因为他们尽管以诚挚之心爱上帝,但他们的心灵的很大一部分仍然被各种肉体的欲望占据,这一切都使得他们不能全速奔向上帝。实际上,他们竭力追求,但是他们的肉体一部分削弱了他们的力量,一部分把力量用于自身。虽然他们感觉到自己是在竭尽全力遵行上帝的律法,然而此处他们到底要做什么呢?他们愿意,他们渴慕,他们努力,但是他们仍然是不完全的。如果他们比照律法来看,不管他们试图做什么,见到的只是咒诅而已。任何人都没有理由自欺欺人,认为自己的工作尽管不完美,但也不全是恶的,上帝仍然会从中找到可悦纳的美善之处。因为律法要求的是完全,任何不完全都是受律法咒诅的。因此,唯愿他深思自己的作为,他希望这作为在上帝的判断中一部分是善的,通过这样的省察他就会发现,正因为他的作为是不完善的,这本身就违背了上帝的律法。

3.19.5　　请注意,如果以上帝的律法为标准来衡量我们的作为,它们都是处于律法的咒诅之下!既然他们能够期望从自己的作为中得到的只是咒诅,这些不幸的灵魂如何还为这样的作为发热心呢?但是,如果他们摆脱律法严厉的要求,也就是脱离律法整个的严厉性,他们听到上帝以慈父般的温柔呼召自己,就会高高兴兴、充满热心地回应上帝的呼召,顺从上帝的带领。总之,那些被律法之轭捆绑的人,就像仆人一样,主人每天都分派给他们一定的工作去做。如果没有完成自己的工作量,这些仆人就认为自己一无所成,不敢来到主人的面前。但是,儿子则是得到父亲更温和、公正的对待,哪怕是他们的工作并没有完成,或是完成了一半,甚至有缺欠,他们也毫不犹豫地把自己的工作献上,深信他们的顺服和甘心必然得蒙父亲的悦纳,即使没有完成他们父亲希望他们完成的工作也不要紧。我们就应当做这样的孩子,深信我们的侍奉必然得蒙极其慈爱的父亲的悦纳,不管这些侍奉本身是多么渺小、粗糙、不完全。

我们确实在很大程度上需要这种确信,因为没有这种确信,我们的一切努力都是徒然。因为我们除非是以敬畏之心行事,否则上帝不会认为我们的作为是在尊崇他。如果对自己的作为是尊崇上帝还是冒犯上帝存有疑心,在这样的忧惧中,又怎能以敬畏之心侍奉上帝呢?

这就是为什么《希伯来书》的作者谈及信心,并且唯独以信心来判断那些信心伟人的善行(来11:2及以下,11:17,等等)。在《罗马书》中,有一段著名的关于基督徒自由的经文,保罗在其中论述说我们不当继续受罪的辖制(罗6:12、14),因为我们不在律法之下,而在恩典之下(罗6:14)。因为在劝诫信徒"不要容罪在你们必死的身上作王"之后(罗6:12),保罗还劝诫他们"不要将你们的肢体献给罪作不义的器具",应当把自己献给"上帝,并将肢体作义的器具献给上帝"(罗6:13)。但是,他们或许提出异议,认为他们仍然有血肉之躯,充满各种邪情私欲,罪还潜藏在他们的心中。因此,保罗就安慰说他们不在律法之下,他仿佛是在说:"尽管他们

3.19.6

仍然没有清晰地觉得罪已经被摧毁，也没有清晰地觉得义就在他们的心中，但仍然无须烦心、沮丧，仿佛罪的参与仍然在冒犯上帝，因为他们已经通过恩典从律法之下被解放出来，因此他们的座位不是根据律法的标准来衡量的。"当然，有人由此就推论说：我们应当犯罪，因为我们不在律法之下。这样的人根本与基督徒的自由无分。因为这自由的目的是激励我们行善。

3.19.7　　4. 基督徒的自由的第三个部分就是：对于那些"无关紧要的"外部事务，我们在上帝面前并没有任何宗教责任的约束；我们有时可以使用，有时可以漠然离弃。对于我们而言，要明白这一自由乃是不可缺少的。因为如果我们不明白这种自由，我们的良心就无处安息，各种各样的迷信就永无止境。今天许多人认为我们是不理智的，因为我们让人讨论在吃肉上是否可以不受限制，在节日和牧师的外袍上是否不加约束，以及其他类似的无聊之事（对他们而言）。但是，这些事情远比人们平常所信的更重要。因为一旦我们的良心被这些事情诱入陷阱，就会进入一个长长的无法解开的迷宫，很不容易走出来。如果一个人开始怀疑他是否可以用亚麻布作床单、衬衫、手巾和餐巾，他在此后就开始对是否可用麻布而感到不确定，最后他甚至怀疑是否可以用短亚麻的织物。因为他会转念思想是否还用餐巾擦嘴，是否还需要用手巾。如果有人认为美味佳肴是非法的，最后他在吃粗面包或一般食物的时候也会在上帝面前没有平安，认为自己使用更粗糙的食物也可以活命。如果他对是否能喝比较高级的葡萄酒犹豫不决，他的良心就会对一般的葡萄酒也感到不安。最后，如果有的水比别的水更好喝、更清洁，他也不敢碰了。总之，他逐渐就会到达这种程度，就是在路上踩过禾秸，他也会认为这是不对的，这样就达到了草木皆兵这种惧怕程度。此处就是重大问题的争议了，因为此处的争议涉及上帝是否希望我们应用这些或那些东西的问题,上帝的旨意是优先于我们的计划和行为的。结果,有些人在绝望之中就不可避免地陷入混乱;而其他一些人,则开始藐视上帝,离弃对上帝的敬畏,转而自行其是,走向毁灭。因为那些陷入这种疑惑的人,不管他们转向何方,所看到的都是伤害良心的事。保罗说: "凡物本来没有不洁净的,惟独人以为不洁净的,在他就不洁净了。"(罗 14:14) 保罗用这些话使我们得享自由,不再受任何外在之物的拘束,只要我们心中晓得我们这样的自由的根基就是站立在上帝的面前。但是,如果有任何迷信性的意见拦阻我们,本身是洁净的事物对于我们而言也就污秽了。因此,保罗补充说:"人在自己以为可行的事上能不自责,就有福了。若有疑心而吃的,就必有罪。因为他吃,不是出于信心;凡不出于信心的都是罪。"(罗 14:22—23)

3.19.8

5. 在这样的困境之中,那些仍然任意妄为的人,不是背离上帝吗?但是,那些深刻地敬畏上帝的人,当他们被迫行许多违背他们的良心的事时,就感到沮丧,充满忧惧。这些人并没有以感恩之心领受上帝的恩赐,正如保罗所证实的那样,唯独通过感恩之心,我们所使用的一切才得以分别为圣(提前 4:4—5)。我在此处所说的感恩之心就是发自内心地承认上帝的恩赐是出于他的慈爱和良善。因为他们中间许多人确实明白他们所使用的一切都是来自上帝的美物,就为上帝的作为而赞美上帝。但是,如果不认为这一切美物都是上帝赐给的,他们又怎能感谢上帝是这一切的赐予者呢?

总之,我们看到这一自由所倾向的方向,就是我们应当按照上帝赐给我们的用途来使用上帝的恩赐,没有良心的不安,没有思想的困扰。以这样的自信来使用上帝的恩赐,我们的心灵就会与上帝相合,也会承认他对我们的慷慨。但是,我们必须留意,在其各个部分,基督徒的自由都是属灵的。人的良心在上帝面前惊恐不安,对于自己是否罪得赦免犹豫不定;担心自己未完成的工作,受到自

3.19.9

身肉体的谬误的败坏，是否得蒙上帝的悦纳；或者对于无关紧要的事物是否可以使用充满焦虑之情。在此类情况下，基督徒的自由的整个精义就在于使我们的良心在上帝面前安静下来。因此，基督徒的自由受到两个方面的谬解，一些人把基督徒的自由作为放纵自己私欲的借口，滥用上帝美善的恩赐来满足自己的私欲；而另外一些人则认为基督徒的自由并不存在，除非可以用在人的面前，而且在使用的时候可以不必顾忌那些软弱的弟兄。

6. 今天人们犯罪更大的程度是在第一个方面。那些有一定的资源，可以过奢华的生活的人，几乎都是喜欢举办华丽的、炫耀性的宴会、身体的服饰、房屋的装潢，人人都希望在各种精美的东西上胜过自己的邻舍，想方设法夸耀自己的富足。这一切都是在基督徒的自由这种借口掩饰下行出的。他们说这些东西都是无关紧要的。我承认这一点，前提就是他们在使用的时候确实把这些东西视为无关紧要的。但是，如果人过分地贪求这些东西，骄傲地夸耀，奢侈地使用，就通过此类的邪恶玷污了这些美好的东西。

关于这些无关紧要的东西，保罗的陈述一清二楚："在洁净的人，凡物都洁净；在污秽不信的人，什么都不洁净，连心地和天良也都污秽了。"（多1：15，参见武加大译本）那些富人有他们自己的安危，他们吃得饱，喝得足，常常欢笑（路6：24—25），躺卧在象牙床上（摩6：4），"以地连地"（赛5：8），在他们的筵席上有人弹琴，有人敲瑟，有人击鼓，有人吹笛，他们畅饮美酒（赛5：12）。但圣经中为什么说他们处于上帝的咒诅之下呢？象牙、黄金和各种财富都是出于上帝美好的创造，本来就是上帝在其护理中让人享用的。上帝也从来没有禁止我们欢笑，禁止我们吃饱喝足，也没有禁止我们在祖宗产业的基础上增加新的财产，更没有禁止我们享用音乐和美酒。确实如此。但是，当我们富足时，如果我们只是一味地寻欢作乐，暴饮暴食，心思整年都沉醉在今生的享乐之中，并且总是在追逐新的享乐，这绝不是合法地使用上帝赐给我们的恩赐。

因此，我们应当离弃毫无节制的欲望，离弃不合乎中道的奢华，离弃各样的虚荣和傲慢，使我们可以存清洁的良心，干干净净地使用上帝的恩赐。

7. 如果我们的心灵受到淬炼，能够有这种清醒的中道之心，我们就会有规有矩地合法地使用上帝的各种赐福。但是，如果缺乏这种中道的精神，即使基本的日常快乐也会被滥用。俗话说，破烂的衣服底下常有高傲的心，有时丝绸和紫衣之下隐藏的却是简朴的谦卑。因此，每个人都当各就各位，不管是生活在贫穷、小康，还是富足之中，都当牢记上帝滋养他们是要他们活下去，而不是追求奢华的生活。唯愿人人以此为基督徒的自由的原则，学习保罗的领受，"无论在什么境况都可以知足"；知道如何处卑贱，也知道如何处尊贵；在各种环境中，"或饱足，或饥饿；或有余，或缺乏"（腓4：11—12），都有知足之心。

8. 在这个方面也有许多人犯错误，他们不加分辨、毫无智慧地 3.19.10 使用这种自由，仿佛没有别人看见就不健全一样。他们这样毫无顾忌地使用自己的自由，就经常伤害到软弱的弟兄。目前你就注意到有这样的一些人，他们一定要在礼拜五的时候吃肉。他们不这样做，就认为自己的自由并不存在。我并不是指责他们吃肉，但是他们心中不要有这样错误的观点。因为他们应当深思的就是：他们所得到的自由并不是在人的面前得到什么新东西，而是在上帝面前，这种自由越是不用就越是真正的自由。如果他们明白不管他们是否吃肉或食用蛋类，不管他们是穿红衣还是黑衣，这在上帝面前并没有什么不同，这就足够了，并且绰绰有余。这样的自由使人的良心受益，使人的良心得以自由。因此，即使此后一生不再吃肉，不再穿某种颜色的衣服，他们的自由也毫不减少。实际上，他们是自由的，因为他们是根据自己自由的良心选择不做什么的。但是，如果不顾及他们弟兄的软弱，他们的滑跌就是极其灾难性的，因为我们应当容忍弟兄的软弱，不要肆无忌惮地伤害他们，给他们带来丝毫的伤害都不可。当然，某些时候，在人面前宣告我们的自由也是重要的，这一点也是我所承认的。但是，我们必须极其留心，要持守这样的局限，不要放弃对软弱之人的顾念，他们是上帝重重地托付给我们的。

3.19.11　　9. 此处我要谈及绊倒之事——如何区分不同的绊倒，什么样的绊倒是应当避免的，什么样的绊倒是应当宽容的。由此我们才能决定在人群中间我们的自由到底何在。我喜欢常见的区分，就是把绊倒分为两种，一是真正的绊倒别人，二是自以为被别人绊倒，因为这种区分在圣经上有明确的依据，同时也清楚地表达了绊倒的具体含义。如果你做事轻率、放荡、鲁莽、不守规矩，使没有经验和软弱的人跌倒，这就是你绊倒别人，因为这种绊倒是你的过错导致的。需要明确的就是，当我们谈及某人在某事中绊倒别人的时候，过犯一定是出于做这事的人。但是，有时某人被某事绊倒，并非出于对方做事的邪恶或不理智，而是因为领受者自己的恶意把别人的行为变成了绊倒者。其实，此处并没有发生"绊倒"的事，不过是那些无中生有的人卑鄙地如此解释，如此认为。只有软弱的人才会被第一种冒犯绊倒，而第二种绊倒所冒犯的则是那些充满苦毒之人、像法利赛人一样严苛的人。因此，我们就把第一种冒犯称为绊倒软弱的人，而第二种则是绊倒法利赛人。如此一来，我们在运用我们的自由的时候要约束自己，要容忍我们那些软弱的弟兄的无知；但是，对于法利赛人的严苛，则不需要任何忍让！

因为保罗在许多经文中清楚地教导我们，一定要体恤别人的软弱。他说"信心软弱的，你们要接纳"（罗 14：1），还说"我们不可彼此论断，宁可定意，谁也不给弟兄放下绊脚跌人之物"（罗 14：13）。还有其他许多类似的经文，用在别处更加合适。总之，"我们坚固的人应该担待不坚固人的软弱，不求自己的喜悦。我们各人务要叫邻舍喜悦，使他得益处，建立德行"（罗 15：1—2）。保罗在另外一个地方还说："只是你们要谨慎，恐怕你们这自由竟成了那软弱人的绊脚石。"（林前 8：9）同样，保罗在另外一段经文中说，"凡世上所卖的，你们只管吃，不要为良心的缘故问什么话"（林前 10：25）。"我说的良心不是你的，乃是他的……不拘是犹太人，是希腊人，是上帝的教会，你们都不要使他跌倒"（林前 10：29、32）。还有另外一段经文说，"你们蒙召是要得自由，只是不可将你们的自由当作放纵情欲的机会，总要用爱心互相服侍"（加 5：13）。就是如此。上帝赐给我们自由，目的不是让我们得罪我们软弱的邻舍，因为爱使我们在各样事情上都作他们的仆人。我们既然在心中已经与上帝和好，上帝赐给我们自由，就是让我们与人和平共处。我们从主耶稣的话语中学到当如何对待法利赛人绊倒人的事：他吩咐我们任凭他们自行其是，因为他们是瞎子领瞎子（太 15：14）。他的门徒警告他说法利赛人不服他所说的话（太 15：12）。主耶稣就说不要管他们，不要顾忌他们服不服。除非我们明白当把谁视为软弱的弟兄，当把谁视为法利赛人，否则我们对于如何发挥基督徒的自由就仍然心存疑惑。如果消除这种分别，他就不明白在绊倒这个方面到底基督徒的自由是什么，因为这样会带来更大的危险。 3.19.12

10. 对我而言，通过他的教导和力行，保罗最清楚地界定了如何发挥我们的自由，如何以得罪人为代价来赢得自由。当保罗让提摩太做他的同工的时候，就为提摩太行了割礼（徒 16：3）。但他却没有为提多行割礼（加2：3）。此处在行动上有多样性，但目的或想法则是不变的。在为提摩太施行割礼的时候，尽管保罗是自由的，不受任何人的辖制，但他却使自己成为众人的奴仆，"向犹太人"，他就"作犹太人"，目的就是要得着犹太人；向律法以下的人，他就做"律法以下的人，为要得律法以下的人"（林前9：19—20）；向没有律法的人，他就"作没有律法的人，为要得没有律法的人"、"向软弱的人"，他就"作软弱的人"，目的就是"为要得软弱的人"（林前9：21）；向什么样的人，他"就作什么样的人"，目的就在于他"要救些人"（林前9：22）。如果对别人有益处，对我们自己也没有造成多大不同，我们就限制我们的自由，这就说明我们对自己的自由有适当的控制。保罗强烈地反对给提多施行割礼，他写出了他的考虑，为人留下了见证，"但与我同去的提多，虽是希利尼人，也没有勉强他受割礼；因为有偷着引进来的假弟兄，私下窥探我们在基督耶稣里的自由，要叫我们作奴仆。我们就是一刻的工夫也没有容让顺服他们，为要叫福音的真理仍存在你们中间"（加2：3—5）。如果有假使徒提出不公义的要求，危害到人软弱的良心，我们也当重申我们的自由。无论在什么时候，我们必须寻求的都是爱我们的邻舍，使他们得到造就。保罗在另外一个地方说："凡事都可行，但不都有益处。凡事都可行，但不都造就人。无论何人，不要求自己的益处，乃要求别人的益处。"（林前10：23—24）没有什么比以下的原则更清楚了：如若结果是造就我们的邻舍，我们就要发挥我们的自由；如若对我们的邻舍没有什么帮助，我们就当放弃。有些人假装效法保罗的谨慎，拒不发挥自己的自由，其实他们丝毫没有履行爱的责任。为了他们自己苟且偷安，他们不希望任何人提及自由。有时发挥我们的自由更能造就我们的邻舍，远比约束我们的自

3.19.13 由对邻舍更有益处。我所教导的避免得罪人的地方，都是指那些间接的无关紧要的事情。因为那些必须做到的事情就得去做，不能因

为害怕得罪人而不去做。当然，就是在这种情况下，我们也当注意爱别人，甚至在祭坛上献祭的时候也当如此（参见太5：23—24），就是我们为了邻舍的缘故，不要得罪上帝。

11. 我并不赞同那些人不合乎中道的做法，他们总是喜欢挑起纷争，把一切都说得一无是处，不愿意以温柔的方式探讨。另外，还有些人作恶多端，却假装他们之所以不需如此行，就是为了不绊倒自己的邻舍（参见林前8：9）。我不会听这些人辩驳什么。他们自己也陷在罪恶的泥潭之中无法自拔，因为他们的所作所为就是让别人的良心也陷入罪恶之中！我是不会听凭他们说什么的。他们看起来温文尔雅，其实并非如此。不管他们是在教义还是在榜样上教导邻舍，本来当用奶水来滋养别人，他们所提供的却是恶劣的、致命的谬见。保罗说他用奶喂养哥林多的信徒（林前3：2）。但是，倘若他在他们中间所举行的不过是弥撒，他这样献祭是用奶来喂养他们吗？显然不是，因为奶不是毒物。他们声称自己是在喂养那些人，其实他们是笑里藏刀，残酷地杀害他们，所以他们不过是在撒谎。退一步而言，即使我们暂时认同他们这种装假的做法，他们用这种奶水喂养自己的孩子要到几时呢？因为如果他们一直没有能够成熟到吃一点干粮的地步，就说明他们并没有得到奶水的滋养。

12. 如前所述，既然基督徒的良心已经领受了自由的特权—— 3.19.14
这特权是来自基督的恩赐，就臻达自由之境，在主已经定意不在让他们受约束的事宜上就不再受各种规条的局限。所以，我们的结论就是：他们不再受任何出于人的权柄的辖制。因为基督既然如此慷慨地把自己赐给我们，我们放弃这一特权就是对基督的不感恩；同时，这对我们的良心也没有益处。既然基督为了使我们得自由付出如此宝贵的代价，我们就不能轻看基督徒的自由。因为基督所付出的代价不是金银，而是他自己的鲜血（彼前1：18—19），因为保罗毫不犹豫地说，如果我们再屈从于人的辖制之下，基督就是白死了（参见加2：21）。因为在《加拉太书》若干章节中，保罗所要强调的就是：如果我们的良心没有在自由中站立得稳，就把基督变得模糊不清，甚至完全消除了。如果他们仍然按照人的意思，陷在各种法律和制度的捆绑之下，他们一定是偏离了基督徒的自由（参见加5：1、4）。但是，因为自由是非常值得弄明白的，所以需要更长篇、更清楚的解释。因为一旦谈及废除人的制度，就会引起轩然大波，一部分来自那些好争辩之人，一部分是来自诽谤之人，仿佛我们要把人的顺服完全废弃一样。

3.19.15　　13. 因此，为了避免任何人在这块石头上绊倒，我们要把人的政府分为两个层面：一个层面是与人的灵命有关的政府，关乎教导人的良心敬虔度日，敬畏上帝；第二个层面是与政治有关的政府，关乎教育人遵行人与人之间必需的个人和社会的责任。前者通常称为"属灵的"管辖，涉及人的灵魂的管理；后者则是"现世的"的管辖，涉及今世的生活，不仅涉及人的饮食住行，也涉及与此相关的立法，从而使人在现世生活中互敬共存。因为前者的范围是在人的心中，而后者所规范的只是人外部的行为。前者我们可以称之为属灵的国度，而后者则是政治性的国度。我们不惜把这两大国度分开考察：要处理其中一个，就要完全把另外一个放下。总之，在人类社会中，有两个世界，各有不同的君王和法律为权威。

二　教会的权柄

4.10.1　　14. 既然我们在此处关于基督徒的自由所说的一切都是与这个属灵的国度有关，所以在这样的讨论中我们所争辩的绝不是针对政治性的法律秩序，更不是立法者。我们所反对的是那些看起来是教会里的牧师，却窃权夺位，实际上是残酷的屠夫的人。他们称他们所制定的法律为"属灵的",关涉人的灵魂,并且宣称这些法律对于永生而言是必不可少的。但是,如此一来,基督的国度就受到侵犯,基督赐给信徒的良心的自由就受到彻底的压制和摧残。现在我所探讨的并不是他们鼓吹的遵守他们制定的那些法规所体现的极大的不敬,他们教导人通过这种遵守寻求赦罪和称义,主张整个宗教和敬虔就在于此。我所主张的就是,既然基督已经救拔信徒脱离了这些事,就不可继续把此类事情的必需性硬加在信徒的良心上;正如我们在此前所教导的那样,如果信徒还没有脱离此类事情的羁绊,他们就无法在上帝那里得安息。如果他们持守在基督里一次得到的恩典,就当承认独一的君王——他们的拯救者基督,就当接受基督的自由之律的统治,就是福音的圣言。他们不可继续接受任何捆绑,继续处于任何羁绊的约束之下。这些所谓的政治家甚至幻想他们的宪法就是自由的律法,是温柔的轭,轻省的担子(太11:30)。但是,有谁看不出这纯粹是虚伪呢?既然他们不敬畏上帝,他们就肆无忌惮地毫不理会他们自己制定的法律和上帝的律法,也感受不到他们自己制定的法律有任何压迫性。但是,那些真心关注自己是否得救的人,既然陷在此类网罗之中,就很难把自己视为是自由的。我们看到保罗在处理此事的时候是何等地审慎,真的是不敢把丝毫的约束加在人身上(林前7:35)。这当然是有道理的!他当然预见到,如果在此类主已经让人得自由的事上,非要让人必须遵守不可,就会给人的良心带来巨大的伤害。相反,人们几乎无法数清这些人以永死为威胁所制定的法规到底有多少。他们在这些法规中严肃地要求人遵行,认为遵行他们的法规乃是得救所必不可缺的。在这些法规中,有一些是极其难于遵守的。如果把这些法规加在一起,更是成堆成山,任何人都不可能完全遵守。既然如此极其难于遵行,人们怎能不困惑,不处于极大的痛苦和恐惧的折磨之下呢?因此,简言之,在我所教导的这些事项中,应当明确的就是:

4.10.2

4.10.6 我们的良心在上帝面前不受这些人为的规范的约束。这些法规的制定就是要在上帝的面前捆绑人内在的心灵，要使人的良心充满忌惮，仿佛遵行这些法规乃是得救所必不可少的。另外，他们还把今天那些所谓的"教会法"硬加在人的头上，规定要真正敬拜上帝必需遵守此类的法规。此类的规定数不胜数，目的都是要使人的灵魂陷入网罗。

4.8.1 15. 既然如此，教会还有什么权柄吗？这种顾虑使得许多头脑比较简单的人忧虑重重，而我们上面的探讨本来就是写给这些人的。我们的回答就是：教会当然有权柄，但上帝赐给教会这种权柄是为了造就人，而不是毁坏人，正如保罗所见证的那样（林后10：8, 13：10）。那些合法地运用这种权柄的人，看待自己不过是基督的仆人，是上帝奥秘事的管家（林前4：1、9）。如果把这种权柄称为上帝的圣言的服侍，就是对这种权柄的正确界定。基督当初吩咐使徒们去传福音，把他所教导他们的一切都教导给万邦（太28：18），就把这种权柄设定在这些界限之内。唯愿过去曾经负责上帝的教会以及现在负责的人始终牢记基督的这一吩咐就是赐给他们的！如此而行，对于真正的牧者而言，他们的尊严就会完美无缺，他们也不会吹嘘自己享有并不存在的权柄，这种所谓的权柄用比暴政还

4.8.2 邪恶的东西来毒害上帝的子民。此处我们一定要谨记我们在别处也曾经指出的真理。不管圣经把权威和尊严赐给先知、祭司、使徒，还是使徒的继承人，都不是赐给人本身的，而是赐给他们所受命的侍奉；更简洁地说，都是赐给圣言的，而上帝交托他们的侍奉就是圣言的侍奉。因为如果我们依次考察他们——先知、祭司、使徒和门徒，我们就会发现上帝并没有把吩咐、教导、回复的权柄赐给他们人本身，除非他们是在奉主的圣名、传讲主的圣言。上帝定意让

4.8.3 摩西成为第一个被人听到的先知。但是，摩西吩咐和宣告的是什么

呢？不就是他从上帝所领受的吗？他也不能做其他任何事情。上帝当初如此设立先知耶利米："看哪，我今日立你在列邦万国之上，为要施行拔出、拆毁、毁坏、倾覆，又要建立、栽植。"（耶1：10）但是，上帝如此设立他，是因为此前上帝就已经把他的话语放在了他的口中（耶1：9）。因为没有上帝先把话语赐给他们，先知就不会张口说话。因此，在圣经中经常出现这样的表达："上帝的话"，"上帝的担子"，"耶和华如此说"，"有异象出自上帝"，"万军之耶和华如此说"。这是理所当然的！因为以赛亚宣告说自己的嘴唇是不洁净的（赛6：5）；耶利米承认自己不知道如何说，因为他还年幼（耶1：6）。假如他们是说自己要说的话，从以赛亚不洁净的嘴唇中，从耶利米无知的嘴中，到底能说出什么呢？不过是污秽和愚昧而已。但是，当他们开始成为圣灵的器皿时，他们就有了圣洁和纯净的嘴唇。

以西结优美地描述了先知的普遍性功用："人子啊，我领你作以色列家守望的，所以你要听我口中的话，替我警戒他们。"（结3：17）主吩咐他聆听主亲口所说的话，不就是禁止他自己杜撰任何东西吗？宣告来自主的信息到底是什么意思呢？这就是说，人能够充满自信地夸耀他所传递的话语，并不是出于他自己，而是来自上帝。耶利米用另外的话语表达了同样的意思："得梦的先知可以述说那梦；得我话的人可以诚实讲说我的话。糠秕怎能与麦子比较呢？这是耶和华说的。"（耶23：28）涉及祭司，上帝也如此吩咐说："他们必在耶和华所选择的地方指示你的判语，你必照着他们所指教你的一切话谨守遵行。"（申17：10）同时，圣经中也加上了理由："因为他是万军之耶和华的使者。"（玛2：7） 4.8.3

4.8.2

现在让我们来看使徒们。上帝确实赐给他们很多尊贵的称号。他们是"世上的光"、"地上的盐"（太5：13—14）；人们当为了基督的缘故听从他们（路10：16）；凡他们"在地上所捆绑的，在天上也要 4.8.4

捆绑"（太16：19，18：18；参见约20：23）。但是，他们的名称本身就表明他们在自己的职分中到底能做到什么程度。他们当是上帝的"使徒"，不可随着自己所喜悦的去行，而是应当忠心地宣告上帝差派他们宣告的各种盼咐。基督对他们说："父怎样差遣了我，我也这样差遣你们。"（约20：21）但是，基督是如何接受父的差遣呢？基督在另外一处见证说："我的教训不是我自己的，乃是那差我来者的。"（约7：16）基督自己接受这一法则的约束，也把这一法则加在使徒们和他们的继承人身上。因此，拒绝这一法则就是邪恶的。但是，这一法则施加的方式也很不相同。基督是父永在的独一的谋士（参见赛40：13；罗11：34），他始终在父的怀中（参见约1：18），他如此被父所接纳，一切知识和智慧的宝藏都在他里面藏着（西2：3）。众先知所传讲的一切属天的训谕都是从基督这一源泉汲取的。亚当、挪亚、亚伯拉罕、以撒、雅各和其他一切上帝从创世之初就派来启示他自身的人，他们所教导的属天的训诲也都是从这一泉源吸收的。因为如果施洗约翰所说的话始终是可靠的（当然如此）："从来没有人看见上帝，只有在父怀里的独生子将他表明出来"（约1：18）；基督自己也说，"除了子和子所愿意指示的，没有人知道父"（太11：27），那么如此说来，父的奥秘唯独启示给了子，除了子的教训之外，他们怎能用自己的理性测透上帝的奥秘呢？因此，圣洁之人认识上帝是唯独通过在他的子身上得见他，正如在镜子里观看一样（参见林后3：18）。另外，先知对上帝的预言也都是借着同一位子的灵而实现的。但是，如果有人喜欢如此说：上帝从来没有通过其他任何方式向人彰显他自己，上帝对人的显明都是通过子进行

4.8.7 的，子就是上帝独一的智慧、大光和真理，这也是可以的。当然，这一智慧虽然在此前以各种方式显明出来，但是仍然没有完全显明。当这一智慧最终在肉身中显现的时候，就大声、清楚地向我们宣告人的理性在关乎上帝方面到底能够理解、思考什么。"上帝既

在古时藉着众先知多次多方地晓谕列祖,就在这末世,藉着他儿子晓谕我们。"(来1:1—2)使徒保罗这样写所宣告的并不是普普通通的事。因为保罗的意思就是公开宣告:上帝此后不再像以前那样说话,就是他不再间或借着某个人说话,也不再不断增加预言或启示。上帝要借着他的子完成所有教导的功用,我们必须把这视为来自上帝的最终的、永恒的见证。这样,整个新约时代,也就是从向我们显现传福音,到最终审判的日子,就是"末时"(约一2:18),"后来的时候"(提前4:1;彼前1:20),"末后的日子"(徒2:17;提后3:1;彼后3:3)。圣经之所以如此教导,就是让我们满足于基督教训的完美性,不要在此之外为我们自己杜撰任何新的东西,也不要接受别人所发明的任何东西。因此,父差遣子,任命他为我们的教师,吩咐我们当听从他,而不是其他任何人。父用寥寥数言对我们说:"你们要听他!"(太17:5)这就是让我们接受基督教导的职分。这些话语虽然简单,但其重要性远远超出我们平常所设想的。因为通过这句话,父引领我们离开一切人的教训,唯独归向他自己的儿子;吩咐我们唯独向他寻求救赎之道,唯独依赖他,亲近他;总之(正如圣经所宣告的那样),唯独听从他。

16. 既然生命之道本身已经以我们肉身的形式与我们如此亲密地同行,难道我们还期望从人那里得到什么吗?除非是有人能够胜过上帝的智慧,但这是不可能的。天父的旨意就是把一切的知识和智慧都藏在他里面(西2:3),既然他已经说话,所有人都当闭口不言。确实,他所说的一切都合乎上帝的智慧(参见约19:23),也合乎弥赛亚的智慧,万有的启示都等待由他显明(约4:25)。这就是说,在他之后,他并没有留下其他任何人可以说的东西。我认为,所有人都当静默,所有人都可忽略不计,所有人都当受到藐视,唯独听从基督,这是正确的。因为他的教导是有权柄的(太

4.8.8 7∶29)。再没有什么比他对自己的门徒说得更清楚的了:"你们不要受拉比的称号,因为只有一位是你们的夫子……就是基督。"(太23∶8、10)为了把这句话深深地印在他们的心中,他在这段经文中重复了两次(太23∶9—10)。因此,众使徒们和他们的继承者所当做的就是:殷勤地持守上帝的律法。这就是当初基督吩咐他们去教导万邦的时候为他们的使命所设定的界限,他们所要教导的不是他们自己所杜撰的东西,而是他曾经吩咐他们的一切(太28∶19—

4.8.9 20)。对于自己能够说到什么程度,使徒彼得完美地领受了师傅的教训,他对己对人都没有任何保留,说"若有讲道的,要按照上帝的圣言讲"(彼前4∶11)。这不就是说当排斥人的各种杜撰,不管是由谁杜撰的,目的就是在众信徒所组成的教会中唯独教导、学习上帝圣洁的圣言吗?难道我们不当排除人所发明的各种制度(不管是什么级别的人),唯独使上帝所设立的律例持续有效吗?

17. 这些就是我们属灵的兵器,使我们"在上帝面前有能力,可以攻破坚固的营垒"。借助这些兵器,忠于上帝的兵士们"将各样的计谋、各样拦阻人认识上帝的那些自高之事一概攻破了;又将人所有的心意夺回,使他都顺服基督"(林前10∶4—5),并且"要责罚那一切不顺服的人"(林前10∶6)。此处清楚地界定了蒙召在教会中担任牧师职分的人被赋予的权柄。这就是说,他们应当放胆地去做上帝的圣言所允准的一切,因为他们已经被任命为上帝的仆人和管家。他们要使一切世俗的权势、荣耀、崇高都降服在上帝的威严之下,为上帝而吩咐所有人,不管其地位高低贵贱,好使基督之家得以建立,撒旦国度得以拆毁;羊群得到喂养,豺狼遭受毁灭;劝勉、教导那些有受教之心的人;责备、降服那些悖逆、愚顽之人;施行捆绑和释放;最终甚至可以发出电闪雷鸣。这一切都要根据上帝的圣言去行。

但是，假如我们把刚才谈及的这种权柄与那些辖制人灵命的暴君相比，就是那些伪称监督和灵魂的监督，混在上帝的子民之中四处迎合的人相比，他们之间就如基督和彼列一样（林后6：15）。首先，他们试图让我们的信心根据他们的决定而起伏。就是说，不管他们决定什么，我们都当发自内心地接受；不管他们赞同什么，我们也当毫无疑问地赞同；不管他们责备什么，我们就当责备什么。因此，他们所主张的原则就是：教会有权力确定信仰的基本条款；教会的权威就等同于圣经的权威；如果不赞同他们的教条，不管是肯定性的还是否定性的，不管是明确的还是隐含的，就不是真正的基督徒。还有其他类似的东西。他们希望我们的良心顺服在他们的权威之下，这样不管他们制定什么法令，我们都当必然顺服。同时，他们藐视上帝的圣言，按照自己的想法杜撰了各种教条，然后就要求人作为信仰的基本条款来签署。他们制定各种规条，要求人们必须遵守。但是，他们非法地声称自己有主张新的教条、撰写基本真道条款的权力，正如我们在此前所阐明的那样，即使当初的使徒们也不具备这样的权柄。 4.8.10

但是，如果他们还不满足，保罗肯定没有辖制哥林多人的信心，虽然主差派他做他们的使徒（林后1：24）。假如他认为有这种教导的自由，他就绝不会如此教导哥林多教会了：当有两三个先知讲道的时候，"其余的就当慎思明辨。若旁边坐着的得了启示，那先说话的就当闭口不言"（林前14：29—30）。因此，任何人的权威都当接受上帝的圣言的判断。在其他地方，保罗更是明确地使我们的信心脱离各种人的传统和幻想的辖制，他说："信道是从听道来的，听道是从基督的话来的。"（罗10：17）既然信心是唯独以上帝的圣言为依归，并且信心当唯独仰望上帝的圣言，唯独在上帝的圣言中得寄托，人的话语到底有什么地位呢？既然连使徒们也不知道立法的权柄，并且在上帝的圣言中多次派出牧师具有这样的权柄，我真 4.8.9

4.10.6

的稀奇为什么还有人悍然不顾众使徒的榜样和上帝的禁令，擅自为自己攫取这样的权柄。雅各所写的话非常清楚："人若批评弟兄，论断弟兄，就是批评律法，论断律法。你若论断律法，就不是遵行律法，乃是判断人的。设立律法和判断人的，只有一位，就是那能救人也能灭人的。"（雅4：11—12）此前上帝也通过以赛亚说过类似的话，虽然不是那么清晰："耶和华是审判我们的，耶和华是给我们设律法的，耶和华是我们的王，他必拯救我们。"（赛33：22）我们听到雅各宣告说：判断生死的权柄是属于上帝的，唯独他有权审判人的灵魂。既然任何人都不能把这样的权柄归于自己，我们就应当承认唯独上帝是灵魂的主宰，唯独他有权柄施行拯救和毁灭，或者就如先知以赛亚所宣告的那样，唯独他是统治者、审判者、立法者和拯救者（赛33：22）。彼得也劝勉那些担任牧职的人要喂养自己的羊群，不可辖制上帝"所托付你们的"（彼前5：2—3）。上帝所托付给他们的就是指上帝的产业，也就是相信上帝的人。那些在上帝的圣言之外施行治理的人，却声称自己有倾覆、拔除的权柄。因为上帝赐给使徒们权柄，不是让他们坚持自己的教义和治理，而是让他们唯独尊崇上帝的统治和教训。

4.10.17　　18. 我听到过他们为自己所找的答案，就是他们的传统不是来自他们自己，而是从上帝来的。因为他们并不是随便乱讲自己杜撰的东西，而是把他们从圣灵领受的传递给基督徒：他们是因着上帝的护理而受命治理的。他们还加上了其他证实这一点的理由。有上帝闪光的应许，由此基督应许他的教会永远不会缺乏他的灵的同在（参见约14：16）。还有明确的赞美，由此教会被上帝的声音表明出来：她是圣洁的、无瑕疵的、无玷污的（弗5：27），还有其他在圣经中所具有的可以按照同样的意思解释的东西。因此，如果有人怀疑教会的权威，他就是不敬虔的，就是好争论的，不仅是针对教会，而且还针对基督的灵,而教会就是在基督之灵的引导之下,这是毫无疑问的。因此,基督希望那不听教会的人当被视为外邦人和税吏(太18:17)。因此,他们的意见都具有毫不动摇的一致性,就是教会在那些与救恩相关的必要事宜上是无谬的。但是,现在关乎教会所说的一切,他们都说属于此类。既然教会牢牢地站立在他们的肩膀上,那么整个教会或者是堕落,或者是牢牢站立。正如在教会中一样,教会会议在真理上也具有同样的确定性。因为教会会议也是直 4.8.10
接处于圣灵的掌管之下,他们真正代表教会,也是无谬的。如果这 4.10.17
些主张真的成立,接下来马上就可以说他们的传统就是圣灵的启示,不能轻视,否则就是对上帝不敬。为了使他们所主张的一切都大有权威,他们试图让我们相信他们的很多规条都是从使徒们传下来的,包括他们为死人祷告之事,也包括几乎他们所有的仪式。他们强调,无可争议的是,在基督升天之后,使徒们得到了很多启 4.8.14
示,当时并没有写下来,比如主对他们说:"我还有好些事要告诉你们,但你们现在担当不了。"将来你们必要知道(约16:12)。他们 4.10.17
争辩说,有一个例子充分说明当时使徒们在其他处境下做了什么,他们在耶路撒冷聚集在一起(徒15:6),通过会议决议的形式,吩咐外邦人禁戒祭偶像的食物,禁戒勒死的牲畜和血(徒15:29)。

19. 然而,我要向帮助那些愿意和我一同思考这些问题的人辨 4.2.2
明他们的主张是何等琐碎、荒唐,这不难做到。实际上,假如我深信这些教导能够使他们大有收益,我就会奉劝他们认真思考我所说的。但是,他们唯一的目的就是为他们那一套东西辩护,对真理却毫不顾忌,所以我不认为我能为他们做什么。我在此处阐明几件事,好使那些我们一开始就想教导的热爱真理的人能够脱离他们的骗局。

20. 我必须警告这样的人不要被教会各种虚假的托辞打动，这些托辞是教会那些危险的死敌所引以为自豪的，其实没有任何根据。他们的借口和当初犹太人的借口没有什么不同，主的先知责备他们眼瞎、不敬、拜偶像的时候，犹太人就提出此类的借口。因为当初的犹太人也是为他们的圣殿、仪式和祭司的功用夸口，对他们而言，仿佛这些就是非常有说服力的衡量教会的东西。如此一来，在本来有教会的地方，现在向我们所展现的就是某些外在的仪式，这些仪式常常远离教会。没有这些仪式，教会才能达到最佳状态。因此，当初耶利米如何驳斥犹太人的愚顽，我们也用同样的理由来驳斥他们。这就是："你们不要倚靠虚谎的话，说：'这些是耶和华的殿，是耶和华的殿，是耶和华的殿！'"（耶7：4）因为上帝并不承认别的，他所看重的只是他的圣言得到垂听和谨守。因为这就是我们的主为自己的子民所印上的长存的标记："凡属真理的人就听我的话。"（约18：37）同样，主还说，"我是好牧人。我认识我的羊，我的羊也认识我"（约10：14）；"我的羊听我的声音，我也认识他们，他们也跟着我"（约10：27）。在此之前不久，他还说："羊也跟着他，因为认得他的声音。羊不跟着生人；因为不认得他的声音，必要逃跑。"（约10：4—5）既然基督已经用一个不会认错的标记把教会表明出来，只要见到这样的标记，就说明那里有教会；见不到这样的标记，其余的一切都不能提供教会的真意，为什么我们还像疯子那样苦苦地寻找教会呢？耶稣说："出于上帝的必听上帝的话；你们不听因为你们不是出于上帝。"（约8：47）我们根据这句话就可以把耶路撒冷和巴比伦分开，把基督的教会与撒旦的团体分开。

总之，既然教会就是基督的国度，既然基督唯独通过他的圣言施行统治，认为基督的国度存在于他的权杖（就是他极其圣洁的话语）之外，这样的说法岂不是明显的谎言吗？撕开一切面纱和遮盖，我们真正盯住的就是我们首先应当关注的。最最重要的就是基督为他自己所设立的到底是什么样的教会,这样我们就能调整我们自己来合乎这种教会的标准。如此我们就能非常容易地认识到,教会不当超越上帝的圣言所明启的界限,放纵自己,捏造新的律法,杜撰各种貌似敬虔的东西。因为那从前一次交付教会的律法岂不是永远有效吗?"凡我所吩咐的,你们都要谨守遵行,不可加添,也不可删减。"(申12:32)在另外一处经文中也说:"他的言语,你不可加添,恐怕他责备你,你就显为说谎言的。"(箴30:6)他们无法否定这是上帝向教会所说的话。圣经中有这样的禁令,他们仍然时不时地把他们自己的东西掺杂到上帝的圣言中,这岂不显明他们的冥顽不化吗?我们千万不要赞同他们的这种虚妄,正是因为这种虚妄,他们已经给教会带来了诸多的羞辱!但是,我们一定要明白,一旦考虑到这种极度的鲁莽,就是不以上帝的圣言为疆界,洋洋自得地追逐自己杜撰出来的各种东西,这时候所谓的"教会"不过是伪称而已。关乎到敬拜上帝和真正的敬虔,这些经文清清楚楚、毫不含糊地禁止普世教会既不要在上帝的圣言中加添什么,也不要删减什么。上帝在很久之前就已经宣告,最冒犯他的就是人为地发明一些仪式来敬拜他,如今上帝仍然没有改变他的主意。以下就是先知所说的一些非常精彩的话,我们应当常常聆听:"因为我将你们列祖从埃及地领出来的那日,燔祭平安祭的事我并没有提说,也没有吩咐他们。我只吩咐他们这一件说:你们当听从我的话,我就作你们的上帝,你们也作我的子民。你们行我所吩咐的一切道,就可以得福!"(耶7:22—23)上帝还说:"因为我将你们从埃及地领出来的那日,直到今日,都是从早起来,切切告诫他们,说:你们当听从我的话!"(耶11:7)还有其他类似的经文,其中最突出的就是:"耶和华喜悦燔祭和平安祭,岂如喜悦人听从他的话呢?听命胜于献祭;顺从胜于公羊的脂油。悖逆的罪与行邪术的罪相等;顽梗的罪与拜虚神和偶像的罪相同。"(撒上15:22—23)既然在这个领

4.10.18 域中，一切人所杜撰的东西都犯有不敬之罪，无可推诿；既然一切不敬之罪都可根据教会的权威来为之辩护，很显然，把这些杜撰都归于教会是不合乎真理的。因此，我们放胆责备这种人的传统所造成的专制，这些传统都是假借教会之名硬加在我们身上的。因为我们所嘲笑的并不是教会（虽然我们的敌人如此虚妄不公地诽谤我们这样）。相反，我们给予教会的是赞美和顺服，并且是前所未有的。那些人超出上帝的圣言所允许的范围，使教会顽固地违背主的教训，他们才给教会带来极大的伤害。一边絮絮不休地讲说教会的权柄，一边遮掩主对教会的吩咐以及教会对主的吩咐当有的顺服，这种无耻和恶毒我在此处就不再赘述。顺服教会是对的，但是，如果我们要顺服教会，最重要的还是明白并且牢记主对我们和整个教会的吩咐，这样我们才能一致地顺服。因为毫无疑问，如果我们在一切事情上都顺服主，我们就当与教会保持很好的一致。因为教会有丰富的应许，基督不仅永远不会离弃教会，教会是他的新妇，而且还会以圣灵引导教会进入各样的真理（参见约16：13）。首先，他们习惯上所声称的各样应许不仅是赐给整个信主的教会的，也是赐给每一个信徒。尽管有时主是在向十二个使徒说话，"我就常与你们同在，直到世界的末了"（太28：20）；"我要求父，父就另外赐给你们一位保惠师，叫他永远与你们同在，就是真理的圣灵"，这圣灵是世人所不能领受的，因为他们既看不见他，也不认识他。但你们认识他，因为他一直与你们同在，并且要住在你们心中（约14：16—17）。但是，他并不仅仅是向十二个使徒说话，也是向那些个体之人说话，甚至也是向其他门徒说话，既包括那些他已经接受的，也包括那些他以后要接受进入他的国度的。这些应许充满奇妙的安慰，但是他们竟然如此解释这些应许，仿佛这些应许不是赐给每个基督徒的，而是仅仅赐给整个教会的，他们这样行，岂不是要剥夺所有基督徒本应从这个源泉得到的安慰吗？我在此处并不否定充满仁慈、美善的主以各种方式赐给教会更丰盛的恩赐（因为赐给那些担任教导的职分的人更大的恩赐乃是必要的），我所强调的就是这些恩赐各不相同，也有多种层次，是主以各种方式赐给各人的（林前12）。总之，敬虔之人的聚会具有各种恩赐，与单个人相比，上帝却是赐给他们更整全、更丰富的属天的智慧。但是，我们不能任凭他们曲解上帝的圣言，解出经文本身并不具有的含义来。

21. 因此，我坦然承认这是真实的：主一直与他的子民同在，并借着他的灵统管他们。我承认这灵并不是谬误、无知、虚假或黑暗之灵，而是启示、真理、智慧和光明之灵，上帝的子民就是由他而毫无虚妄地通晓上帝已经赐给他们的真理（林前2：12），就是"他的恩召有何等指望，他在圣徒中得的基业有何等丰盛的荣耀，并知道他向我们这信的人所显的能力是何等浩大"（弗1：18）。另外，主在他的教会中也有恩赐的划分，目的就在于使教会中始终有些人在特别恩赐上出类拔萃，从而使得教会得到造就。"他所赐的，有使徒，有先知，有传福音的，有牧师和教师，为要成全圣徒，各尽其职，建立基督的身体，直等到我们众人在真道上同归于一，认识上帝的儿子，得以长大成人，满有基督长成的身量。"（弗4：11—13）但是，即使那些所得恩赐比其他人都卓越的信徒在今生今世所得到的也只是初熟的果子，只是品尝到主的灵的一些滋味（罗8：23），他们也晓得自己的软弱，所以对他们来说最好的选择就是谨慎地持守上帝的圣言，不要超过界限，免得他们随从自己的偏好，偏离正道。很显然，即使他们稍微偏离上帝的圣言，最终导致的就是在很多方面的偏离，因为他们这样行就缺乏圣灵的引导。唯独借着圣灵的教导，他们才能明白所领受的各样奥秘，这是毫无疑问的。因为正如保罗所写，基督"要用水借着道把教会洗净，成为圣洁，可以献给自己，作个荣耀的教会，毫无玷污、皱纹等类的病，乃是圣洁

4.8.12

4.8.11

没有瑕疵的"（弗5：26—27）。保罗在此处所教导的是基督每天在教会中所成就的，而不是基督已经成全的。因为既然基督每天都在使他的教会成为圣洁，洁净他们，打磨他们，洗净他们一切的污秽，那么，很显然，他们也仍然有皱纹之类的瑕疵，他们在成圣方面仍然有所缺乏。但是，既然教会一切成员仍然是有瑕疵的，仍然是不洁净的，却认为教会已经圣洁，已经毫无瑕疵，这是何等荒唐愚蠢啊！当然，基督已经用生命之道洁净他的教会，就是用赦罪来洗净她，这种洗净的记号就是洗礼，基督已经如此行，使教会分别为圣，归他自己。但是，此处所见到的只是教会的成圣的开始，而最

4.8.13 终的成全则是在至圣者基督完全用他自己的圣洁充满教会之后（参见来9，10）。因此，由众信徒所组成的教会深信上帝的诸般应许必要这样成全，他们已经象征性地拥有了维系他们的信心所需要的一切，他们绝不怀疑自己所拥有的走向正道的最优秀、最可信的引领，就是圣灵的引领。教会所依赖的并不是空空的确信。因为主并不是徒劳地喂养他的子民，也不会废除已经一次性地赐给他们的信心。既然教会已经受教，明白自己的无知非常巨大，知道自己极其缺乏教育，所以就谦卑地做基督忠诚的新妇和冷静的学生，然后，她必不断仔细地聆听她的导师和良人的话语。教会不要自以为聪明，也不要自己杜撰什么，而是始终把自己的智慧局限在基督话语的范围之内。这样，教会就不再信靠自己的理性所发明的一切，而是信靠上帝的圣言，毫不置疑，毫不怀疑，坚决信靠，永不摇摆。

4.8.15 　　22. 毫不奇怪，基督用来自上帝的话语吩咐我们顺服教会的权威：若有人不听教会的话，就当看他和外邦人、税吏一样（太18：17)！基督还附加上了非同寻常的应许：无论在哪里，若有两三个人奉他的名聚集，他就必在他们中间（太20：20）。但是，令人惊异的是这些流氓竟然如此无耻，竟敢在这个方面胡作非为。他们最终的

结论是什么呢？就是不可轻看教会达成的共识。但是，教会的共识也当唯独以上帝的圣言为依归。他们主张人必须听从教会的话。谁否定这一点呢？之所以如此，原因就是若非根据上帝的圣言，教会就不做任何宣告。如果他们要求另外的东西，他们一定明白基督的这些话语并不支持他们的主张。因为当基督如此应许那些奉他的名聚集的人的时候，这样的聚集称为"教会"，如果不是奉基督的名聚集，我们就不承认这是教会。但是，上帝禁止对他的圣言加添删减（申4：2，12：32；箴30：6；启22：18—19）。如果撒弃上帝的这一禁令，只是根据自己的决定来行事，这还是"奉基督的名聚会"吗？ 4.9.2

23. 我们丝毫也不认可他们最终的推论：在与救恩相关的必要事宜上，教会是不会犯错误的。但是，此处我们从完全不同的意思来理解这句话。如果教会放弃自己的智慧，接受圣灵通过上帝的圣言所赐予的教导，她就是"不会犯错误的"。 4.8.13

24. 他们的推论是这样的：只要教会是在主的灵的掌管之下，即使没有上帝的圣言也能安全地前进；不管教会到哪里去，教会所想或所说的都是完全可靠的。即使我们赞同他们关于教会所主张的每一点，这对他们所维护的诸多传统也没有什么促进。因为他们认为，如果牧师之间不一致，真理就不在教会之中；只有当教会显明在大公会议中的时候，教会才存在。但是，既然诸位先知所留给我们的关乎其所在的时代的见证是真实的，他们的这种想法就不是始终可靠的。以赛亚说："他看守的人是瞎眼的，都没有知识，都是哑巴狗，不能叫唤；但知做梦，躺卧，贪睡，这些狗贪食，不知饱足。这些牧人不能明白，各人偏行己路，各从各方求自己的利益。"（赛56：10—11）耶利米则说："因为他们从最小的到至大的都一味 4.9.1 4.9.3

地贪婪，从先知到祭司都行事虚谎。"(耶6：13）他还说，"耶和华对我说：'那些先知托我的名说假预言，我并没有打发他们，没有吩咐他们。'"(耶14：14）以西结说，"其中的先知同谋背叛，如咆哮的狮子抓撕掠物。他们吞灭人民，抢夺财宝，使这地多有寡妇。其中的祭司强解我的律法，亵渎我的圣物，不分别圣的和俗的，也不使人分辨洁净的和不洁净的，又遮眼不顾我的安息日；我也在他们中间被亵慢"(结22：25—26)；"其中的先知为百姓用未泡透的灰抹墙，就是为他们见虚假的异象，用谎诈的占卜，说'主耶和华如此说'，其实耶和华没有说"(结26：28）。西番雅说："他的先知是虚

4.9.4 浮诡诈的人；他的祭司亵渎圣所，强解律法。"(番3：4）另外，基督和他的众使徒们也预告牧师会给教会带来极大的危害（太24：11、24；徒20：29—30；帖后2：3；提前4：1；提后3：1，4：3；彼后2：1）。此类的经文很多，我们不一一引证。总之，这些经文用实际的例证警告我们，不仅是在他们所在的年代，而是在各个时代，牧师心中所酝酿的并不都是真理，整个教会并不是有赖于他们的境况。当然，如果他们确保教会的平安这是好的，因为他们的职分就是保守教会，然而，是否履行我们当履行的本分是完全不同的

4.9.5 两回事。当然，任何人都不要认为我这样说是为了鲁莽、不加区别地削弱牧师的权威。我只是希望强调对于这些牧师我们也当加以分辨，免得我们盲目地把那些称为牧师的人都视为牧师。我们确实完全认为牧师整个的工作就是上帝的圣言的侍奉，他们整个的智慧就是上帝的话语中所显明的知识，他们所有的口才都当用于宣讲上帝的圣言。如果他们偏离这一任务，我们就要认为他们是头脑虚浮的，并且怠惰不堪，结结巴巴，不忠不义，擅自离职，不管他们是先知、监督、教师或更尊大的称号都是如此。我此处所说的不是个

4.9.12 别人，而是整个牧师群体。如果他们放弃上帝的圣言，他们就是受自己的思想牵引，偏离正道，这样他们只能成为傻瓜。他们之所以

放纵自己，原因就是：他们虽然是牧师，却偏离上帝的圣言，拒不顺服。仿佛约书亚不是牧师似的，其实约书亚是真正的牧师，圣经上说他不偏离左右，一心遵守上帝的律法（约1：7）。同时，他们想方设法说服我们，他们是不会丧失真理之光的，因为上帝的灵持续不断地在他们中间，教会就是由他们组成的，没有他们，就会死掉。对于这样的事，过去有先知在他们所在的时代向人发出严厉的审判之语，这样的来自主的审判今天仍在！此类的判语有："祭司都要惊奇，先知都要诧异。"（耶4：9）还有："他们必向先知求异象，但祭司讲的律法、长老设的谋略都必断绝。"（结7：26）仿佛关于基督和使徒就没有假预言了，其实是有的。此类的经文有："因为将来有好些人冒我的名来。"（太24：5、24）还有："我知道我去之后，必有凶暴的豺狼进入你们中间，不爱惜羊群（保罗在此处所指的是以弗所教会的监督）。就是你们中间，也必有人起来，说悖谬的话，要引诱门徒跟从他们。"（徒20：29—30）彼得也警告说："从前在百姓中有假先知起来，将来在你们中间也必有假师傅，私自引进陷害人的异端，连买他们的主他们也不承认，自取速速的灭亡。"（彼后2：1）此类的经文还有很多。这些人极其愚顽，他们并没有认识到现在他们不过是老调重弹，正如当初反对耶利米的那些人一样，他们也是大有确信，说："来吧！我们可以设计谋害耶利米。因为我们有祭司讲律法，智慧人设谋略，先知说预言，都不能断绝。来吧！我们可以用舌头击打他，不要理会他的一切话。"（耶18：18）他们都是在与上帝的圣言争战。

25. 因此，即使他们上千次提及教会会议，对他们也没有多少益处，也不会说服我们相信他们所争辩的，就是教会会议是在圣灵的掌管下进行的，除非他们能够说服我们相信这些会议确实是奉基督之名召聚的。不敬畏上帝的邪恶监督可以一起聚集来抵挡基督，正如那些良善、诚实的人奉基督之名聚集一样。从此类会议所产生的诸多谕令中，我们能够清楚地证明这一事实。对于我来说，要用清楚的证据证明公开这些会议的邪恶和不敬并不是多么困难，但在此小书中我们必须简明扼要，所以我们不再赘述。我们可以用一件事来判断其余的东西。保罗宣布说，禁止嫁娶和禁戒食物，乃是来自邪灵和鬼魔的道理，是虚妄的（提前4：1—3）。认为这些话是指摩尼教徒和塔提安派（Tatianist）并不能够使我们的论敌们逃脱指责，因为他们也完全禁戒人结婚和吃肉：他们禁止特定的一些人结婚，吩咐人只能在一些特定的日子才可以吃肉。他们是无法回避的，因为在他们的谕令中确实禁戒婚姻和食物，这些本是好的东西，是上帝创造的，我们当存感恩的心来领受。因为对于信徒而言，对于那些承认真理的人而言，上帝所创造的整个世界都是好的，都是圣洁的。但是，既然这些撒旦的谕令就是由教会会议宣布

4.9.9 的，我们还能期望从这些撒旦的工具中得到什么呢？还需要我重述这些教会会议如何彼此冲突，一个会议的决定被另外一个会议废除吗？他们声称，在决定道德性的事项的时候，这种多样性通常是出于应用方面；在这些事项上，根据时代的不同，可以制定不同的法律。实际上，即使在教义方面，各种传统有时也是彼此冲突的。比如君士坦丁堡会议，是由皇帝列奥召集的，而尼西亚会议则是由嫉妒列奥的艾琳女皇召集的。其中一个会议决定搬走、销毁圣像；而另一个会议则决定予以恢复。东方教会和西方教会之间也鲜有和谐。还是让他们继续按照他们习惯的方式吹嘘圣灵与他们的会议同

4.9.8 在吧！当然，我在此处所主张的不是说所有的教会会议都是当定罪的，也不是说所有的会议决定都当废除，一笔勾销。因为在某些教会会议中，特别是在那些古老的会议中，我确实见到人们对敬虔的真心火热，也见到在洞见、教义和明辨方面的明确标记。我也不怀疑在其他时代教会会议中确实也有更好的监督。但是，正如罗马参

议员在古代所抱怨的那样，参议院的决议制定得非常糟糕，在这些晚期的教会会议中也发生了同样的事情。因为如果仅仅考虑意见的多寡，却不加以判断，贤良的部分往往被更有权力的压倒。即使在古代那些比较纯正的教会会议中，也都是略有所失的。或者是那些出席会议的贤达之人忙于手头的事务，并没有预见到其他许多事情；或者是他们忙于更严肃、更重要的事情，就忽略了一些不那么重要的事情；或者是因为缺乏技巧，他们就上当受骗；或者是因为他们当时头脑发热，太重感觉，就做出不当的决定。这最后的可能看起来似乎最不容易发生，但在当初的尼西亚会议上就是如此。尼西亚会议一直受到众人极高的尊崇。在尼西亚会议中，我们信仰的基本要道处于危险的境地，真道的仇敌阿里乌已经做好战斗的准备，当时的监督们需要与阿里乌展开面对面的战斗。因此，非常重要的就是那些前来抵挡阿里乌的谬论的人应当同心合意。但是，尽管局势极其危险，他们却不顾事情本身的严肃性，也忘记了中道和礼仪，放弃摆在眼前的争战，仿佛他们参加会议就是来讨好阿里乌一样。他们开始在内部互相争吵，本来他们应当用笔来驳斥阿里乌，却互相之间口诛笔伐。人们听到的是丑陋的互相攻击，相互指责的小册子也是飞来飞去。假如当时的皇帝君士坦丁没有干预的话，他们不把对方刺死杀伤，就不会停止攻击。君士坦丁承认自己没有能力一一查问他们个人的生活，斥责他们的不节制。当然，他用的是委婉的赞美的方式，而不是直接责备他们。尼西亚之后的其他教会会议，在多少方面也同样失败了呢？也许有人认为我愚蠢，因为我费尽百力就是要证明此类的错谬，可是我们的仇敌本身也承认，在那些与得救所必需的基本要道之外，教会会议也会犯错误。但是，我的工作绝不是多余的！因为尽管他们不得不亲口承认如此，但是，当他们把教会会议的决定甩向我们的时候，不管涉及什么事项，他们仍然是不加分别地把这些决议视为是来自圣灵的谕旨，他

4.9.10

4.9.11

们所要求的远超过他们原本设定的。他们这样做，所重申的不就是教会会议在任何方面不会犯错吗？即使他们错了，我们如此分辨真伪，如此不赞同他们的错谬，也是非法的吗？因此，此类的证据表明，任何会议、牧师、监督、教会（或者是伪称，或者是名副其实）之名，都不当拦阻我们领受这样的教训，就是我们当以上帝的圣言为唯一的标准来分辨诸灵，来判定他们到底是不是来自上帝。

4.10.18　26. 但是，把这些一直压抑教会的传统追溯到众使徒则是纯粹的欺骗。因为众使徒的整个教训的目的就是：不用新的规条来给人的良心增加负担，也不用我们各自所杜撰的东西来玷污对上帝的敬拜。如果历史和古代的纪录是可靠的，那么当初众使徒并不知道天主教人士归在他们身上的这些传统，也从来没有听说过此类的东西。他们也不可胡说当初使徒们没有记下来的教训在实际应用中也得到了领受，并且成了习惯性的做法。他们说这些东西是当初基督在世的时候他们仍然不能理解的，但在基督升天之后，他们就通过

4.8.14　圣灵的启示而掌握了（约 16：12—13）。这是何等的厚颜无耻啊！我承认，当主这样向他们说话的时候，门徒们还没有成熟，缺乏受教之心。但是，当他们把自己所领受的教训写下来的时候，难道还是这样的愚钝，以至于此后他们还需要通过活人的声音来弥补他们因为错误而忽略写上的东西吗？当他们把自己领受的教训付诸写作的时候，既然已经领受了真理的圣灵，既然圣灵已经带领他们明白一切真理（参见约 16：13），还有什么东西拦阻他们不把福音真道完美地表述出来，使他们的著述打上印记，予以封存呢？另外，他们推行的诸多圣礼，是当初的众使徒所不知道的，或者是来自犹太教的做法，或者是来自外邦人的习惯；还有一些愚拙的手势、老太婆的小动作，这些都是那些既不懂得游泳，也不认识文字的愚蠢的祭司善于玩弄的。这一切都使得他们令人觉得可笑。事实上，儿

童和小丑最善于模仿这些东西，也许他们最适合玩弄此类所谓的神圣仪式！

27. 为了捍卫他们的专权，他们就笨拙地声称有众使徒为典范。他们说，初期教会中的使徒们和长老们在基督的吩咐之外制定了一个法令，吩咐所有的外邦人禁戒食用献给偶像的肉食、勒死的牲畜和血（徒15：20、29）。既然当初的使徒们和长老们可以这样行，为什么他们的继承人就不可以根据环境的需要做出同样的处分呢？唯愿他们不仅在此事上，也在其他各个事宜上都始终效法他们！因为我否定——并且也能很容易地用极强的理由证明——使徒们在此处设立或制定了任何新东西。事实上，当时彼得宣告说"把我们祖宗和我们所不能负的轭放在门徒的颈项上"就是试探上帝（徒15：10）。假如彼得在此后又同意把任何轭放在门徒的颈项上，就是在推翻他自己的主张。但是，如果使徒们根据自己的权威决定禁止外邦信徒食用献给偶像的肉食、勒死的牲畜和血（徒15：20、29），就仍然是把轭硬加在他们的颈项上。然而，仍然还有禁忌，就是他们似乎还是禁止外邦信徒做这些事。但是，如果注意这一禁令的真实意思，就很容易消除这种禁忌了。对于这一禁令而言，最重要的意思就是外邦信徒可以自由选择，不必受到种种律法禁令的搅扰（徒15：19、24、28）。显然这是有利于我们的立场的。但是，马上就有一个例外出现了（徒15：20、29）。使徒们在此处所设立的并不是新的律法，而是来自上帝的永恒的命令，就是保持彼此相爱。这丝毫没有剥夺外邦信徒的自由，只是警告他们要迁就他们的弟兄，不可滥用自己的自由来冒犯他们。第二个要点就是外邦信徒可以享受他们的自由，条件就是不要伤害别人，不要冒犯自己的弟兄。当然，使徒们还规定了一项特别的事：他们教导、指明根据当时的环境到底什么是冒犯弟兄的事，目的就是让他们避免此类的行为。但是，

4.10.21

4.10.22

他们并没有在上帝禁止得罪弟兄的永恒法上加添什么新东西。这就仿佛是那些忠心的牧者所当做的那样，他们所负责的教会还没有很好地建立，因为他们应当吩咐他们所牧养的一切人不要在礼拜五的时候公开吃肉，也不要在圣日的时候公开工作，以及做其他类似的事情，直到那些和他们生活在一起的软弱的肢体们更加成熟一些。因为尽管这些事情本身是无关紧要的，如果冒犯弟兄，那就是犯罪。如果信徒在比较软弱的弟兄面前公然这样行，就会极大地伤害到他们的良心。很显然，他们只是提前禁止主命令禁戒的丑闻发生，只有那些故意毁谤的人才会说他们制定了新的律法。因此，当时使徒们的目的无非就是排除得罪弟兄的事，督促众人遵行上帝的律法，避免冒犯他人。他们仿佛在说："主的吩咐就是你们不要伤害软弱的弟兄，你们吃献给偶像的肉类、勒死的牲畜和血，就得罪了软弱的弟兄。所以我们根据主的话吩咐你们不要在吃饭这个方面得罪弟兄。"使徒们心里所想的都是同一回事，保罗就是最好的证人。他所写的一些话肯定是根据耶路撒冷总会的决定而写的："论到祭偶像之物……我们知道偶像在世上算不了什么……有人到如今因拜惯了偶像，就以为所吃的是祭偶像之物，他们的良心既然软弱，也就污秽了。只是你们要谨慎，恐怕你们这自由竟成了那软弱人的绊脚石。"（林前8：1、4、7、9）那些仔细地权衡这些事的人，就不至于被那些利用使徒们为自己的专制寻找借口之人所释放的烟幕蒙蔽。仿佛那时使徒们已经开始通过发布命令来侵蚀教会的自由，其实并非如此。

4.11.8　　28. 虽然我们在此并没有提及可以提及的一切，而是简明扼要地予以阐明，但我相信我们已经得胜，任何人都没有理由怀疑：教皇和他那些高贵的同伴们所精心炮制的属灵权柄不过是不敬畏上帝的专制。这种权柄不仅违背上帝的圣言，并且对于上帝的子民也是不公正的。事实上，在所谓的"属灵权柄"这个名词下，我所包括的不仅是他们大胆地杜撰新教义的行为，甚至包括他们所说的通过各种副手和官员运行的整个的教会管辖权。他们如此大胆，竟然杜撰新的教义，使那些可怜的信徒完全背离上帝的圣言本有的那种简洁，并且制定新的律法，残酷地搅扰那些不幸的信徒的良心。因为如果我们让基督统治我们，就很容易推翻这种辖制。

29. 另外，我们在此处不想讨论与财产有关的辖制，因为其形式与良心无关。但是，即使在这一方面，他们仍然一如既往，就是与他们希望人称呼他们"教会的牧师"这一职分相差甚远。我所指责的不是个别人的过犯，而是担任这一职分之人共有的罪恶，也就是担任这一职分之人共有的瘟疫，就是他们认为这一职分当有财富和尊称，否则就是被搞得支离破碎。参与司法审判，管理城邦和君王，从事远非属于他们职责的事务，难道这就是监督们的责任吗？因为他们的职分本身就是事务浩繁，如果他们忠于职守，坚持不懈，不因为各种干扰而分心，他们就几乎是不适合从事此类的任务。要在侍从的数量上、建筑的气派上和衣食餐饮的奢华上与君王争竞，这对他们合适吗？他们的生活应当是以简朴、中道、节俭和谦卑为主。上帝那永恒不变的律法禁止他们寻求肮脏钱，禁止他们贪财，吩咐他们要满足于自己的所得（提前3：3）。如今他们不仅攫取村庄城镇，甚至染指整个的省份，篡夺行政的权力，这与他们的功用如何相合呢？但是，他们如此地厚颜无耻，竟然为他们此类的举动寻找借口，并且吹嘘说这种荣华对于维护教会的尊严而讲是适宜的，也没有使他们过分偏离他们的职分的行使。 4.11.8

至于第一点，如果他们被提升到这种令君王都感到害怕的高位，对于他们的职分而言，是适宜的装饰，那么他们就有理由来规劝基督，因为基督极大地伤害了他们的尊荣。对他们来说，基督所说的以下的话是不可容忍的："外邦人有君王为主治理他们……只 4.11.9

是你们中间不可这样。你们中间谁愿为大，就必作你们的佣人。"（太20：25—26，可10：42—44；路22：25—26）对于他们而言，很显然，他们的侍奉与此世一切的尊荣之间有着极大的鸿沟相隔。否则，就让他们用经验来证明吧！这可不是他们嘴上所说的那样容易。对于当时的使徒们来说，撇下传讲上帝的圣言的重任去管理饮食是不当的（徒6：2）。虽然他们不愿意在这个方面受教，但仍然不得不接受这样的事实，就是同一个人不能同时担负好君王和好监督这双重职责。因为既然使徒们都承认（主赐给他们很大的恩赐，使他们能够处理的重担远远超过他们之后出生的人所担负的），一边传讲上帝的圣言，一边管理饮食，是他们所不能负担的，这些与使徒们相比算不了什么的小人物怎能负担上百倍的重任呢？即使试图这样做都是极其无耻、自负之事！可惜我们见到的是他们竟然真的这样做了，结果当然也很清楚！因为不可能有别的结果，只能是他们放弃自己的职责，转移到别的阵营中去了。君王们的慷慨有某种程度的敬虔，他们把自己的资源大量地奉献出来，使得监督们变

4.11.10 得非常富裕。但是，他们这样慷慨并不是以最好的方式来促进教会的益处，因为他们这样做败坏了教会自古以来的纪律。实事求是地说，他们完全废除了这种纪律！那些监督们滥用君王的慷慨来中饱私囊，这一个例子就足以说明他们根本不是真正的监督。简言之，对于他们在宗教和世俗两个方面的权柄而言，他们每天都在苦苦地努力，要保守自己所得到的，他们所寻求的毫不含糊。如果他们退出这种在宗教上的统治，把这一切都交托给基督，既不会危及上帝的荣耀，也不会危及纯正的教义和教会的安全。即便他们退出世俗的权柄，也不会在任何方面损害到教会的利益。但是，他们已经利欲熏心，冥顽不化，一味地贪求统治大权。因为他们认为，正如先知所言，除非是用强暴严严地辖制别人，就没有丝毫安全可言（结34：4）。关于教会的财产，我们就说这几句吧。

30. 现在我回到属灵的引导，这正是本部分的主题。但是，我们的仇敌在捍卫他们的事业的时候，看到各种理由都站不住脚，就诉诸最后的很可怜的逃避手段。尽管这些人在思想和谋略上都很愚蠢，在心灵和意志上都极其邪恶，但上帝的圣言仍然有效，仍然吩咐人顺服那些引导他们的人（来 13：17），即使必须接受邪恶的极其严酷的法律也当如此。主耶稣吩咐我们按照文士和法利赛人所说的去行，尽管他们把无法承担的担子放在我们肩上，而自己一个指头也不动（太 23：3—4）。真的是这样吗？但是，如果我们必须接受所有牧师的教训，不加任何怀疑，那么，主为什么常常吩咐我们不要听从假先知、假牧师的话语呢？主说："这些先知向你们说预言，你们不要听他们的话。他们以虚空教训你们，所说的异象，是出于自己的心，不是出于耶和华的口。"（耶 23：16）同样，耶稣也警戒说："你们要防备假先知。他们到你们这里来，外面披着羊皮，里面却是残暴的狼。"（太 7：15）约翰也劝告我们"总要试验那些灵是出于上帝的不是"（约一 4：1）。即使天使也不能免除这种判断，更不用说以谎言蒙蔽人的撒旦了（加 1：8）！"若是瞎子领瞎子，两个人都要掉在坑里"（太 15：14），这是什么意思呢？难道这还说得不充分吗？就是到底应当听什么样的牧师所说的话，这是非常重要的，不能不加任何分辨地随意听从。因此，他们没有任何理由用他们的头衔来恐吓我们，硬要拉着我们和他们一样成为瞎眼之人。因为我们见到的恰恰相反，主不仅不让我们盲目听从，反倒特别劝诫我们不要任凭自己陷入别人的错谬之中，不管这种错谬是以什么名义出现。主的圣言是真实可靠的，因此，一切瞎眼领路的人，不管他们被人称为大祭司、主教，还是教皇，都会把那些与他们同流合污的人一同带着落在同样的悬崖峭壁之下。

4.9.12

4.10.23　　31. 还有法律的其他部分。他们争辩说，尽管此类法律对我们极不公平，极其有害，我们仍然应当毫无例外地遵守这样的法律。因为此处所涉及的问题并不是说我们赞同谬论，而是唯独涉及作为下属我们应当承受来自我们上级的严苛的命令，我们没有任何抵制的权利。但是，此处主仍然用他的真道来帮助我们，救拔我们脱离这样的捆绑，使我们得享他用宝血为我们所买来的自由（林前7：23）。因为此处的问题不像他们恶意假装的那样，不过是我们在身体上是否忍受某种难受的压迫，而是我们的良心是否被剥夺自由，就是基督的宝血为我们带来的惠益，我们的良心是否像奴隶一样承受这种可怕的捆绑。让我们对此也忽略不谈，就算并不重要。但是，如果主的国度被剥夺，这国度又是主所坚定不移地为他自己主张的，我们还认为这并不重要吗？无论何时，只要用人所杜撰的规条来敬拜主，主的国度就被剥夺了，因为主的旨意就是在敬拜他的时候当把他视为独一的赐律者。因此，任何人都不要认为这是可以忽略不计的小事，让我们来看主是如何重视此事的。他说："因为这百姓亲近我，用嘴唇尊敬我，心却远离我。他们敬畏我，不过是领受人的吩咐。所以，我在这百姓中要行奇妙的事，就是奇妙又奇妙的事。他们智慧人的智慧必然消灭，聪明人的聪明必然隐藏。"（赛29：13—14）另外一段经文是："他们将人的吩咐当作道理教导人，所以拜我也是枉然。"（太15：9）主警戒他们说，他们是在根据人的吩咐和教训敬拜他（赛29：13—14）；主宣布说，根据人的吩咐来

4.10.24　敬拜他是枉然的（太15：9）。很多人对于主为什么提出如此尖锐的警戒感到大惑不解。但是，如果他们仔细考量，在敬拜方面，当唯独依据上帝的吩咐，也就是当根据上天所启示的智慧，他们就会认识到主确实有极强的理由憎恶此类悖逆的仪式，这些仪式是根据人性的私欲献给上帝的。因为尽管那些根据此类规条敬拜上帝的人在顺服他们自己的规条方面也有某种谦卑的样子，但他们在上帝的眼中完全不

是谦卑的,他们甚至把自己所遵行的规条硬加在上帝身上。因此,保罗急切地警告我们说,不要被人的传统欺哄(西2:4)。他在此处所说的ἐθελοθρησκεία 就是"私意崇拜",也就是偏离上帝的圣言,根据自己的想法所进行的崇拜(西2:22、23)。很显然,只有当我们把自己的和所有人的智慧都视为愚拙的时候,我们才能承认唯独上帝是智慧的。那些人所遵守的不过是由人的私欲所杜撰的各种礼仪,还期望得到上帝的认可,他们根本没有坚持这样的真道。这些低劣的仪式在过往几个世纪中一直被人遵守,在我们的记忆中,今天仍然在那些敬重受造物的权威胜于敬重造物主的权威的地方被人遵行(参见罗1:25)。他们的宗教(假如还值得被称为宗教的话),受到了越来越多的毫无道理的迷信的玷污,比任何外邦人的异教更甚。因为人的思想除了生发与其作者相称的各种属血气的愚蠢之举以外,还能生发什么呢?另外,一旦宗教开始被这种虚浮的幻想来界定,就有一个极大的恶事附带出现,而这样的悖逆总是跟随着另外一个可怕的咒诅,基督当初就是为这种罪恶而痛斥法利赛人的。这就是他们为着人的遗传的缘故而废弃上帝的诫命(太15:3)。我不想用我自己的话语来攻击我们眼前这些立法者;如果他们能够解释说,基督的指责对他们不适用,他们就赢了。但是,他们怎能使自己脱离这种指责呢?因为在他们中间,他们把在岁末的时候没有向神父忏悔视为比整年都过着极其邪恶的生活更有罪!礼拜五舌头上沾上一点肉味比天天犯奸淫,玷污整个肉体更有罪。在节日的时候,动手做一点诚实的劳动,比在种种大罪中动用全身更有罪!祭司把自己约束在一个合法的婚姻内,比卷入成千上万的通奸更有罪!发誓到某地朝圣却未前往,比违背各种承诺更有罪!没有把自己的钱财花费在可怕、虚浮、无益的事上,为教会捧场,比不帮助极其缺乏的穷人更有罪!越过偶像,却不尊崇,比恶待全人类更有罪!没有在固定的时间唠叨一些毫无意义的话,比心中缺乏真心祈

4.10.10

祷的心态更有罪！他们这样行，难道不是为了自己的传统而废弃了上帝的诫命吗（太15：3）？他们在吩咐人遵守上帝的诫命的时候冷冷淡淡，走走形式；但在劝告人遵行他们自己所杜撰的东西的时候，则是热情澎湃，不遗余力，仿佛全部的敬虔就是遵行他们这些东西。他们对于人触犯上帝的律法轻描淡写，对于违背他们的规条，哪怕是一丝一毫，他们也会把人处以监禁、火刑或砍头。他们对于那些藐视上帝的人并不是如此地残酷无情，但对于藐视他们的人确实极其憎恨，迫害备至。他们教导那些心地单纯、被他们掳获的人，当人对他们所说的教会的法规有丝毫违背的时候就大发热心，而在上帝的整个律法被人推翻的时候却保持宁静。首先，在上帝视为渺小、无关紧要的事情上，若是藐视、论断、赶出别人，就是犯了严重的罪。但是，他们却高举保罗在《加拉太书》4：9所写的虚弱、无用的小学，胜过敬重上帝所赐给的来自天上的圣言。他们把犯奸淫的人判为无罪，却在饮食上论断他；他们允许人与妓女同房，却不让他合法地娶妻。这就是他们的假顺服所生发的果子，

4.10.26 这种顺服倾向于人，却偏离上帝。为什么基督让我们忍受文士和法利赛人强加在人身上的那些很难忍受的重负呢（太23：2—3）？更进一步说，为什么同一位基督在别处却提醒我们防备法利赛人的酵呢（太16：6）？福音书的作者马太解释说，此处的"酵"是指他们把自己的教训与上帝纯正的圣言掺杂在一起所形成的混合物（太16：12）。主在此处吩咐我们逃离他们的一切教训，还有比这更清楚的事吗？在其他一些经文中，主耶稣的教训也非常清楚，就是他不希望那些属他的人受到法利赛人特有的传统的搅扰。上帝的圣言本身，如果没有受到人的扭曲，就没有此类的意思。因为主所强烈地反对的是法利赛人本身的行为。所以，他在一开始的时候就教导他的听众说，尽管他们没有在法利赛人的生命中看到值得效法的事，他们仍然应当做法利赛人用他们口中的话语所教导的那些事，

因为他们坐在摩西的位子上，也就是说，他们属于上帝的律法的解释者（太23：2）。

32. 但是，许许多多未受过教育的人，听说人的传统以不敬虔 4.10.27
的方式捆绑信徒的良心，他们对上帝的敬拜也是徒然的，就想废掉一切塑造教会次序的律法。此处我们正好处理这一谬误。此时最容易上当受骗，因为初看来在第一种法规和后一种法规之间并没有多少明显的不同。但是，我们会在此处简要地阐明此事，使人不至于因为这两者相类似就上当受骗。首先，我们要抓住这种考量。在人类社会中，为要促进共同的平安，维持基本的和谐，某种形式的组织是必不可少的。另外，我们也会认识到，在人与人之间的交往中，为了保持在公开场合的规矩，甚至为了保持基本的仁慈，都需要有一定的程序。这在教会中尤其明显，如果凡事规规矩矩地按着次序行，就能最大程度地保持这样的体面与仁慈；没有这种基本的和谐，教会就不会存在。所以，如果我们希望确保教会的安全，就必须竭尽全力"凡事规规矩矩按着次序行"（林前14：40）。但是，人的风俗各不相同，人的想法也是各式各样，人的判断和性情也存在着彼此之间的冲突，所以，没有一定的法则，任何组织都不会达到充分的强大；没有一套规范，任何程序也都会无法维系。因此，我们绝不是反对确保教会基本次序的法规，因为没有规矩，教会就会分崩离析，就会完全变形，四分五裂。如果教会不遵守一定的法规，作为彼此之间联合的约束，从而确保教会内部的次序和体面，就违背了保罗的盼咐，就是"凡事规规矩矩地按着次序行"。当然，在遵守教会此类的规矩的时候，我们必须始终谨防一件事情的发生，就是把这种遵行视为人得救所必需的，从而辖制人的良心。另外，也不要把这些法规与敬拜上帝联结在一起，认为真敬虔就在其 4.10.28
中。我们在此前已经指明那些不敬虔的规条（就是使真敬虔模糊不清，压制人的良心的东西）和教会合法的规范之间的唯一的不同，就是目的方面的不同：或者是关乎教会的规矩，使信徒在聚会的时候在各个事项上都有一定的次序，或是为了确保个人所组成的群体能够遵守某种形式的人道的约束，在一定的范围内运作。因此，一旦我们理解此类的法规，是为了维护在公共聚会的时候要有一定的规矩，就消除了那种迷信，也就是用人所杜撰的东西来衡量对上帝的敬拜。我们在此强调说，只要我们认识到一定的法规是人共同的需要，那种对责任和必需性的谬见就被推翻了。这种谬见的核心就是认为遵守人的传统是得救所必需的，直接伤害到人的良心，这是极其错误的。因为我们共同的努力所要促进的就是爱，此外无他。

4.10.29　33. 关于第一种规矩在保罗的教训中有很多例证：妇女在教会里不可教导（林前 14：34），她们外出的时候应当蒙头（林前 11：5）。这样的例证在我们日常生活习惯中也能够看到，比如：我们祷告的时候跪下并且不戴帽子；不能把人的赤裸的尸体扔进沟里；我们施行圣餐的时候不可亵渎，不可粗心大意以及其他类似的做法。这是为什
4.10.31　么呢？难道敬虔就在于妇女的头巾，出门光着头就是非法的吗？保罗禁止妇女在教会中发言的禁令如此圣洁，违反这条禁令就是犯大罪吗？难道跪下祷告或者包裹尸体是如此圣洁的仪式，忽略就是犯罪吗？完全不是。因为如果一个妇女需要为邻舍提供紧急性的帮助，来不及停下来蒙头，就出去帮助，这并没有犯罪。有时她需要说话，比不说话更合适。另外，假如人有病，不能屈膝，他仍然能够站着祷告。最后，尽快把死人埋葬，胜过因为没有裹尸布，就在那里等着尸体腐烂。无论如何，一言以蔽之，当地的风俗、人道的考虑和一般的礼仪，都会表明在这些事情上到底当做什么，不当做什么。在此类事情上，如果因为不小心，或者因为忘记，就没有这样做也不是犯罪；但是，如果是出于轻视而不去做，这种故意乃是

不适当的。如果有人大声抱怨，自以为是，就当思考他在上帝面前到底有什么理由如此愤愤不平。保罗的话应当让我们感到满意："若有人想要辩驳，我们却没有这样的规矩，上帝的众教会也是没有的。"（林前11：16）

34. 至于另外一种法规，则是关涉公共祈祷、讲道和洗礼的时间。关于教会的讲道，有安静默祷的时间，有指定的聚会的地方，有一齐唱颂圣诗，还有特定的分领圣餐的日子、教会的劝惩，等等。具体的日子、时间，敬拜之地的建筑结构，到底唱什么诗篇，这些事本身并不重要。但是，要保持教会的和平，就需要设定特定的聚会的日子和具体的时间，确定适合大家聚会的地方。因为如果任凭个人自行其是，随意改变涉及公共次序的事，在这些细节方面就会出现混乱，最终就会带来极大的纷争！如果把这些看来无关紧要的事情留给个人选择，想让人人都开心，最后导致的就是混乱。因此，我们必须竭尽全力防备错谬的东西渗透进来，败坏这种对规矩的正确的应用。如果所有的规矩都能显明各自的用处，并且此类的规矩尽量地少，尤其是有忠心的牧师来教导大家，杜绝各种错谬的进入，那么这些规矩就能发挥正确的功用。但是，这种知识首先保证的就是我们每个人都能在这一切事务上保持各自的自由；每个人都是自愿地把某些必需的东西加在自己的自由之上，或者是根据我们所说的礼仪的需要，或者是根据爱心的考量。其次，在遵守这些规矩方面，我们应当避免各种迷信，并且不要苛刻地要求别人也要这样遵守。这样我们就不至于觉得仪式多一些对上帝的敬拜就更好；也不要因为规矩的不同教会之间就互相歧视。最后，此处我们不是为自己设立永久性的法度，我们之所以这样遵守目的就是为了造就教会。如果教会需要，我们不仅可以改变已有的规矩，甚至还可以废除我们早已遵行的规矩，这样做丝毫没有犯罪。目前的时代证明

4.10.29

4.10.31

4.10.32

这样的事实，就是某些仪式在其他环境中并不是不敬虔的，也不是不雅的，但在环境适宜的时候予以废止也是合适的。因为（这就是从前时代的盲目和无知）教会一直用败坏主张和愚顽的意图去坚守各种仪式。因此，他们很少充分地清除这些可怕的迷信，同时保守许多古时以良好的理由设立，本身既非不敬上帝，也非邪恶的仪式。顽固地坚持捍卫这些迷信就会给教会带来极大的伤害。因为要单独判断这些仪式中的每一个仪式本身，我们已经承认，并没有什么不好。但是，如果考虑到它们所在的环境，那么从这些仪式的被滥用本身就显明在人心中确实有错谬的想法，这也很容易纠正过来。既然这些表演持续不断地为错谬提供新的原料，就当使他们从人们的视野中消失。圣灵见证当初希西家就是这样行的，他在圣经中得到了表彰，因为他摧毁了铜蛇（王下18∶4）。这铜蛇本是摩西在主的吩咐下设立的，是要提醒以色列人从上帝那里得到的恩惠，这本不是坏事。但是，后来却被人用于偶像崇拜，这就是坏事了。既然希西家这位最贤明的君王没有其他纠正这种不敬虔现象的办法，他就有正当的理由打碎摩西当初所造的铜蛇，正如当初摩西设立铜蛇时也有正当的理由一样。因为我们必须考虑到人的判断的悖逆性，正如有胃病的人就不要食用一些难消化的食物一样，尽管这些食物对健康的人而言没有什么害处。

三　论公民政府

4.20.1　　35. 我们已经证明人处于双重政府之下，　是教会政府，一是公民政府。教会政府关涉人的灵魂，也就是内在的人，是与永生直接相关的。公民政府关涉社会的公义和外在的道德。我们已经充分探讨了教会政府，现在我们来考察公民政府。首先，在我们进入这一主题之前，我们必须始终牢记两者之间的不同，牢记两者之间有着本质性的区别，这样我们就能避免那种常见的两者混淆起来的不智的做法。因为确实有一些人,当他们听说福音应许的是自由,这种自由既不承认什么君王,也不承认什么执政官,而是唯独仰望基督,他们就认为只要还有任何权柄在他们之上,他们就没有得享他们自由的益处。因此,他们认为若非整个世界都塑造成新的制度,就没有任何安全可言。在这种新制度中,没有法庭,没有律法,没有执政官,也没有其他任何类似的他们认为妨碍个人自由的东西。但是,如果知道如何分辨身体与灵魂之间以及短暂易逝的今生和未来永恒的生命之间的不同,就不难知道基督属灵的国度与国家管理是完全不同的。既然把基督的国度局限在这个世界乃是犹太人的妄见,唯愿我们认真思考圣经所清楚教导我们的乃是属灵的果子,是我们从基督的恩典中采集的;唯愿我们牢记把基督所应许给我们的自由都保持在相应的界限之内。使徒保罗吩咐我们要站立得稳,不要受"奴仆的轭"辖制(加5:1),同时在别处也禁止当时做奴隶的急于摆脱现状(林前7:21),这是为什么呢?原因就在于即使在社会上受捆绑,我们仍然可以完美地享受属灵的自由。保罗以下的陈述也有同样的意义:在上帝的国度里,"并不分犹太人、希腊人、自主的、为奴的,或男或女"(加3:28);"在此并不分希腊人、犹太人、受割礼的、未受割礼的、化外人、西古提人、为奴的、自主的,惟有基督是包括一切,又住在各人之内"(西3:11)。通过这些陈述,保罗所要说明的就是:不管你在人中间处于什么境况,不管你生活在哪个国家的律法之下,都没有本质的不同,因为基督的国度并不在于这些因素。

36. 但是,这种区别不当使我们把公民政府的本质视为是污秽的,与基督徒没有任何关系。实际上,这恰恰是某些狂热分子所夸耀的:我们通过基督已经向这个世上的事死了(西2:20),我们被迁移到上帝的国度里,与天使同坐,还陷于这些与基督徒无关的属

4.20.2

世的、污秽的事务之中，就与我们不相称，是放弃我们的尊严。他们质疑说，没有审判和法庭，律法又有什么意义呢？但是，基督徒与审判本身又有什么关系呢？实际上，既然杀人是非法的，我们为什么还设立律法和审判呢？但是，正如我们已经指明的那样，这种政府不同于基督的属灵的内在的国度，因此我们必须知道两者并不冲突。因为属灵的政府已经在我们的心中开始，天国已经在世上确确实实地开始了，在这个短暂易逝的人生中，天国已经使我们预先品尝到了那永不朽坏的美福的滋味。当然，公民政府还有上帝命定的目的，只要我们还生活在人世间，我们就要调整我们的生活与社会相适应，使我们的社会行为合乎社会公义，使我们彼此和睦相处，促进普遍的和平与安静。我也承认，如果目前已经处于我们中间的上帝的国度要除掉现在的生活，这一切就都是多余的。但是，既然上帝的旨意是让我们在这个世界上作为朝圣者前行，渴慕到达真正的家园；既然在朝圣的过程中需要此类的帮助，那些剥夺人们这种帮助的人便就是剥夺人性了。

37. 我们的论敌声称，在上帝的教会中当有这样的极大的完美，这样教会的政府就能足以取代一切律法了。但是，这样的完美在人群中间是永远找不到的，他们如此想象不过是出于愚蠢而已。因为恶人的厚颜无耻是如此地登峰造极，他们的邪恶又是如此地顽固不化，即使有极其严格的律法也很难约束他们。如果他们认为他们的败坏能不受惩罚，没有权势能强制他们停止作恶，我们能期望他们做什么呢？当然，关于公民政府的功用，我们会在更合适的地方探讨。现在我们只想让人们明白，想要废除公民政府乃是令人无法容忍的野蛮。公民政府的功用丝毫不比饮食、阳光和空气的功用更差；实际上，公民政府享有更大的尊荣。因为公民政府不仅要确保人们能够呼吸、吃喝、保暖，这些活动都是公民政府确保人们共同生活当提

4.20.3

供的。但我要强调的是，公民政府的功能远远不仅如此，它也阻止偶像崇拜、亵渎上帝的圣名、诽谤上帝的真道以及其他在人们中间时时兴起并传播的各种抵挡真宗教的公共性犯罪；阻止人搅扰公共和平；确保私人财产的安全；使人能够彼此顺利地往来。总之，公民政府所确保的就是：基督徒能够公开地敬拜上帝，人与人之间能够有基本的人道存在。任何人都不要因为我现在主张公民政府有责任确保真宗教的存在就感到不安，因为我在上面已经把真宗教置于人的决定之外。因为对于我们赞同的公民政府而言，其存在的目的就是防止存在于上帝的律法中的真宗教受到公开的亵渎和污染。我在此处仍然强调，在真敬虔和敬拜上帝方面，任何人都不得根据自己的决定而擅自立法。

38. 但是，如果我把公民政府整个主题分为各个部分来探讨，在这种非常清晰的安排的帮助下，我的读者们就会更好地理解这个主题。一共分为三大部分：执政官，就是律法的保护者和监护人；律法，就是执政官施行统治的依据；人民，就是根据律法接受统治并顺服执政官的人。我们首先来看执政官的职分，我们看这一职分是不是上帝所认可的合法的呼召；这一职分的性质；其权力的范围；然后我们看基督徒政府当用什么律法来施行统治；最后我们看律法对人民的益处，以及人民对执政官当有什么样的顺服。

39. 主不仅证实了执政官的职分得蒙他的认可，是他所悦纳的，并且用极其高贵的称号来突显这一职分的尊荣，把这一职分交托给我们。略举数例为证：既然那些担任执政官的人被称为"神"（出22：8；诗82：1，6），任何人都不要认为这样的称号是无关紧要的事。因为通过这样的称呼，表明他们确实有来自上帝的托付，被赋予神圣的权威，完全是上帝的代表，在某种意义上担任上帝的副

4.20.4

手。这并不是我自己的杜撰,而是基督的解释。他说:"若那些承受上帝之道的人尚且称为神……"(约10:35)此处的意思不是说上帝已经赐给他们职分,把侍奉他的事托付给他们(正如摩西和约沙法对他们在犹大每个城市所制定的审判官所说的那样),让他们不是为人施行审判,而是为上帝施行审判(申1:16—17;代下19:6),又是什么呢?所罗门说:"帝王藉我坐国位;君王藉我定公平。王子和首领——世上一切的审判官,都是藉我掌权。"(箴8:14—16)所罗门所说的也证实了上帝的智慧所表明的旨意。这就是说:在世上统管万有的权柄被交托在君王和其他统治者的手中,这并不是出于人的悖逆,而是因为上帝的护理和圣洁的命令。因为上帝所喜悦的就是如此管理人的事务。保罗把"治理"也列在上帝的恩赐中,他所清楚教导的也是同样的道理(罗12:8)。上帝的恩赐有多种,也赐给了不同的人,基督的仆人们应当善用这些恩赐来建造教会。保罗在此后的探讨中说得更加清楚。因为他既强调一切权柄都是上帝所设立的(罗13:2),同时也强调除非是上帝设立的,否则就没有任何权柄(罗13:1)。另外,君王也是上帝的仆人,对于那些行善的人加以褒奖,对于那些作恶的人则加以惩罚(罗13:3—4)。这个方面还有很多例证,比如大卫、约西亚以及希西家;还有其他做大臣的,比如约瑟和但以理;还有其他在自由民中施行统治的,比如摩西、约书亚和众位士师。主宣告赞同他们的职分。因为,任何人都不要怀疑公民政府的权威。这也是上帝的呼召,在上帝面前不仅是圣洁的、合法的,在必要朽坏之人的一生中,这样的呼召也是极其神圣的,并且是各样呼召中最尊贵的。

40. 执政官心中当常常牢记这种神圣的呼召,如此必能极大地激励他们履行自己的职分,给他们自己带来特别的安慰,缓解他们在执行公务过程中所遭遇的种种困苦,实际上这样的困苦有很多,并且常常是令人难以负担。那些知道自己得蒙上帝呼召去施行上帝公义的人当要求自己对公正、审慎、温柔、自治、纯洁具有多大的热情啊！当他们知道他们的审判座就是永生上帝的宝座时，他们怎会厚颜无耻地任凭自己在审判座上做出不公义的裁决呢？既然他们已经知道上帝任命他们的嘴为神圣真理的器皿，又怎敢用他们的嘴来宣布不公义的判决呢？既然他们知道上帝吩咐他们当用他们的手来制定合乎上帝的心意的典章，他们又用什么良心来签署邪恶的法律呢？总之，如果他们牢记自己是上帝的副手，就当分外谨慎，以热切、勤勉之心来把自己展现在众人的面前，使他们能够看到某种上帝的护理、保护、良善、慈爱和公义的形象。他们心中始终应当牢记："禁止刀剑不经血的，必受咒诅！"（耶48：10）因此，当摩西和约沙法他们的审判官恪尽职守的时候，最有效的说服他们的方式就是我们此前所提到的（申1：16），"你们办事应当谨慎；因为你们判断不是为人，乃是为耶和华。判断的时候，他们必与你同在。现在你们应当敬畏耶和华，谨慎办事，因为耶和华——我们的上帝没有不义。"（代下19：6—7）在另外一个地方也说："上帝站在有权力者的会中，在诸神中行审判。"（诗82：1）这是为了激励他们履行本分，所以圣经中教导他们说，他们是上帝的代表，在他们履行职责方面，最终要向上帝交账。这种劝勉对他们而言极其重大。因为如果他们犯了某种错误，他们不仅冤屈了那些因他们的恶行而受苦的人，他们也是在羞辱上帝，他们所玷污的是上帝极其神圣的审判（参见赛3：14—15）。另外，当他们想到他们所忙碌的并不是俗务，也不是与上帝的仆人无关的事情，而是极其神圣的职分，因为他们是上帝的代表，这样他们自己就可以大得安慰。

41. 已经有如此之多的来自圣经的见证，但那些人仍然不为所动，竟敢指责这一神圣的职分是基督教和真敬虔所憎恶的东西，他 4.20.7

们岂不是在咒骂上帝吗？指责上帝所设立的职分，显然就是羞辱上帝本身。这些人不仅反对执政官，也是抛弃上帝，拒绝上帝对他们的统治。当初以色列人拒绝撒母耳的统治的时候，上帝就说这是拒绝他的统治（撒上8：7）。今天那些放任自己，诋毁上帝所设立的各种政府的人，岂不也是在拒绝上帝的统治吗？主耶稣对其门徒说，外邦人中做君王的是要辖制他们，在他们的门徒中间不可如此，他们中间为首的，应当成为最小的（路22：25—26）。他们告诉我们，主耶稣这样说，就是禁止所有的基督徒参与国家或政府之事。这些大有能力的解经家啊！当初门徒之间所争论的是谁胜过别人。为了消除这种虚妄的野心，主耶稣就教导他们说，他们的侍奉不像在国家中做事，要有一个人在其余的人之上。我问你们，这种比较对于君王的尊严有何不敬呢？实际上，此处所证明的就是君王的职分，并不是使徒们的侍奉，除此之外，还有什么呢？

42. 另外，在执政官中间，尽管执政的形式各有不同，但我们必须把他们都一概视为是上帝设定的，在这个方面并没有什么不同。因为保罗也把他们都放在一起，强调没有权柄不是出于上帝的（罗13：1）。上帝特别把他们中间最不令人喜悦的置于众人之上，就是君王一人的权柄。因为这种权柄使所有人都受到约束，所有人都顺服君王一人的意志，所以，这是古代那些具有英雄和高贵气质的人所不能接受的。但是，为了预先阻止他们不正确的判断，圣经明确地证实，君主制是来自上帝的护理（参见箴8：15），圣经还特别吩咐我们尊重君王（箴24：21；彼前2：17）。很显然，那些没有资格思考国家当采取什么政制的人，私下议论纷纷，争辩何为最好的政府体制，这不过是他们闲来无事，消磨时光而已。此类的问题并没有简单的答案，需要人审慎地思考，因为这种讨论的性质特别有赖于具体的环境。如果离开具体的环境，仅仅是比较各种政府组成的形式，就不容易区分哪种形式的政府更有益处，因为各种政府形式都各有彼此。从君主制堕落为独裁制是容易的，从精英统治蜕变为寡头统治也不困难；当然，最最容易的就是从民主制蜕化为叛乱和暴动。因此，如果你的眼目不是单单盯着一个城市，而是放眼考察整个世界，至少观察周围的地区，你就肯定能够发现，上帝那智慧的护理就是不同的国家应当按照不同的政府体制来管理。因为各种因素要混合在一起，只有按照不同的比例才能如此。因此，只有根据它们各自的特色，各个国家才能以最好的形式结合在一起。当然，对于那些满足于上帝的旨意的人而言，这些毋庸多言。既然在他看来，由君王统治万国，由议院或城邦官员来统治自由城市，这都是好的，所以我们的责任就是不管我们在哪里生活，上帝让谁执政掌权，我们就当顺服谁。

43. 我们在此处要解释的就是执政官的职分，到底圣经中是如何描述的，这个职分到底包括什么。耶利米劝诫君王"要施行公义和公平，拯救被抢夺脱离欺压人的手；不可亏负寄居的和孤儿寡妇，不可以强暴待他们，在这地方不可流无辜人的血"（耶23：3）。摩西吩咐他所任命的那些作为他的代表的头领们说："你们听讼，无论是弟兄彼此争讼，是与同居的外人争讼，都要按公义判断。审判的时候，不可看人的外貌；听讼不可分贵贱，不可惧怕人，因为审判是属乎上帝的。"（申1：16—17）以下的经文我也无需解释：王不可为自己加添马匹；不可贪婪；不可凌驾于众弟兄之上；在他们的一生中，应当昼夜思想上帝的律法（申17：16—19），圣经中还有其他一些类似的段落。此处我在解释执政官的职分的时候，我的目的并不是教导执政官，而是教导他人明白执政官的职分到底是什么，明白上帝设立执政官的目的是什么。因此，我们认识到上帝任命执政官为公共百姓的保护者和申冤者，确保社会的次序和平安，他们唯一需

4.20.9

要努力的就是为所有人提供公共和平和安全。如果他们不保护义人脱离恶人的伤害，就无法完成这样的保护公共安全的职责。因此，他们有权力严厉地对付那些公开作恶的人和犯罪分子，他们的邪恶搅乱公共和平（参见罗13：3）。从人类的经验来看，我们完全同意梭伦的主张，任何公共体都是由赏罚来维系的。除掉这种赏罚，整个的城市次序就会崩溃解体。因为除非为德行预备适宜的荣誉，许多人对公平和正义的关注就会逐渐冷淡；除非处以严厉的刑罚之苦，恶人的邪情私欲就不会受到约束。先知耶利米吩咐君王和其他统治者施行审判和公义，就包括了赏罚这两种功用（耶22：3，参见21：12）。实际上，公义就是为无辜之人提供安全，接纳他们，保护他们，为他们申冤，解救他们；而审判则是抵挡不敬虔之人的任意妄为，镇压他们的暴力行动，惩罚他们的犯罪行为。

4.20.10　　44. 但是，此处似乎出现了一个很难回答的问题：既然上帝的律法禁止所有的基督徒杀人（出20：13；申5：17；太5：21）并且先知也预言说，在上帝的圣山（教会）上，不再有痛苦，不再有伤害（赛11：9，65：25），怎能允许执政官杀人呢？难道既让他们做敬畏上帝的人，同时又让他们杀人流血吗？如果我们明白执政官在施行刑罚的时候并不是靠自己行事，而是执行上帝的审判，我们就不会被这种问题困扰了。上帝的律法禁止我们杀人，但是，杀人犯不可不受到刑罚，所以，上帝就把剑交托在执政官的手中，就是为了对付那些杀人犯的。敬虔之人不应当伤害别人，但可以根据上帝的吩咐，为敬虔之人所受到的伤害而报应恶人，就不是伤害别人了。我们心中始终应当牢记的就是不要出于我们自己的鲁莽而做什么，这一切都是基于上帝的权威去行，而这样的命令则是来自上帝的；既然我们有上帝的权威在我们面前，我们就决不要偏离正路。如果不惩罚恶行，就是限制上帝的公义了。但是，既然我们不可把任何律法强加在上帝身上，为什么我们要虚妄地指控上帝的仆人呢？正如保罗所言，他们并不是空空地佩剑，因为他们是上帝的仆人，他们的职责就是执行上帝的震怒，报应那些作恶的人（罗13：4）。因此，如果君王和其他统治者认识到上帝最悦纳的就是他们的顺服，他们就当忠于职守，好使他们的敬虔、公义和正直得蒙上帝的认可（参见提后2：15）。当初摩西显然就是为这种愿望所驱使，他认识到上帝的大能已经命定他解放上帝的百姓，他就动手击杀那个埃及人（出2：12；徒7：24）。后来他在一日之中击杀三千人，情况也是如此，他所报应的就是那些亵渎上帝的人（出32：27—28）。大卫也是如此，在他即将去世之前，他吩咐儿子所罗门杀死约押和示每（王上2：5—6、8—9）。摩西的性情本来是温柔和顺的，他怎能如此怒火中烧，在以色列人的营寨中反复冲杀，浑身沾满自己的弟兄们的鲜血呢？大卫也是一生温柔的人，在他最后咽气之前，他怎能留下血腥的遗嘱，吩咐他的儿子所罗门不要让约押和示每白头安然入丧呢（王上2：5—6、8—9）？但是，摩西和大卫两个人执行上帝所命定的报应，以残暴之举使他们的双手分别为圣。假如他们拒绝动手，就会污秽了他们的手。所罗门强调说："作恶，为王所憎恶，因国位是靠公义坚立。"（箴16：12）"王坐在审判的位上，以眼目驱散诸恶"（箴20：8）。"除去银子的渣滓，就有银子出来，银匠能以做器皿；除去王面前的恶人，国位就靠公义坚立"（箴25：4—5）。既然他们真正的公义就是拔出剑来追赶犯罪不敬之人，那么，他们把剑插入鞘内，不使自己的双手沾染鲜血，任凭恶人到处猖獗杀人，他们就犯了极大的不敬之罪，根本不能由此而为他们的良善和公义赢得赞美！当然，他们也不能苦待百姓，他们的法庭应当成为"罪人触礁的地方"！因为我既不赞同不正当的残酷，也不认为没有仁慈之心就能做出正确的裁决。正如所罗门所言，仁慈是君王最好的谋士，是王位最好的保障（箴20：28），有一位古代思想家称仁慈为君王最好的恩赐,这当然是正确的。对于执政官而言,非常必要的就是注意这两个方面,免得因为过于严苛而伤害社会,而不是带来医治;或者因为迷信仁慈之情,落在那种最残酷的温柔之中,就以软弱和溺爱之心使得许多人走向毁灭。因为在尼尔瓦统治时期,有一句话说得颇有道理:"什么都不允许,生活在这样的君王之下是不幸的;什么都允许,生活在这样的君王之下则是更加不幸。"

4.20.11　　45. 君王和人民有时必须拿起武器申张公义。在这一基础上,我们可以判断如此进行的战争是合法的战争。他们有权力确保他们领地的和平,约束骚乱之人的纷争,帮助那些受到暴力压迫的人,惩罚各样罪恶。若是有人搅扰个人和公共和平之人,发动分裂国家的动乱,用暴力欺压人,肆意作恶,执政官此时运用这种权力来制止他们的狂暴,还有比这更适宜的吗?既然他们是律法的监护人和捍卫者,他们就应当破除犯罪之人的各样企图,他们的犯罪所败坏的乃是律法所确定的各种次序。实际上,既然他们惩罚那些强盗所施行的仅仅影响到少数人的危害行为是理所当然的,他们岂能任凭整个国家被各种暴行毁坏而不施行惩罚呢?因为不管是君王,还是最低微的平民百姓,如果侵略一个并不具有任何权利的外国,将它

4.20.12　作为敌人来攻击,这在本质上都没有什么不同。所有具有此类行动的人都必须同样对待,都当被视为强盗,都当受到相应的惩罚。但是,此处值得注意的是,所有执政官都当留意自己的怒气,即使在最小的程度上也不可随意放纵。进一步而言,如果他们不得不实行惩罚,他们既不要怒气冲冲,也不要被仇恨掳获,更不要心中充满无法熄灭的残酷之情。正如奥古斯丁所言,即使他们在惩罚某个人所犯的特定的罪的时候,也要有人性共有的怜悯之心。如果我们要拿起武器,抗击敌人,也就是武装的强盗,他们也不要轻易就开战,除非是极其必要,不得不然。外邦哲学家主张在开战的时候尽

量把战争当作寻求和平的手段,我们应当更进一步,在开战之前当寻求一切避免战争的可能性。最后,在这两种情况下,执政官都必须确保自己不受个人爱好的驱使,唯独以关心民众的福泽为念。否则,他们就是邪恶地滥用自己的权力,这权力之所以赐给他们,并不是为了他们个人的益处,而是为了服务他人,使他人得益处。另外,这种战争权也包括驻兵权、结盟权以及其他国防权。此处我所说的"驻兵权"就是把军队驻扎在各个城市之间,目的就是保护国家的疆界;"结盟权"就是各个邻近的君王之间缔结盟约,目的就是一旦在他们的国土上有困扰出现,他们可以互相帮助,共同扑灭人类的敌人。我称之为"国防权",这些都是在战争中使用的艺术。

46. 最后,我希望说明的就是,贡赋和税收也是君主合法的收入,主要用于满足他们的公共性职分的花费;当然,他们也可以把这些收入用于装修他们的住宅,使其具有一定的辉煌性,与他们所行使的权威相称。正如我们在圣经中读到的那样,大卫、希西家、约西亚、约沙法和其他圣洁的君王,还有约瑟和但以理都根据他们所担任的职分的尊贵性,他们很多的支出都是来自公共费用,但这并没有危害到他们的敬虔。另外,我们在《以西结书》中也读到,很大一部分土地划给了君王(结48:21)。当然,他这样做也提醒君主们,他们的收入并不是他们私人的财产,而是全体人民的财富,正如保罗所见证的那样(罗13:6)。他们既不能贪污,也不能浪费,否则就是违背公义。更准确地说,这些都是老百姓的血汗,如果浪费,就极不人道。另外,他们也必须牢记,不管他们征收什么税赋,都必须是为了公共性的必需方可。毫无道理地向收入低微的普通百姓硬行征税,乃是暴君之举。 4.20.13

47. 涉及公民政府,在探讨完执政官之后,就要考察律法。正 4.20.14

如西塞罗所说，律法就是国家的灵魂。没有律法，执政官就站立不住。因此，这话说得非常真切，律法是无声的执政官，执政官是活着的律法。我在前面已经谈及基督徒国家当用什么律法来治理，因此，任何人都不要期望我在此处会长篇大论地谈论什么是最好的律法。假如这样讨论，就没完没了，并且与目前的主题也没有多大的关系。

我会用几句话说明在上帝面前敬虔之人当用什么样的律法，在人民中间到底执行什么样的律法。在这个方面，假如不是有很多人已经非常危险地误入歧途，我宁愿略过不谈。

48. 因为有些人认为，如果忽略摩西所教导的政治制度，由万国通用的律法来统治，这样的共同体就不是按照合适的方式组成的。让其他人来思考这种观点多么富有危险性和煽动性啊。我所要做的就是证明这种观点不仅是错误的，也是愚蠢的，这就够了。我们必须牢记通常所采用的对上帝借着摩西启示的整个律法的划分，就是分为道德律、礼仪律和司法律。我们必须考察这三大部分，才能理解在这些律法中有一些仍然与我们有关系，有一些已经丧失了相关性。同时，礼仪律和司法律与道德也有关系，但对此不可过分关注。因为教导这种划分的古代神学家们并非不晓得礼仪律和司法律也与道德有关，但是，因为这些律法的改变或废止并不影响到道德的存续，所以他们并没有称这些律法为道德律。他们把道德律这一名称特别用于第一部分律法。没有这部分律法，道德的真圣洁就无法维系。道德律包含在两大标题之下，其中一部分吩咐我们以纯正的信仰和敬虔之心敬拜上帝，而另外一部分则吩咐我们以真情对待他人。因此，这是真正的永恒性的公义标准，是为所有国家、所有时代希望自己的生活与上帝的旨意相合的人规定的。因为这是上帝永恒不变的旨意，我们所有人都当这样敬拜上帝，并且彼此相爱。礼仪律是犹太人训蒙的师傅，主的旨意就是通过礼仪律来训练这个处于孩童时期的民族，直到日期满足的时候（加4：3—4，3：23—24），目的就在于使他向列国完全显明他的智慧，显明他以比喻所预告的那些事情都是真实可靠的。上帝把司法律赐给以色列人是为了让他们管理国家，司法律中所传递的是明确的衡平和公义的模式。通过这些司法律，以色列人可以毫无指责、和和睦睦地在一起生活。这些礼仪律确实属于敬虔方面的教训，它们在侍奉和敬畏上帝方面保守了犹太教会。但是，它们和敬虔本身仍然有所不同。同样，它们的司法律的形式也与爱的吩咐有所不同，这种形式的司法律的目的没有别的，就是上帝在其永恒律中所吩咐的那种爱。

49. 因此，礼仪律能够废止，同时敬虔仍然能够保持完整无缺；同样，这些司法制度废除以后，恒久性的爱的责任和吩咐仍然能够保持。既然如此，每个国家都可以自由地制定自己认为有益的律法，事实上它们在律法形式上确实各有不同，但目的都是一样的。因为我并不认为那些野蛮的律法（比如让人以偷窃为荣、允许人乱交以及其他类似的肮脏和荒谬的律法）当被人视为律法。因为它们不仅对一切的公义而言，也包括对人道和温柔而言，都是可憎恶的。在一切律法中，只要我们省察当省察的两个方面，我上面所说明的就显而易见：律法的结构以及其所依据的公正。因为公正是自然的，所以对所有人都是一样的。因此，同样的目的应当适用于所有的律法，不管其对象是什么。律法的结构都在某种程度上依据相应的环境。所以，律法的结构有所不同，这并不重要，关键是都要以追求公正为同一目的。很清楚，我们称之为道德律的上帝的律法不是别的，都是自然法的见证，也是上帝刻在人心中的良知的见证。因此，我们现在所说的这种公正的整个系统都记录在里面。所以，唯独这种公正才是所有律法的目标、标准和界限。不管是什么律法，只要是根据这种标准来制定，并且以这一目标为导向，以这

4.20.16

种界限为约束，我们就没有任何理由加以反对，尽管它们与犹太律法不同，或者彼此之间也不相同。上帝的律法禁止偷窃。在犹太国家中对盗窃犯的量刑可以在《出埃及记》中找到（出 22：1—4）。其他国家古代的律法用双倍的赔偿来惩罚盗窃罪；这些律法之后的律法则分别明偷和暗偷，给以不同的惩罚。有些处以放逐之刑，有些处以鞭笞之刑，有些则是处以死刑。在犹太人中，如果有人作假见证，就处以与损害相似或相等的惩罚（申 19：18—21）。有些国家处以极大的羞辱，有些国家把犯人吊死，有些国家则把犯人钉死在十字架上。所有的法典都同样用死刑来报应杀人犯，但处死的方式则各有不同。对于通奸者，有些国家处罚较重，有些国家则处罚较轻。我们看到虽然各有不同，所有的律法都倾向于同样的目的。因为他们异口同声，都针对上帝在其永恒法中所定罪的事宣告处刑，也就是谋杀、盗窃、通奸和假见证。但在处罚的方式上则各不相同。要统一刑法，既无必要，也不方便。有的国家若不以严刑处罚杀人犯，就会因为杀人和抢劫之事立即毁灭。有的时代要求增加刑罚的严峻性。有的国家若是没有严厉的压制，就倾向于特定的罪恶。之所以在刑罚方面采纳这种多样性，目的就是为了确保上帝的律法得到遵守。如果有人不喜欢这种多样性，就是对公共刑罚具有极大的恶意和仇恨。有人鼓吹说，如果废除上帝通过摩西所赐下的律法，喜欢采纳新的律法，就是在羞辱上帝的律法。这样的吹嘘最终是虚妄的。因为其他的律法被采纳，得到更多的认可，并不是因为简单化的比较，而是因为时代、地点和国家的处境不同；或者摩西的律法被废止，因为这本来就不是为我们设立的。因为上帝并没有通过摩西之手把那律法向列国宣布；当上帝要为以色列国提供安全、防御和保护的时候，也愿意成为以色列国的特别立法者，就是智慧的立法者，因此上帝在设立这些律法的时候对以色列国有特别的关注。

50. 现在我们来考察最后的事项：对于基督徒共同体而言，律 4.20.17
法、审判和执政官到底有什么用处；个人到底应当对执政官尊重、
顺服到什么程度。对于许多人而言，在基督徒中间，执政官的职分
似乎是多余的，因为向执政官求助是不敬虔的，因为上帝禁止他们报
复，禁止他们告到法庭，禁止他们诉诸律法。但是，保罗所见证的恰
恰相反，执政官是上帝的仆人，是与我们有益的（罗13：4）。因此，
我们明白主的旨意就是让我们通过执政官接受他的膀臂的保护，免受
恶人各种罪恶和不公的毒害，使我们可以平安度日（提前2：2）。

51. 上帝设立执政官，目的在于保护我们，这就是主的旨意。因
此，我们可以享受这样的好处。很显然，我们可以向执政官求助，这
本身并没有什么不敬虔之处。但是，我在此处要面对两种人。有许多
人争讼好诉，不与其他人争吵，自己就不得平安。他们用苦毒和仇
恨之心与别人打官司，他们以疯狂的激情来报复别人，伤害别人，
冥顽不化，非要把自己的对手摧毁不可。同时，为了避免别人认为他
们做了错事，他们就以律法程序为借口来为自己的悖逆辩护。但是，
即使一个人可以和弟兄对簿公堂，也不可仇恨对方，更不可心中充满
疯狂的欲望，一定要伤害对方，或者无休无止地纠缠对方。因此， 4.20.18
这样的人应当明白，只有在正确使用的时候，才可以用诉讼的手段
来解决问题。不管是提起诉讼的原告，还是受到控告而为自己辩护
的被告，都当正确地使用诉讼方式。如果被告在指定的时间出庭，
在为自己辩护的时候尽量摆脱苦毒之心，只是想维护自己的正当权
益；如果原告在人身和财产方面受到不当有的压迫，就当把自己交
托在执政官的看顾之下，提出自己的诉讼要求，寻求公平、美好的
解决。但是，即使是原告，也当远离伤害或报复之情，远离苛刻和
仇恨，远离心中那种燃烧的斗争之心，他应当做好让步的准备，愿

意付出代价，而不是在心中对对方充满敌意。

另外，即使有极其正义的理由，如果心中充满恶毒，被嫉妒之心败坏了自己，怒火冲冲，一味报复，最终心中燃烧着纷争的欲望，那么，整个诉讼过程都是不敬虔的。所有基督徒都必须牢记这样的原则：任何一个诉讼，不管多么正义，都不能正确地进行，除非他能用同样的慈爱和善意来对待对方，就是仿佛争议之中的事已经得到了友好的解决，事情已经平息下来。也许有人插话说，任何诉讼中都找不到这样的节制；假如能够找到的话，也像神迹奇事一样。我确实承认，在目前的时代，这种正直的诉讼当事人真是罕见的；但是，我想说明的是，诉讼本身，若是不受另外的恶行的败坏，仍然是好的，是纯正的。当然，既然我们听说执政官的帮助是来自上帝的恩赐，我们就要殷勤谨守，免得这恩赐被我们自身的错谬所玷污。至于那些严格地把一切律法争议都定为有罪的人，唯愿他们认识到他们这样主张就是斥责上帝所设立的圣洁的蒙恩之道。对于那些洁净的人而言，这种恩赐就是洁净的（多1：15）；除非是他们想指控保罗的行为也是令人不齿的，因为保罗不仅驳斥他人对他的指控和毁谤，还同时指明了他们的诡计和恶毒（徒24：12），并且在法庭上为他自己主张罗马公民所拥有的特权（徒16：37；22：1、25）。在确实需要的时候，保罗还从不公正的审判官向凯撒的审判座提起申诉（徒25：10—11）。

4.20.19

这与上帝禁止所有基督徒渴慕复仇这一事实并没有相悖之处，我们在基督徒法庭中禁止的就是这种复仇的渴望（利19：18；太5：39；申32：35；罗12：19）。如果是民事案件，当走的正路就是以纯朴之心把自己的事情交托给审判官，审判官就是公众的保护者，不要想以恶报恶（参见罗12：17），因为这种想法就是渴慕报复。但是，如果是刑事案件，涉及死刑或者其他严重的犯罪，我们就要求控诉方在法庭上不要对私人的伤害带着强烈的报复或仇恨之心，而是想方设法拦阻施暴之人继续危害社会。因为那时你若除掉报复之心，就不会违背圣经中所吩咐的禁止基督徒报复的诫命（参见罗 12：19）。当然，有些人会反对说，圣经不仅吩咐基督徒不要有报复之心，还吩咐他们当等候主的膀臂，主应许他必报应那些压制和折磨他们的人（罗 12：19）；那些从执政官那里寻求帮助的人，不管是为他们自己，还是为别人，必会受到上帝的报应。绝非如此！因为我们必须想到执政官的报应并不是来自人的，而是来自上帝的，正如保罗所说的那样（罗 13：4），上帝是通过人的侍奉来使我们得益处。

我们也没有违背基督的教训。基督教训我们不要与恶人作对。有人打你的右脸，连左脸也转给他打；有人索要我们的里衣，连外衣也给他（太 5：39—40）。基督希望他的子民心中彻底摆脱报复的欲望，他甚至要他们宁愿受双倍的伤害，也不要增加报复之心。我们也没有引领他们离开这种忍耐。因为基督徒就当是这样的人：忍受别人的伤害和毁谤，敞开面对极其邪恶之人的恶毒、欺骗和嘲笑。不仅如此，他们还当以忍耐之心承受这些邪恶。这就是说，他们应当具有这种完全的属灵的宁静，在接受了一种痛苦之后，随时准备接受另外一种痛苦，提醒自己一生一世就是要不断地背负十字架。同时，他们还当向那些伤害他们的人行善，祝福那些咒诅他们的人（路 6：28；参见太 5：44），他们唯一的胜利就是努力以善胜恶（罗 12：21）。具有这样的心态，他们就不会以眼还眼，以牙还牙。法利赛人教导他们的门徒要报复；但是，基督则教导他们忍受身体的伤害，忍受他们的财产被人恶意占有。一旦有这样的苦难临到他们，他们就饶恕那些作恶的人，愿意原谅他们的过犯（太 5：38）。

但是，他们这种正直和节制的心态并不排除他们寻求执政官的帮助来保护自己的财产，同时继续对他们的仇敌保持友善；他们仍然可以为公共幸福而大发热心，要求惩罚犯罪之人。他们知道，这

4.20.20

样的人只能由死亡来加以改变。但是，常见的那种认为保罗反对基督徒进行诉讼的主张也是错误的（林前6：5—8）。从保罗的话语中很容易明白的就是，在当时的哥林多教会中有一种错误的对诉讼的热衷，甚至到了这样的程度，就是他们为此使基督的福音和自己的敬虔受到不敬虔之人的嘲笑和诽谤。保罗首先责备他们因为互相争吵而使福音在不信的人中间受到了谤渎。其次，保罗责备他们是在弟兄与弟兄之间争闹。因为他们不仅没有忍受别人的错处，反倒贪求别人的财产，毫无理由地攻击别人，给别人带来痛苦和损害。因此，保罗重重地反对那种热衷诉讼的疯狂，但他显然不是反对一切形式的诉讼。当然，保罗明确地警戒他们说，不接受自己所受的损失，想方设法地保持自己的所得，甚至到彼此争战的地步，这是犯罪的。确实，基督徒应当宁肯放弃自己的权利，也不要和弟兄打到法庭上去。如果他们争到法庭上去，通常最后心中总是受到刺激，燃起对自己的弟兄的仇恨之情，但是，如果有人认为无需牺牲爱心就可以捍卫自己的财产，并且这财产的损失对他而言是很重的代价，那么，他诉诸法庭并没有违背保罗的教训。总之，正如我们在开头所说的那样，爱心会为每个人都提供最好的建议。偏离爱心所做出的一切行动，超越爱心所进行的一切争议，我们都视为不仅是不公正的，也是不敬虔的，这是毫无争议的。

4.20.21

4.20.22　　52. 公民对其执政官的首要责任就是高度尊敬他们的职分。他们应当确确实实地促成人的这一职分是上帝赐给的管辖权，并且因此把他们视为上帝的仆人和代表而予以尊崇。因为你会发现人非常尊敬地顺服执政官，并且这种顺服也不是不情愿的，因为他们知道这样的顺服有利于公共幸福。但是，他们仍然把执政官视为一种不得不有的邪恶。然而，彼得在吩咐我们尊敬君王的时候要求我们的远非如此（彼前2：17）；所罗门也是这样。他教导说，我们当敬畏耶和华和君王（箴24：21）。因为对彼得而言，当他用"尊敬"这个词的时候包含了真诚和坦率之情，所罗门把君王和上帝连在一起，说明我们应当以完全的敬畏和尊荣来看待君王。保罗所说的众所周知，我们应当顺服，"不但是因为刑罚，也是因为良心"（罗13：5）。保罗这样说，意思就是公民对君王和统治者的顺服，不是唯独因为惧怕才降服在他们之下（他们通常都会顺服佩戴武器的仇敌，因为他们认识到一旦抗拒，立即就会受到报复），而是因为当他们如此顺服执政官的时候，就是在向上帝显明顺服，因为统治者的权柄是来自上帝。另外，我们也可以从中得出以下的结论：如果公民的心倾向于尊重他们的统治者，就当证明他们向统治者的顺服，或者是通过顺服他们的宣告，或者是通过纳税，或者是通过担任公职、服兵役，或者是通过执行来自他们的其他命令。保罗说："在上有权柄的，人人当顺服他……抗拒掌权的就是抗拒上帝的命。"（罗13：1—2）他写信给提多说："你要提醒众人，叫他们顺服作官的、掌权的，遵他的命，预备行各样的善事。"（多3：1）彼得也说："你们为主的缘故，要顺服人的一切制度，或是在上的君王，或是君王所派罚恶赏善的臣宰。"（彼前2：13—14）为了证明他们的顺服并不是假装的，而是真诚地发自内心的顺服，保罗补充说，他们应当为那些在上掌权的人祷告，把他们的安全和兴盛交托给上帝。保罗说："我劝你，第一要为万人恳求、祷告、代求、祝谢；为君王和一切在位的，也该如此，使我们可以敬虔、端正，平安无事地度日。"（提前2：1—2，参见武加大译本）

4.20.23

在此任何人都不要自欺。既然抗拒执政官就是抗拒上帝，尽管藐视不佩戴武器的执政官似乎不受惩罚，但上帝必要以他自己的大能惩罚这种对他自身的藐视。

53. 另外，在这种顺服之下，我也包括公民，在公共场合有责任约束自己，不可故意侵入公共事务，毫无道理地侵犯执政官的职分,在政治方面从事任何此类的事情。如果在公共领域中确实有需要改革的地方,他们既不应当暴乱,更不应当自己动手去做,在这个方面他们都当自己约束自己,把事情交托给执政官来判断,唯独他们的手可以自由行事。我的意思就是说,没有来自上面的吩咐,他们就不可大胆行事。因为当统治者发布命令的时候,私人才会得到公共性的权柄。既然谋士被称为君王的耳朵和眼睛,因此,我们可以向君王所指定做事的那些人说话,他们就是君王的膀臂。

4.20.24　54. 迄今为止,我们所描述的执政官是名副其实的执政官,正如诗人所表达的那样,他是国家之父,是人民的牧者,是和平的监护人,是公义的保护者,是为百姓申冤的。若是有人不赞同这样的政府,被人看作疯子乃是正当的。但是,在所有时代都有这样的例证,就是有些君王在他们当注意的那些事情上粗心大意,不管不顾,消极怠惰,放纵私欲。还有一些君王为了自己的益处不惜出卖律法、特权、司法和优惠权。还有些君王对老百姓敲骨吸髓,榨取金钱,疯狂地用于各种耀武扬威之事。还有些君王干脆直接抢劫钱财,掠夺民宅,强奸处女和已婚妇女,杀戮无辜之人。因此,要说服许多人把这些人视为君王,尽可能地服从他们的权威,是不可能的。因为在此类极其不名誉的事中,在这种形式上犯罪的情况下,他们的行为不仅与执政官的职分不合,甚至与一般人的职分也不相合。他们在执政官身上看不到本来应当闪耀在他们身上的上帝的形象的样子,当然也看不到上帝的仆人的痕迹。上帝任命的仆人本来是要赏善罚恶的(参见彼前2:14),这些人却公然作恶。因此,他们并不承认这样的人具有圣经吩咐我们的作为统治者当有的尊严和权威。实际上,几乎在所有人的心中都是恨恶和咒诅暴君,爱戴并敬重合法的君王,这是人生来就有的感觉。

4.20.25　但是,如果我们仰望上帝的圣言,就会带领我们更上一层楼。我们不仅应当顺服那些按照当尽的本分正直、忠心地履行他们的职分的君王的权威，也应当尊重所有君王的权威。不管他们是否以手段取得统治的地位，我们都当顺服他们的权威；即使他们丝毫也不履行他们的职分也当如此。虽然主向我们见证君王的职分是他为了保守人的安全而赐下的最大的恩赐，他也指定了执政官当遵守的界限，但是，他同时也宣告不管由谁担任执政官，他们的权威都是唯独来自上帝。实际上，上帝也强调，那些为了公共利益而施行统治的人，才是上帝这种恩赐的真正榜样和证明；那些以不公正和无能的方式施行统治的人，是上帝所兴起的惩罚人民的邪恶的工具；这两类统治者都同样具有上帝所赐给的合法权柄的神圣威严。我会提出一些明确地证明此类事情的见证，然后再进一步论述。当然，我不需要费尽百力来证明邪恶的君王是主对世人所发的愤怒（伯34：30；何13：11；赛3：4，10：5），因为我相信在这个方面没有信主的人会反对我的主张；有些君王是劫掠你的财产的强盗，有些君王是玷污你的婚床的奸夫，有些君王是企图杀死你的杀人犯。对于这样的君王，我们毋庸多言。因为圣经把此类的灾难都算作是来自上帝的咒诅。

但是，因为人心中不容易相信此事，所以我们此处还是要加以证明。一个人即使非常邪恶，完全不配得任何尊荣，如果他手中掌握公共权力，那么这种崇高的神圣权力就在他身上，因为根据上帝的圣言，上帝已经把这种权力赐给了施行他的公义和审判的仆人。因此，就公共性的顺服而言，他的臣民应当以同样的尊敬来对待他，就像对待上帝所赐给他们的最优秀的君王一样。第一，我想提醒读者特别留意上帝的护理，这是圣经经常以很好的理由提醒我们的。上帝按照他自己所喜悦的来划分国度，设立君王，这属于上帝的护理的特别运行。在《但以理书》中强调，上帝改变时候、日期，废王、立王（但2：21、37）。目的就在于"好叫世人知道至高者在人的国中掌权，要将国赐与谁就赐与谁，或立极卑微的人执掌国

4.20.26

权"（但4：17；参见4：14，武加大译本）。圣经中到处都有这样的段落，在《但以理书》这一预言书中更是特别集中。众所周知尼布甲尼撒是什么样的君王，他征服了耶路撒冷，是一个强大的入侵者，不仅摧毁了犹太人，也摧毁了其他很多民族。尽管如此，在《以西结书》中，上帝仍然宣告他为尼布甲尼撒所做的事，已经把埃及地赐给他，使他掳掠埃及地的财物（结29：19—20）。但以理对尼布甲尼撒说："王啊！你是诸王之王。天上的上帝已经将国度、权柄、能力、尊荣都赐给你。凡世人所住之地的走兽，并天空的飞鸟，他都交付你手，使你掌管这一切。"（但2：37—38，参见武加大译本）后来，但以理又对尼布甲尼撒的儿子伯沙撒说："至高的上帝曾将国度、大权、荣耀、威严赐与你父尼布甲尼撒；因上帝所赐他的大权，各方、各国、各族的人都在他面前战兢恐惧。"（但5：18—19，参见武加大译本）当我们听到一个君王已经被上帝设立的时候，我们当立即提醒自己，尊敬、惧怕君王乃是来自天上的谕令；这样我们就能毫不犹豫地接受一个极其邪恶的暴君也是处于上帝垂顾而设立的地方。撒母耳当初如此警告以色列人，如果他们立王，就会从他们的君王遭受什么样的事："管辖你们的王必这样行：他必派你们的儿子为他赶车、跟马，奔走在车前；又派他们作千夫长、五十夫长，为他耕种田地，收割庄稼，打造军器和车上的器械；必取你们的女儿为他制造香膏，做饭烤饼；也必取你们最好的田地、葡萄园、橄榄园赐给他的臣仆。你们的粮食和葡萄园所出的，他必取十分之一给他的太监和臣仆；又必取你们的仆人婢女，健壮的少年人和你们的驴，供他的差役。你们的羊群，他必取十分之一，你们也必作他的仆人。"（撒上8：11—17）当然，君王如此做并没有合法的权利，因为上帝的律法已经教导他们当约束自己（申17：16）。但是，这之所以被称为权利，是与民众有关，因为他们不得不服从它，不可抵抗。仿佛撒母耳在说：君王的放纵必会达于极端，但是你们却不可加以限制；你们所剩下的只有一件事：顺服他们的吩咐，听从他们的话语。

在《耶利米书》中，有一段很特别的值得记住的段落，尽管这个 4.20.27 段落很长，我仍然在此引用，因为这段经文很清楚地界定了整个问题，"我用大能和伸出来的膀臂，创造大地和地上的人民、牲畜。我看给谁相宜，就把地给谁。现在我将这些地都交给我仆人巴比伦王尼布甲尼撒的手，我也将田野的走兽给他使用。列国都必服侍他和他的儿孙，直到他本国遭报的日期来到。那时，多国和大君王，要使他作他们的奴仆。无论哪一邦哪一国，不肯服侍这巴比伦王尼布甲尼撒，也不把颈项放在巴比伦王的轭下，我必用刀剑、饥荒、瘟疫刑罚那邦，直到我藉巴比伦王的手将他们毁灭……只管服侍巴比伦王，便得存活"（耶27：5—8、17）。我们见到上帝让人对这位令人憎恶的残忍暴君致以如此之大的顺服，不为别的，唯一的原因就是他是君王。他之所以被扶上君王的宝座，享有君王的威严，完全是因为上帝的旨意。冒犯这种君王的威严就是非法的。如果我们心中不断地提醒自己，不断地把这样的事实摆在我们自己的面前，就是即使最昏庸的君王也是由上帝的旨意设定的，所有君王的权威也都是来自上帝的旨意，那么以下种种犯上作乱的想法就不会进入我们的心中了：应当按照君王的德行来对待他；对于那些没有履行本职，向我们表明他自己确实是君王的人，我们顺服在他之下是不公平的。

在《耶利米书》中，还有来自上帝的另外一个吩咐，就是吩咐他 4.20.28 的子民为他们被掳之地巴比伦求平安，为巴比伦向上帝祈求，因为巴比伦的平安就是他们的平安（耶29：7）。请注意，当时的以色列人，他们的一切财产都被吞噬，又被逐出自己的家园，并且被掳流亡，陷于可悲的捆绑之中，上帝却吩咐他们为那些征服他们的人的兴盛祈祷。这不同于主耶稣吩咐我们为那些迫害我们的人祈祷（参见太5：44）。上帝当初之所以如此吩咐以色列人，目的就是让巴比伦王国有安全和平静，这样以色列人也可以在那里兴盛。在大卫身上也是如此，虽然上帝已经通过按立和抹油立他为王，当他遭受来自扫罗无缘无故的迫害的时候，他仍然认为自己不可加害一直攻击他的扫罗的头颅，因为上帝已经用国度之尊把它分别为圣。大卫说："我的主乃是耶和华的受膏者，我在耶和华面前万不敢伸手害他，因他是耶和华的受膏者。"（撒上24：6，参见武加大译本24：11）大卫还说："有谁伸手害耶和华的受膏者而无罪呢？……我指着永生的耶和华起誓，他或被耶和华击打，或是死期到了，或是出战阵亡；我在耶和华面前万不敢伸手害耶和华的受膏者。"（撒上26：9—11，参见武加大译本）

4.20.29　　55. 不管统治者是什么样子，我们对他们都当有敬畏之心，也就是敬虔之心。因此，我经常重复的就是：我们应当学会不要盯着他们这些人本身，而是要想到按照上帝的旨意，他们带着上帝刻在他们身上的不可侵犯的尊严这种标记，这就足够了。

　　但是，也许你会说，统治者对他们的臣民也有责任。这是我已经承认的。但是，如果你由此就得出结论，主张这样的敬畏只能给予公正的执政者，那你的思路就是愚蠢的。因为丈夫对妻子，父母对孩子，都受相互之间的责任的约束。假设父母和丈夫偏离职守；假设父母对自己的儿女严厉和刚硬，使得儿女过于疲劳，圣经上禁止父母招惹儿女的怒气（弗6：4）；假设丈夫极其无耻地利用自己的妻子，虽然上帝吩咐他们当爱自己的妻子（弗5：25），格外地爱惜她们，因为她们是比较软弱的器皿（彼前3：7）。难道儿女因此就要减少对他们的父母的顺服吗？妻子就要因此减少对丈夫的顺服吗？即使他们的父母或丈夫是邪恶的、不忠的，他们仍然应当顺服。实际上，我们不能仅仅盯着别人的错误不放，总是询问别人有没有遵守职责，每个人都应当确保自己尽自己当尽的本分。这尤其适用于那些处于别人的权柄之下的人。因此，如果我们受到野蛮的君王残酷的折磨，如果我们遭受贪婪、放荡之人的掠夺，如果我们受到怠惰之人的忽视，如果我们因为敬虔的缘故而被那些不敬上帝、亵渎上帝的人的困扰，让我们首先还是留意我们自己的不当之处吧。毫无疑问，我们自己的不当之处使我们受到上帝的鞭子的责罚（但9：7、11）。让我们心中也要思想，要解决这种邪恶的并不是我们，我们剩下来能做的就是呼求上帝的帮助，君王的手也在上帝的手中，国度的改变也是如此（箴21：1）。"上帝站在有权力者的会中，在诸神中行审判。"（诗82：1）在他的面前，世上一切不用嘴亲他的受膏者的君王和审判官都会败落、粉碎（诗2：10—11）；那些制定不公正的律法，为要压迫穷人，毁坏困苦之人的事业，劫掠寡妇，抢劫孤儿，这些人的结局也是如此（赛10：1—2，参见武加大译本）。

此处所显明的就是上帝那奇妙的恩慈、权能和护理。因为有时上帝在他的众仆中兴起复仇者，吩咐他们武装起来，惩罚那邪恶的政府，解救上帝的子民，使他们脱离所遭受的不公正的压迫，脱离可怕的苦难。有时上帝把人的愤怒导向这个目的，虽然本来想的是那样，最终成就的却非如此。上帝当初就是这样借着摩西救拔以色列人脱离埃及法老的专制的（出3：7—10）；上帝也曾经这样借着俄陀聂拯救他们脱离叙利亚王古珊的手（士3：9）；上帝也如此借着埃及人的手打碎了推罗人的傲慢；通过玛代人和波斯人破除了巴比伦的暴力；上帝也曾经借着巴比伦人报应了以色列和犹大君王的忘恩负义。

4.20.30

当然，这两种行动在执行的时候是不一样的。对于第一种行动来说，当上帝通过合法的呼召差遣他们完成这样的行为，拿起武器抗击君王的时候，完全没有违背上帝设立君王这一职分时所赐下的威严。他们反倒是以更大的权柄来制伏较小的权柄，正如君王惩罚他的下属是合法的一样。但是，后一种人，尽管他自己不情愿，仍

4.20.31 然是在上帝的膀臂的引导之下，在不知不觉的情况下完成上帝的工作，但他们自己心中所谋划的却是恶行。无论如何，这些人的行为本身仍然受到上帝的审判，但是，上帝仍然通过他们打碎了那些傲慢的君王血腥的权杖，推翻了那些令人无法容忍的残暴政府，从而成就了上帝的工作。君王们当聆听而战兢。

　　同时，我们一定不要轻看执政者的权威，这种权威是上帝用极重的命令设立的。即使这种权威落在那些极其不配得的人身上，即使他们用他们自己的恶行玷污了这种权威，这种权威本身仍然充满可敬的威严。既然纠正这种无法无天的暴政要由上帝来报应，我们就不要认为这种责任托付给了我们，上帝给我们的吩咐就是顺服和受苦。

　　我一直所说的是私人。因为如果有人民的执政官受命约束君王的任意妄为（正如古代在斯巴达有五长官来限制君王的作为，在罗马有民选的护民官来约束执政官，在雅典有执政官来约束元老院；目前，这种权力分为三个部分，各有各自的领域，各有各自的会议），我绝不禁止他们按照自己的职分抵制君王的放纵。这就是说，如果君王残暴地攻击穷苦大众，而他们却向君王睁一只眼，闭一只眼，我就宣布他们这种装假就是邪恶的背信弃义，因为他们这样行就是不忠心，背叛了人民的自由，因为他们知道，根据上帝的吩咐，他们被任命为人民自由的保护者。

4.20.32 56. 但是，当我们说明统治者的权柄当配得的顺服的时候，我们总是要强调一个例外，并且这一例外也是基督徒首先应当遵守的，就是这种对统治者的权柄的顺服绝不能使我们偏离对上帝的顺服。世上所有的君王的意愿都当顺服上帝的旨意，他们的吩咐都当首先顺服上帝的律法。对于上帝的威严，君王的权杖应当降服其下。正是为了顺服上帝你们才顺服人，如果为了满足人的欲望，你们竟然招惹上帝的不悦，这会是何等的荒唐啊！因此，上帝是万王之王，当他张开圣口的时候，我们必须唯独听从他的声音，超越所有人之上，在上帝之下，我们才会顺服那些在我们之上掌管权柄的人，并且这种顺服也是以最终顺服上帝为前提。如果他们吩咐任何与上帝相悖的事，就不要尊重听从。这时候我们就完全不要顾虑执政官所享有的尊严；因为当这种尊严谦卑在上帝独一的真正的主权面前是不受任何损害的。我知道经常这样做在现实生活中面对巨大的危险，因为君王对于人这样的不顺服极其不悦。所罗门说"王的震怒如杀人的使者"（箴16：14）。但是，既然这一命令是由彼得这样的天国使者宣布的——"顺从上帝，不顺从人，是应当的"（徒5：29），就让我们以下面的思想来安慰自己吧：当我们宁肯如此受苦，也不转离敬虔的时候，我们是在献上帝所要求的顺服。为了使我们的勇气不会衰微，保罗就用另外的刺棍来激励我们：基督用如此大的重价买赎了我们，目的就在于使我们不再受人的恶欲的捆绑，更不要成为他们的不敬的奴隶（林前7：23；参见6：20）。